beck'sche reihe

W0179070

b sr

Die Frage «Wie hätte ich mich verhalten?» ist der Auftakt zu einem historischen Gedankenexperiment, dessen Schwierigkeiten oft unterschätzt werden. Können sich beispielsweise die Nachgeborenen überhaupt in die realen Bedingungen der nationalsozialistischen Diktatur hineinversetzen? Dürfen wir ein moralisches Urteil über Menschen fällen, die sich in Konfliktsituationen bewähren mußten, denen wir selbst niemals ausgesetzt waren? Aber andererseits: Müssen wir nicht darauf bestehen, daß es Maßstäbe für moralisches Handeln gibt, die allgemeine Gültigkeit besitzen?

Jan Philipp Reemtsma diskutiert in seinem neuen Buch, wie sich dieses «zivilisatorische Minimum» der aufgeklärten Moderne begründen und beschreiben läßt. Ob es um Kants Idee des ewigen Friedens oder die Institutionalisierung der Menschenrechte geht, um die Friedenspreisrede von Martin Walser oder um die Kontroverse über die Wehrmachtsausstellung – in seinen glänzenden Analysen betrachtet Reemtsma das Verhältnis von Gewissen und Geschichte, Moral und Politik niemals nur als philosophische Denkübung. Er zeigt vielmehr eindrucksvoll, daß auch wir unserer individuellen Verantwortung in der Gesellschaft gerecht werden müssen, wenn wir auf die Frage «Wie hätte ich mich verhalten?» eine befriedigende Antwort finden wollen.

Der Autor
Jan Philipp Reemtsma, Dr. phil., ist Professor für Neuere Deutsche Literatur an der Universität Hamburg und Vorstand des Hamburger Instituts für Sozialforschung. Er hat zahlreiche Beiträge zur Geschichte und Literatur vorgelegt, darunter *Der Vorgang des Ertaubens nach dem Urknall* (1995) und *Mord am Strand. Allianzen von Zivilisation und Barbarei* (1998). Bei C.H. Beck ist 1999 erschienen (zusammen mit Saul Friedländer) *Gebt der Erinnerung Namen* (bsr 1308). 2002 erscheint (zusammen mit Winfried Hassemer) *Verbrechensopfer. Gesetz und Gerechtigkeit.*

Jan Philipp Reemtsma

«Wie hätte ich mich verhalten?»
und andere nicht nur deutsche Fragen

Reden und Aufsätze

Verlag C.H. Beck

Die erste Auflage dieses Buches erschien 2001
in gebundener Form im Verlag C.H.Beck.

Die Deutsche Bibliothek – CIP-Einheitsaufnahme

Ein Titeldatensatz für diese Publikation ist bei
Der Deutschen Bibliothek erhältlich

Erste Auflage dieser Ausgabe 2002
© Verlag C.H.Beck oHG, München 2001
Satz: Fotosatz Janß, Pfungstadt
Druck und Bindung: Druckerei C.H.Beck, Nördlingen
Umschlagentwurf: +malsy nach einem Entwurf von Thomas Mayfried
Printed in Germany
ISBN 3 406 47629 5

www.beck.de

Inhalt

Vorbemerkung 7

«Wie hätte ich mich verhalten?»
Gedanken über eine populäre Frage 9

Was heißt: aus der Geschichte lernen? 30

Was ist so interessant an der historischen Wahrheit?
Überlegungen anläßlich der Debatte um die
Ausstellung «Vernichtungskrieg. Verbrechen der
Wehrmacht 1941 bis 1944» 53

Theorie der Moral nach Todorov
und Luhmann 75

Gibt es eine besondere politische Verantwortung
der Wissenschaften? 101

1795/1995 – Kants «Zum ewigen Frieden»
und die Idee des Zusammenhangs von
Weltbürgertum und zivilisatorischem Minimum . 120

Die Institutionalisierbarkeit von Menschenrechten . 133

Abkehr vom Wunsch nach Verleugnung.
Über «Hitlers willige Vollstrecker»
als Gegenstück zur «historischen Erklärung» . . 151

Eine ins Lob gekleidete Mahnung.
  Daniel Goldhagens «Modell Bundesrepublik»
  und das Echo 161

Laudatio für Saul Friedländer anläßlich
  der Verleihung des Geschwister-Scholl-Preises . . . 171

«Mein Gewissen, mein Gewissen, sag ich!».
  Nachgeholte Lektüre einer Sonntagsrede 186

Anmerkungen 195

Drucknachweise 216

Vorbemerkung

Die folgenden Aufsätze und Vorträge sind in den Jahren 1995 bis 2000 entstanden. Sie beschäftigen sich alle mit moraltheoretischen Fragen oder berühren sie doch zumindest. Die Anlässe, die zu ihrer Abfassung führten, waren unterschiedlich – so sind einige von ihnen Interventionen in laufende Debatten gewesen (die Aufsätze zu Goldhagen und Walser und teilweise auch die Friedländer-Laudatio), und darum bauen sie auch nicht aufeinander auf. Ich will also nicht einzureden versuchen, daß «Theorie der Moral nach Todorov und Luhmann» gewissermaßen der theoretische Basistext wäre, aus dem sich dann die anderen ableiten. Aber die in ihm vorgetragene Kritik an einer sich selbst als stark verstehenden, wiewohl von der Wirkungswahrscheinlichkeit her gesehen schwachen philosophischen Begründung des westlichen Universalismus zugunsten einer traditionell als schwach verstandenen, von der Wirkungswahrscheinlichkeit her aber vermutlich stärkeren kulturalistischen findet sich auch anderswo, etwa in der Behandlung der Frage nach der Institutionalisierbarkeit von Menschenrechten. Die in diesem Beitrag angesprochene Frage nach einem zivilisatorischen Minimum als einem negativen Surrogat zur Idee eines Weltbürgertums und dem damit verbundenen Problem der Verfolgung staatsverstärkter Kriminalität wird auch in dem Aufsatz über Kants Schrift «Zum ewigen Frieden» aufgegriffen. In «Theorie der Moral nach Todorov und Luhmann» wird auch auf die Bedeutung bestimmter außermoralischer und traditionellen Begründungskonzepten nicht zugänglicher, für das tatsächliche Verhalten aber entscheidender Faktoren moralischen Verhaltens eingegangen – auf den historischen Kontext von für unsere moderne Zivilisationsform bedeutsamen Haltungsänderungen in der Antwort auf die Frage, ob man aus der Geschichte lernen könne. Eine andere Frage, mit der sich einige Beiträge beschäftigen, ist die nach dem jeweiligen historisch-empirischen Bezugsfeld, auf das verwiesen wird, um normative Einreden plausibel zu machen. In mehreren Beiträgen wird der Zusammenhang von Wissenschaft und Moral thematisiert, so ebenfalls in der Friedländer-Laudatio, wo nach bestimmten Modi der Vergangenheitsdarstellung gefragt wird, und in den Antworten auf die Fragen, ob es eine besondere politische Verantwortung der Wissenschaft gebe und was an der historischen Wahrheit so interessant sei. Schließlich finden sich im vorliegenden Band einige anlaßbezogene, aber ins Grundsätzliche tendierende Überlegungen über die Verwendung bestimmter Wörter oder Stereotype wie etwa «Schande» und «Gewissen» bei Martin Walser und über den kommunikativen Sinn der Frage, wie ich mich («damals») verhalten hätte.

Die Laudatio auf Saul Friedländer enthält die scharfe Kritik eines Satzes, den Klaus von Dohnanyi im Zusammenhang mit der Debatte um Martin Walsers Paulskirchenrede geäußert hatte. Klaus von Dohnanyi fühlte sich von mir falsch verstanden und replizierte in der FAZ. Diese Replik ist im Anhang nachzulesen. Ich bin, anders als er, nicht der Meinung, daß seine Replik meine Einwände aus der Welt schafft, halte es aber für angebracht, den Leser selbst entscheiden zu lassen. Der Vortrag „Wie hätte ich mich verhalten?" ist, nicht in erster Linie, aber unter anderem, eine Duplik auf Dohnanyis Replik, und auch sie hat eine Antwort des diesmal indirekt Angesprochenen zur Folge gehabt. Auch diese findet sich im Anhang. – Wer die Kontroverse gerne verlaufsentsprechend lesen möchte, beginne also mit der Friedländer-Laudatio.

«Wie hätte ich mich verhalten?»
Gedanken über eine populäre Frage

Als Beginn eines Gedankenspiels angesichts der Berichte über riskante Entscheidungen, als individuelles Gedankenexperiment, als phantasiertes Abenteuer muß uns die Frage nicht interessieren. Also: psychologisch nicht. Wohl aber als kommunikativer Einsatz, meist in der Generationenauseinandersetzung, und zwar in einem spezifischen Segment der Generationenauseinandersetzung: im Streit über Handeln und Unterlassen derjenigen, die während der Zeit des Nationalsozialismus in der Lage waren, Entscheidungen zu treffen.

Wie kommt die Frage vor? Oft so: Jemand berichtet über eine bewunderns- oder beklagenswerte Handlung und fügt hinzu: «Ich frage mich nun: wie hätte ich mich verhalten?» Es kann sein, daß auf die Frage keine Antwort folgt, sie ist kommunikatives Signal genug. Aber was für eines, ergibt sich aus den möglichen Antworten. Zwar ist auf solche Frage prinzipiell jede Antwort möglich, aber nicht alle Antworten sind gleich wahrscheinlich. Die Antwort: «Ich habe drüber nachgedacht. Ich weiß nicht.» würde merkwürdig wirken, irgendwie den Ernst der Frage, die eine folgenreiche Introspektion erwarten läßt, verfehlen. Ebenso eine Antwort, die mit «Ist doch klar ...» beginnt. Sinn der Frage scheint zu sein, etwas zu thematsieren, das eben nicht «so klar» ist.

Ich möchte die Untersuchung der Frage auf Fälle einschränken, in denen in erster Linie Entscheidungen zum Problem gemacht werden, die starke moralische Komponenten haben, also solche nicht weiter berücksichtigen, in denen es bloß um schnelles, mutiges Handeln geht. Auf Probleme also, wo gewisse moralische Anforderungen an ein Handeln gestellt werden, und entweder nicht evident ist, wie gehandelt werden *soll*, oder dieses außer Frage steht, die Ausführung aber in besonderer Weise riskant ist (oder zu sein scheint) – vom Helden herab bis zum gestreßten Opportunisten. So hat sich einmal einer verhalten – wie hätte ich mich verhalten?

Was ist, wenn die Frage beantwortet ist? Entweder ist die anfängliche moralische Uneindeutigkeit in die Eindeutigkeit einer fiktiven Handlungsentscheidung überführt worden: *so* hätte ich mich verhalten. Das heißt aber: so hätte ich mich verhalten *sollen*. Worauf die Frage sofort wieder auftaucht: Und hätte ich mich *tatsächlich* so verhalten? Es läuft also auf das zweite Problem hinaus: Hätte ich mich gemäß einer moralischen Einsicht verhalten? Angesichts welcher Risiken?

Man sieht schnell, daß die Frage nicht dazu gemacht ist, mit einer einfachen Antwort abgefertigt zu werden. Eine Antwort wie «Selbstverständlich hätte ich mich soundso (= moralisch einwandfrei) verhalten!» ist gleichsam nicht erlaubt, nicht glaubwürdig, allenfalls Ausdruck moralischer Überhebung. Die Frage ist nicht allen möglichen Antworten offen, sondern ist ein kommunikatives Signal für den Einsatz des Selbstzweifels. Man stellt sie eher rhetorisch denn als wirkliche Frage. Sie ist schon eine Selbstaussage. Mit ihr wird Zweifel am eigenen Mut signalisiert, und damit möchte man dem Verdacht, selbstgerecht zu sein, entgehen. Die Frage bedeutet: ich werde mich nicht überheben, ich werde nicht leichtfertig über andere urteilen, da ich meiner selbst so wenig gewiß bin. In der Sprache der christlichen Anekdoten und Gleichnisse: wer ohne Sünde ist, werfe den ersten Stein – und nicht: Gott, ich danke dir, daß ich nicht bin wie jene dort, sondern: Gott sei mir armem Sünder gnädig. Übersetzt in die Formel von Günter Gaus: die Gnade der späten Geburt. Oder bei Jürgen Habermas als Anmahnung kommunikationsbezogener Manieren: «... als Nachgeborene, die nicht wissen können, wie sie sich unter Bedingungen der politischen Diktatur verhalten hätten, tun wir gut daran, uns in der moralischen Bewertung von Handlungen und Unterlassungen während der Nazi-Zeit zurückzuhalten.»[1]

Ich denke, daß der Sinn der Frage dieser Appell ist. Aber was ist der Sinn dieses Appells? Nun, der scheint auf der Hand zu liegen. Gibt es nicht genug Diskussionsteilnehmer, die sich mit der nicht nur Be-, sondern auch Verurteilung von Taten oder Unterlassungen Anderer der Zugehörigkeit zur Gruppe der moralisch Einwandfreien zu versichern suchen? Gibt es in moralischen Fragen nicht genug Hoffärtige? Gewiß. Aber muß ich denn immer schon gleich aller Welt versichern, daß ich zu denen nicht gehöre? Süffisant gewendet: daß ich nicht zu den Hoffärtigen gehöre, sondern zu den Demütigen, also den wahrhaft moralisch Überlegenen? Steckt in dieser Frage nicht allzuviel Pose, um akzeptabel zu sein? Ist es nicht gerade sehr leicht, mit dem Urteil sehr zurückhaltend zu sein? Ist denn das «Richtet nicht, auf daß ihr nicht gerichtet werdet!» wirklich eine so passable Maxime? Wäre nicht vielmehr zu formulieren (wobei wir das Richten den Gerichten überlassen wollen): Urteilt, auf daß ihr beurteilt werden könnt? Steckt in der betonten Rücksichtnahme nicht bereits die Bitte um Rücksichtnahme, und ist die, wenn sie denn präventiv ausfällt, nicht eine recht bedenkliche Angelegenheit?

Man sollte nicht überzeichnen. So nicht und so nicht, und also auch den, der aus vielleicht guten Gründen rigoros ist im Urteilen, nicht gleich in den Verdacht geraten lassen, er wolle sich vor einem möglichst düster gemalten Hintergrund nur selber vorteilhaft ausnehmen. Wer das Handeln anderer beurteilt, maßt sich schon darum keine wie auch immer geartete Superiorität an, weil er keine gewinnt, wenn er so oder so urteilt, und darum muß, sei es durch reales, sei es durch imaginiertes Handeln, auch keine Beurteilungskompetenz erworben werden. Genau dieses aber pflegt in intergenerationellen Debatten umstritten zu sein, und man muß die Frage «Wie hätte ich mich verhalten» als Reaktion auf eine Art These oder Maxime verstehen, deren unterschiedliche Facetten es lohnt, näher zu betrachten.

Ein Brief; anonym: «Sehr geehrter Herr Reemtsma! Ihr Essay in der Ausgabe Nr. 49 in der Zeitschrift ‹Der Spiegel› habe ich gelesen und würde gerne Ihr Geburtsjahr erfahren. Ihre Ausführungen müssen Sie – zumindest teilweise – selbst erlebt haben oder wurden Ihnen von Zeitzeugen – die bei einigen der aufgezählten Greueltaten anwesend waren, geschildert. – Mit freundlichen Grüßen.» Ich will mich nicht bei dem Befund aufhalten, wie schlecht die deutsche Sprache bei manchen Patrioten aufgehoben ist, auch nicht, daß die Frage «Wie alt sind Sie eigentlich?» von jemandem gestellt wird, der die Antwort gar nicht wissen will, da er seinen Namen und seine Adresse verschweigt – ich nehme diesen Brief als eine der vielen Möglichkeiten, in denen eine rhetorische Grundfigur vergangenheitspolitischer Auseinandersetzung auftritt. Sie heißt: wer nicht dabeigewesen ist, darf auch nicht urteilen. Auf diese Maxime, scheint mir, reagiert der Versuch, wenigstens in der Phantasie dabeigewesen zu sein.

Um nicht falsch verstanden zu werden: ich möchte diese Maxime danach befragen, was an ihr bedenkenswert ist. Dazu aber muß zunächst alles das weggeräumt werden, was an ihr unsinnig ist, und das ist eine ganze Menge. Wenn es so wäre, daß nur derjenige, der an einer Tat beteiligt gewesen ist, sie beurteilen können soll, so könnte es weder Gerichte noch Geschichtsschreibung geben. Wer allen Ernstes behauptet, nur der Tatbeteiligte könne über eine Tat urteilen, ist nicht ernst zu nehmen. Man bedenke, daß bereits bei zwei Tätern das Urteil auseinandertritt, weil sie unterschiedliche Blickwinkel haben – was erst, wenn wir bei einer Tat Täter und Opfer, auch beide Tatbeteiligte, haben?

Es lohnt nicht, sich bei solch offensichtlichem Unfug aufzuhalten. Daß auch der unbeteiligte Zeuge nicht unbedingt derjenige ist, der über die Wahrheit verfügt, wissen wir – erinnern Sie sich an die berühmte Anekdote von Sir Walter Raleigh, der, im Tower inhaftiert, am zweiten Band seines «Abriß der Weltgeschichte» sitzt und eines Morgens aus dem Fenster sieht. Dort erblickt er, im Hof des Towers, eine dramatische Begebenheit, die er später einem Besucher erzählt. Dieser aber war ebenfalls Zeuge des Vorfalls und berichtet ein gänzlich anderes Geschehen. Worauf Sir Walter Raleigh das Manuskript des zweiten Bandes in die Flammen seines Kamins legt. Wie sei Geschichtsschreibung möglich, wenn zwei Zeugen desselben Geschehens (und auch noch beide unparteiische) so abweichend voneinander wahrnähmen?

Uns erscheint heute Raleighs Reaktion übertrieben, und zwar weil wir ein anderes Verständnis von Geschichtsschreibung haben. Unsere Geschichtsschreibung beruht ja gerade auf einem *Mißtrauen* gegenüber der individuellen Überlieferung, wir konstruieren aus verschiedenen Quellen ein Bild größtmöglicher Wahrscheinlichkeit, und die Historikerdebatten sind Debatten um solche Wahrscheinlichkeiten. Pointiert könnte man sagen, daß Geschichtsschreibung dort anfängt, wo das Vertrauen in die Überlieferung der Zeitzeugen aufhört. Daß dieses Mißtrauen kein persönliches ist, sondern ein methodisches, müßte eigentlich nicht betont werden – aber für den Zeitzeugen, der feststellt, daß sein Wort in einem Geschichtswerk nicht das letzte ist, ist das ebenso schwer auseinanderzuhalten, wie für den Zeugen vor Gericht, dem nicht geglaubt wird (auch wenn ihm die Redlichkeit seines Zeugnisses nicht bestritten wird). Hier finden sehr leicht Verletzungen statt.

Unter anderem vor solchen Verletzungen will sich derjenige schützen, der den Satz von der alleinigen Beurteilungskompetenz des Zeitzeugen sagt. Sein damit vorgebrachtes Anliegen ist verständlich, doch es ist, was Geschichtsschreibung angeht, nichtsdestoweniger unsinnig. Aber Geschichtsschreibung ist nur eine der vielen möglichen Weisen, sich mit der Vergangenheit zu beschäftigen. Geschichtsschreibung hat es mit Wahrscheinlichkeiten zu tun, d. h. letztlich mit der Frage nach der Wahrheit. Man kann ein noch so konstruktivistisches Methodenverständnis haben – am Ende, wenn denn unter Historikern gestritten wird, ist die Frage immer die nach der Plausibilität von bestimmten Konstruktionen, und die Frage nach größerer oder geringerer Plausibilität ist immer die Frage, wie nahe einer der Wahrheit kommt. Wir können so skeptisch sein, wie wir wollen, wir können immer sagen, daß die ganze Wahrheit nicht in unserer Reichweite liegt – was wäre sie denn auch?: das unmögliche Zeugnis aller möglichen Zeitzeugen mit allen ihren Widersprüchen? wo wir letztlich doch wieder nach Plausibilitäten zu entscheiden hätten …? Wir können diese skeptische Attitüde sehr weit treiben, aber wir wissen doch genau, daß wir falsifizieren können, daß wir sehr genau sagen können: «So war es jedenfalls nicht!», und das zeigt, daß wir schon ein gemeinsames Verständnis vom Wahrheitsbezug der Geschichtsschreibung haben, auch wenn die wissenschaftstheoretische Rekonstruktion dieses gemeinsamen Verständnisses dazu führt, daß wir sehr komplizierte Sätze sagen müssen.

Geschichtsschreibung steht immer in einem Spannungsverhältnis zur Geschichtspolitik. Nicht, daß wir geschichtspolitische Initiativen aus dem Verpflichtungsverhältnis der Wahrheit gegenüber entließen, aber Geschichtspolitik hat doch auch immer noch andere Orientierungspunkte – etwa bestimmte Moralkonzepte – und da kann es (muß es nicht) zu Konflikten kommen. Die Forderung, daß nur der, der dabeigewesen sei, urteilen dürfe, ist eine vergangenheitspolitische. Sie ist, wenn es dabei um den Wahrheitsgehalt gehen soll, gegen die wahrheitsverpflichtete Moral der Geschichtsschreibung gerichtet. Aber so muß man sie nicht verstehen. Versteht man sie als ethische Maxime («Wie immer die Tatsachen aussehen, moralisch bewerten kann ein Geschehen nur der, der dabeigewesen ist»), kann sie neben der Geschichtsschreibung zunächst bestehen, jedenfalls verträgt sie sich mit einer bestimmten Auffassung von Geschichtsschreibung, einer, die von sich selbst Abstinenz von moralischen Bewertungen fordert. Nun wird das kaum jemand tun, wir alle aber dürften darin übereinstimmen, daß es der Geschichtsschreibung nicht in erster Linie darum geht, moralisch zu sortieren, sondern darum, aufzuschreiben, was der Fall gewesen ist.

Wenn man nun diese vergangenheitspolitische Forderung in einer sehr starken Form versteht, führt sie wiederum zu absurden Ergebnissen. Auch wenn Rechtsprechung nicht bedeutet, einen Fall nach gut und böse, sondern hinsichtlich Recht und Unrecht zu beurteilen, würde bei einer starken Fassung der Forderung wiederum Rechtsprechung unmöglich. Akzeptierte man sie, würde im Falle einer Täter-Opfer-Beziehung, bei der das Opfer nicht mehr aussagen kann, automatisch die Sicht des Täters zur moralisch ausschlaggebenden. – Erlauben Sie mir die Zwischenbemerkung: in vielen Fällen wird die Forderung zu genau diesem Zweck erhoben.

Wenn man sie nun nicht auf diese deutlich absurden und unmoralischen Varianten beschränken will – welcher erträgliche Sinn wäre ihr denn abzugewinnen? Vielleicht sollte man zunächst fragen, wann sie denn normalerweise ins Spiel kommt. Vor Jahren hatte ich einmal eine kleine Auseinandersetzung mit Rolf Hochhuth, der (im Hinblick auf Ernst Jünger) einmal geschrieben hatte, keine Generation habe das Recht, nur weil sie die jüngere sei, über eine andere zu Gericht zu sitzen. Er präzisierte diesen Gedanken folgendermaßen: «Ein Mensch, der noch zu Pferde in den Krieg zog, hat *ein Recht*, den Krieg anders zu beurteilen – und folglich habe ich als dessen Betrachter 75 Jahre später auch die *Pflicht*, diesen Krieg 1914 und den damaligen Jünger – anders zu beurteilen, als ein Bomberpilot *seinen* Krieg 1940 ansah; oder als ich sie ansehe, Ernst Jünger und diesen Piloten, der seine Gegner, wenn es Gegner waren und nicht nur wehrlose Zivilisten, meist nicht einmal gesehen hat (...) Wie sagte der 86jährige Cato, als man ihn fragte, wieso er bedrückt sei; weshalb er morgen vor Gericht müsse, sei doch schließlich nur eine Lappalie. Catos Antwort: ‹Sagt das nicht! Es ist immer sehr schwer, sich vor einer Generation zu verteidigen, die nicht mit uns gelebt hat!›»[2]

Die Forderung, die Bewertung von Ereignissen denen zu überlassen, die an ihnen teilgenommen haben, tritt ja in der Regel nicht kontextfrei auf. Sie wäre überall dort, wo sie das täte, wie eben dargelegt, absurd und unmoralisch. Meistens aber tritt sie im Rahmen von Auseinandersetzungen auf, und zwar dann, wenn es bereits zu Bewertungen gekommen ist, und zwar von denen, die nicht dabeigewesen sind, nicht dabeigewesen sein konnten, von Angehörigen einer anderen Generation. Die Forderung ist dann nicht die Bitte aus Brechts «An die Nachgeborenen»: «Gedenkt unserer mit Nachsicht», sondern aggressiver wird der bewertenden jüngeren Generation überhaupt die Kompetenz abgesprochen, zu urteilen. Dies ist nun nicht viel weniger absurd, aber man kann diese Forderung oft als eine Art Überreaktion auf etwas verstehen, was als Ungerechtigkeit empfunden wird. Weil nicht mit Nachsicht geurteilt worden ist, ensteht die Forderung nach einem Beurteilungsverbot durch die Nachgeborenen.

Worin könnte diese Nachsicht bestehen? Vornehmlich darin, daß die Unterschiedlichkeit der moralischen Maßstäbe zunächst nicht als das eigentlich Trennende aufgefaßt wird. Der Umstand, daß eine Generation von Normen und Werten geprägt worden ist, die die nächste nicht mehr teilt, müßte sozusagen als streitmindernd, nicht streitverschärfend aufgefaßt werden. Ferner müßte der Umstand, daß man «hinterher immer klüger ist», daß also die jüngere Generation vom Ende her urteilen kann, in gleichem Sinne als streitmindernd gelten – noch einmal Hochhuth: «... niemand *konnte* 1933 – nicht einmal Hitler selber – für möglich halten, daß die Welt und der alsbald angezettelte Krieg diesem Mann erlauben würden, ja daß er selbst sich das erlauben würde, Auschwitz zu veranstalten oder auch ‹nur› Reichstagsabgeordnete in KZ's zu Tode zu martern ... Dieses Recht auf Unkenntnis alles dessen, was Hitler sich erlauben werde (und was die Welt ihm erlauben werde), könnte natürlich *heute* keinem Diktator mehr zugestanden werden, eben deshalb nicht, weil Hitler uns ‹gelehrt› hat, was menschenmöglich ist: Unsere Großväter *können* das nicht gewußt haben!»[3]

Dem wird man nicht widersprechen, aber hierbei handelt es sich um ein Argument, das man doch nur gegen jemanden ins Feld führen kann, der ein nicht intendiertes Handlungsergebnis mit einer Intention verwechselt. Wer würde schon einem NSDAP-Wähler von 1933 Auschwitz mit den Worten vorhalten, er habe doch wissen müssen …? Wer darauf hinweist, das Wählen einer explizit antisemitischen Partei sei ja wohl für sich genommen eine moralisch fragwürdige Sache, der wird sich doch nicht belehren lassen müssen, der Wähler von 1933 habe nicht voraussehen können, daß am Ende der Genozid stehen werde, denn das würde ja heißen, daß rassistische Brutalitäten, die unterhalb der Schwelle des Massenmords bleiben, irgendwie erträglich seien. Der Hinweis auf das 1933 nicht absehbare Ende dient ja gerade dazu, zu zeigen, wie wenig harmlos auch der «normale Antisemitismus» ist. Gewiß ist man «hinterher immer klüger», aber nichts spricht dafür, sich das wieder abzugewöhnen. Wenn es einen Zuwachs an moralischer Kompetenz in der Generationenfolge gäbe, gar gibt (man muß ja nicht a priori ausschließen, daß sowas möglich ist), dann wird er wesentlich darin bestehen, das Wissen um mögliche Entwicklungen in das eigene moralische Räsonnieren einzubeziehen. Allerdings geht es hierbei dann nicht mehr um das Beurteilen von vergangenen Ereignissen, sondern um die Bewertung von Handlungen, die jetzt unternommen werden oder gerade anstehen.

Was nun die veränderten moralischen Standards angeht, so wird man feststellen, daß es gerade *nicht* um Situationen geht, in denen sie differieren. Das Argument, nur der dabeigewesen sei, dürfe urteilen, wird *nicht* der verwenden, der moralisch mit sich im reinen ist. Es wird von demjenigen verwandt, der die Bewertung des Anderen akzeptiert, aber sich dagegen wehrt, das eigene (vergangene) Handeln (gar die eigene Person) dieser Bewertung gemäß beurteilt zu sehen. Er sagt nicht: «Was ich damals getan habe, war richtig», sondern er sagt: «Ich stimme dir zu, daß es falsch war, aber das habe ich damals nicht sehen können, weil wir ein anderes Weltbild hatten als ...» – ja, eben nicht: «... ihr heute habt», sondern: «... wir heute gemeinsam haben».

Nehmen wir die klassische Auseinandersetzung über die Rolle des Eides. Wenn jemand sagt: «Ein Angehöriger eurer Generation weiß doch gar nicht, was ein Eid für uns damals bedeutet hat», sagt eben damit nicht: «Es war richtig, den Eid höher zu halten als ...» worum immer es in der Auseinandersetzung geht, sagen wir: die Menschlichkeit, sondern er sagt: «Daß ich mich anders hätte verhalten sollen, sehe ich jetzt, habe du bitte Verständnis dafür, daß mir das damals nicht in den Sinn gekommen ist – ich habe damals ein anderes Verständnis der Bedeutung einer Eidesleistung gehabt als ich es heute hätte.» In diesem Zusammenhang bedeutet «Nur wer dabeigewesen ist, darf urteilen» das Eingeständnis, daß ein bestimmtes Handeln falsch gewesen ist, und den Anspruch, aus dieser Einsicht mögen keine wertenden Folgerungen gezogen werden.

Abgesehen – oder besser: nicht abgesehen davon, daß man beim Reden von «Schuld» immer vorsichtig sein sollte, läßt sich auch hier nichts pauschal festschreiben. Es hängt vom Einzelfall ab, der aber läßt sich meist durchaus in Analogie zur Urteilsfindung vor Gericht beurteilen: war jemand zum Zeitpunkt seiner Tat fähig, das Unrechtmäßige oder moralisch Falsche seiner Tat einzusehen oder nicht?

Und damit berühren wir den eigentlichen emotionellen Kern des Satzes von der alleinigen Beurteilungskompetenz derjenigen, die dabeigewesen sind: es soll, nach der zitierten Formulierung Hochhuths, einer Generation das Recht bestritten werden, über eine andere zu Gericht zu sitzen. Aber kommt das je vor? Wie hätte man sich das vorzustellen? Allzu konkret wird man das nicht fassen können, aber sehr wohl kann ein Gespräch zwischen den Mitgliedern unterschiedlicher Generationen ins Pauschalisieren geraten. Das passiert sogar sehr oft, und zwar von beiden Seiten. Das «du» wird zum «ihr», die jüngere Seite redet von dem, was «ihr damals» getan oder unterlassen habt, die ältere davon, daß die jüngere Generation «noch nichts geleistet» und ihre welthistorische Strapazierfähigkeit noch nicht unter Beweis gestellt habe. Generationenauseinandersetzungen neigen dazu, so zu entgleisen, und der Grund ist ziemlich simpel. So wenig der Angehörige der jüngeren Generation seiner selbst sicher sein kann, so wenig ist es im Grunde seines Herzens der Angehörige der älteren: die Lebensleistung des einen ist noch nicht erbracht, die des anderen doch eben auch nicht über jeden Zweifel erhaben. Beide Seiten suchen Sicherheit im imaginierten Kollektiv der Gleichaltrigen und streiten aufeinander ein.

Streitigkeiten zwischen Generationen sind unvermeidlich, und sie werden nicht nach den Gesetzen der Fairneß geführt, weil es darum gar nicht geht. Sie werden nicht gewonnen und nicht verloren, sie sind notwendige Durchgangsstadien für die Angehörigen der jüngeren Generation, sie gehören zum Prozeß des Älterwerdens, und sie gehören auch für die Angehörigen der älteren Generation zum Prozeß des Älterwerdens. Wenn sich nun aber der Fall ereignet, daß die Biographien der Älteren von moralischen Katastrophen geprägt worden sind, an denen viele Angehörige dieser Generation aktiv oder passiv beteiligt gewesen sind, so wird dies in der Generationenauseinandersetzung eine Rolle spielen, man mag das für richtig halten oder nicht, und es kommt von seiten der Älteren gewiß leicht das Gefühl auf, hier walte eine spezifische Form von Ungerechtigkeit, eine spezifische Form von Unfairneß, ein unverdienter Vorteil im Generationenstreit.

Hier finden wir oft ein Argument, das eine Variante des Satzes von der Beurteilungsunfähigkeit derjenigen, die nicht dabeigewesen sind, ist: Menschen seien wir alle, derjenige, der einer bestimmten Tat oder Unterlassung schuldig geworden sei, sei darum noch nicht schlechter als ein anderer, der vielleicht nur durch die zitierte Gnade der späten Geburt vor Situationen bewahrt worden sei, in denen er vielleicht ebenso gehandelt hätte. Dieses Argument klingt besser, als es ist.

Es klingt wie eine Mahnung zu anthropologischer Bescheidenheit. Wer ohne Sünde ist, werfe den ersten Stein – siehe oben. Tatsächlich aber steckt in diesem Argument eine fatale Konfusion, die Verwechslung von Potentialität und Realität. Der aus Bulgarien stammende französische Philosoph Tzvetan Todorov hat in seinem Aufsatz «Zehn Jahre ohne Primo Levi» Folgendes hierzu ausgeführt: «Daß wir alle aus dem gleichen Stoff sind, bedeutet nicht, daß man den Abgrund ignorieren darf, der das Vermögen von der Handlung trennt. Wir sind ohne Zweifel alle Egoisten, aber wir werden nicht alle zu Rassisten, und unter den Rassisten selbst sind in Europa nur die Deutschen zum Akt der Vernichtung übergegangen. Die Menschen sind potentiell alle zum gleichen Bösen fähig, aber sie sind es nicht wirklich, weil sie nicht das gleiche Leben gelebt haben. Ihre Fähigkeiten zur Liebe, Leidenschaft, zum moralischen Urteil wurden kultiviert, blühten auf, oder sie erstickten und verschwanden. Die Menschen können noch so vergleichbar sein, die Ereignisse sind spezifisch. Die Geschichte ist aus Ereignissen gemacht, und sie sind es, über die wir nachdenken und urteilen müssen.»[4]

Aber, könnte man einwenden, dies alles mag wohl richtig sein, aber kann daraus denn nicht etwas wie eine hoffärtige Haltung entstehen, und zwar nur darum, weil die einen unter Belastungen gestanden haben, die die anderen nicht erfahren mußten? Muß nicht derjenige stille schweigen, der nicht unter Beweis gestellt hat, daß er, unter vergleichbaren Bedingungen, sich anders, besser verhalten hat? Ich glaube nicht, daß das so ist. Man kann wahrscheinlich sagen, daß jemand sein Recht, das Verhalten anderer moralisch zu beurteilen, verwirken kann, obwohl das fast mehr eine ästhetische als wiederum eine moralische Konsequenz ist. Bestimmte Leute sollten sich zu bestimmten Fragen einfach nicht mehr äußern, auch wenn das, was sie sagen, zufällig richtig ist. Man möchte das einfach nicht mehr hören, und es ist statthaft, soziale Konsequenzen aus dieser ästhetischen Empfindlichkeit zu ziehen.

Aber umgekehrt kann man doch nicht den Satz aufstellen, das Recht, moralisch zu urteilen, müsse erst erworben werden. Lassen Sie mich Ihnen ein Beispiel geben. Die meisten von Ihnen wissen, daß ich vor über dreieinhalb Jahren Opfer eines Verbrechens geworden bin: ich wurde entführt und über einen Monat als Geisel gehalten, um von meiner Familie ein Lösegeld zu erpressen. Während dieser Zeit habe ich mir u. a. die Frage gestellt, wie ich mich verhalten würde, wenn sich jemand im Austausch gegen meine Person als Geisel anböte. Ich kam für mich zu dem Schluß, daß ich das würde ablehnen müssen. Eine Zeit, wie diese, in der ich nicht nur nicht wußte, ob ich überleben würde, sondern in der zudem der Tod in jedem Augenblick und in vielen möglichen Formen hatte eintreten können, möchte ich niemandem zumuten, schon gar nicht jemandem, der so selbstlos wäre, einen Austausch anzubieten. Ich habe damals gehofft, ich würde, falls eine solche Situation eintreten würde, die Kraft haben, gemäß dieser Einsicht zu handeln. Da die Situation nicht eingetreten ist, kann ich bis heute meiner diesbezüglichen Standhaftigkeit nicht sicher sein. Ich weiß nicht, wie ich mich verhalten hätte. Was bedeutet das? Nun, ich war und bin sicher, daß meine Beurteilung der möglichen, aber (noch) nicht realen Situation richtig war. Hätte ich so gehandelt, wie ich mir vorgenommen hatte, hätte ich richtig gehandelt. Hätte ich anders gehandelt, hätte ich falsch gehandelt. Wäre es nun dazu gekommen, und hätte ich falsch gehandelt, hätte ich mich hoffentlich nicht herausgeredet, sondern mir (und anderen) eingestanden: es war falsch, aber ich bin nicht stark genug gewesen, um richtig zu handeln. Gesetzt nun den Fall, jemand anderes wäre vielleicht ein Jahr später in einer ähnlichen Lage gewesen und hätte ebenso versagt. Ich meine nicht, daß meine Kompetenz und mein Recht, moralisch zu urteilen, tangiert gewesen wäre. Gerade weil ich mir hätte eingestehen müssen, daß ich falsch gehandelt habe, hätte ich auch im Falle des anderen zugeben müssen: auch er hat falsch gehandelt. Man sieht: ein moralisches Urteil setzt keine «moralische Überlegenheit» (was immer das ist) seitens des Urteilenden voraus. Natürlich müßte ich dabei sehr auf meine Worte achten. Aber auch wenn ich eine solche Situation anders, moralisch richtiger bestanden hätte, würde ich gegenüber jemandem, der sich in einer vergleichbaren Situation als schwächer erwiesen hat, meine Worte mit Vorsicht wählen. Einfach darum, weil ich um die Belastungen weiß, die Geiselhaft und Todesdrohung mit sich bringen. Weil ich weiß, wie verzweifelt und schwach man sein kann, und weil ich darum Nachsicht mit jedem habe, der unter solchen Bedingungen Entscheidungen treffen muß. Das heißt aber eben nicht, daß wegen der Belastungen die Entscheidungen moralisch neutral werden.

Wir sind wieder bei dem Wort «Nachsicht». Man kann vielleicht verstehen, daß derjenige, der diese Art Nachsicht vermißt, die Bitte darum, die ihm eigentlich auf der Zunge liegt, in die aggressive Ansicht, urteilen dürfe nur, wer dabeigewesen sei, umformuliert. Aber Nachsicht, noch einmal, bedeutet nicht Indifferenz. Nachsicht zu üben ist ja gerade an den Vorgang des Urteilens gebunden, Nachsicht bedeutet, sich die Umstände von Handlungen und Unterlassungen genau anzusehen. Und: Nachsicht ist dabei nicht das Ziel, sondern Ziel ist das Urteil, das zu wägende nach Kenntnisnahme der Umstände. Nachsicht ist eine Haltung, die das Urteilen nicht ersetzt, sondern begleitet, und eine Tugend eben nur so lange, als sie nicht in Indifferenz umschlägt.

Ganz anders als mit der Frage der Nachsicht ist es mit möglichen sehr hochgeschraubten Anforderungen, die in einer Diskussion an ein Verhalten in der Vergangenheit gestellt werden können. Ich meine Fragen wie die, warum jemand nicht «Widerstand geleistet» habe, wobei mit Widerstand meist der Einsatz des Lebens gemeint ist. Hier liegt für mich die Sache so: niemand, hat Christoph Martin Wieland einmal geschrieben, ist verbunden, ein Held zu sein. Wir sind mehrheitlich keine Helden und wir sollten einander nicht zumuten, welche sein zu müssen. Nicht einmal Helden sollten von anderen fordern, welche zu sein. Die Bewunderung, die wir Helden, solchen, die ihr Leben für andere wagen oder geben, zollen, ist Ausdruck des Wissens, daß wir eben in der Regel keine sind. Es ist nicht nur sinnlos, eine Norm aufzustellen, der man in der Regel nicht folgen kann, sondern wir würden mit solchen Ansprüchen auch unser Leben zur Hölle machen. Die Frage: «Warum habt ihr nicht Widerstand geleistet» – wo sie denn tatsächlich so gestellt worden ist oder wird, und wo sie tatsächlich Widerstand unter Einsatz des Lebens meint – ist eine Zumutung, und eine Zumutung, die ohne Gesichtsverlust durch ein ruhiges: «Weil ich Angst um mein Leben hatte, weil ich kein Held war» beantwortet werden kann.

Gleichwohl betreten wir hier – die deutschen Diskussionen im Blick – schwieriges Terrain. Es gibt die nach wie vor vitale Legende, daß, wer nicht habe mitmachen wollen, Widerstand habe leisten müssen. Das ist – von wenigen möglichen Ausnahmen abgesehen – nicht nur Unsinn, sondern auch eine bequeme Ausrede. Es sind nur sehr wenige Taten gewesen, deren Unterlassung mit dem Tode bedroht wurde. Die Desertion gewiß; nicht die Weigerung, Zivilisten zu erschießen. Wer Häftlingen zur Flucht verhalf, riskierte sein Leben. Nicht der, der sich weigerte, Wachmann in einem KZ zu sein.

Hannah Arendt hat in ihrer Laudatio auf Karl Jaspers betont, wie viel es für sie in der Emigration bedeutet habe, um einen zu wissen, für den das Mitmachen nie eine Versuchung gewesen sei. Jaspers war kein Widerstandskämpfer. Aber, anders als viele, die später Widerstandskämpfer wurden, war er nie Parteigänger des Regimes, und somit auch nicht einer, der den vielen, die Parteigänger waren, ohne später sich zum Widerstand zu entschließen, zur Legitimation dienen konnte. Arendt hat in ihrer Rede auf Jaspers auf jenen Bereich menschlichen Verhaltens hingewiesen, der zur Zeit ihrer Rede und bis heute regelmäßig übersehen wird. Sie hat damit auf eine moralische Verwirrung hingewiesen, die eine direkte und andauernde Auswirkung des Nationalsozialismus ist.

Es ist ein Unterschied, ob *ich* eine Tat tue oder jemand anders. Der Satz: «Hätte ich es nicht getan, hätte es ein anderer getan» verkennt überhaupt den Sinn von Moral. Wenn ich vor einer Entscheidung stehe, geht es einzig und allein darum, ob ich etwas tue oder nicht. Es ändert an der Bewertung meiner Handlung nichts, ob, wenn sie unterbliebe, jemand anders etwas Ähnliches tun würde. Es geht bei der Frage, ob Handlungen moralisch gerechtfertigt sind oder nicht, um richtig oder falsch, meinethalben um gut oder böse, nicht um erfolgreich oder weniger erfolgreich.

Wenn einer sagt: «Hätte ich nicht geschossen, hätte es ein anderer getan», so versteht er nicht, worum es geht, wenn eine Entscheidung nach moralischen Kriterien gefällt werden soll. Es geht darum, ob *ich* schieße (oder was immer) oder nicht. Es geht *nicht* darum, ob ich durch meine Weigerung, zu schießen, jemandem schon das Leben gerettet haben werde. Meine Entscheidung bezieht sich auf den Umstand, daß es mir nicht gleichgültig ist, ob ich ein Mörder bin oder nicht. Das habe ich zunächst zu entscheiden. Natürlich *kann* ich darüber hinaus auch versuchen, ein Leben zu retten. Ich kann versuchen zu verhindern, daß ein anderer zum Mörder wird. Ich kann ein Held werden und mein Leben dafür einsetzen, daß kein Mord geschieht. Aber die Ausrede, weil man von mir nicht verlangen könne, ein Held zu sein, so müsse man mir auch verstatten, ein Mörder zu sein, ist monströs.

Dies ist die Kehrseite der Nachsicht, die wir uns wechselseitig erlauben dürfen, indem wir voneinander nicht verlangen, Helden zu sein, und dort, wo einer dennoch sich als Held zeigt, ihm Bewunderung zollen: wir müssen voneinander – ohne jede Nachsicht – verlangen, daß wir keine Mörder werden, daß wir uns nicht freiwillig an Verbrechen beteiligen, daß wir andere Menschen nicht denunzieren, ihr Leben nicht zerstören. Die Zivilisationskatastrophe der Jahre 1933 bis 1945 hat nicht darin bestanden, daß so viele Menschen der Gewalt gewichen sind und darum das Böse geduldet haben. Sie hat in dem hohen Grad an Freiwilligkeit bei der Beteiligung an Taten bestanden, deren Amoralität ganz außer Frage stand.

Kehren wir nun nach diesem langen Umweg wieder zur Titelfrage zurück: «Wie hätte ich mich verhalten?» Es ist eine Frage, die unsere Fähigkeit zur Nachsicht anregen kann, es ist auch eine Frage, die uns dazu bringen kann, die Nachsicht überschießen zu lassen, weil die Gewissenserforschung, die Introspektion uns eben nur an Potentiale rühren läßt. Das Erschrecken darüber, wessen wir uns vielleicht fähig glauben, mag – wie Ehrlichkeiten eben so sind – aller Ehren wert sein. Aber sich einer Untat (oder Feigheit) fähig zu wissen bedeutet nicht, ihre Ausführung für wahrscheinlich zu halten, und schon gar nicht folgt daraus die moralische Unbedenklichkeitserklärung.

Im phantasierenden Nachvollzug zu erleben, was alles sich akzeptablem Handeln entgegenstellen kann an äußeren wie inneren Hindernissen, ist eines – es ist aber etwas ganz anderes, daraus Argumente zu gewinnen, die das Akzeptable der Handlung selbst betreffen. Auch das kann man aus den vor Gericht erprobten Gebräuchen gewinnen: zunächst muß die Handlung qualifiziert werden, dann mögen die besonderen Umstände der Handlung als mildernde bewertet werden. Der umgekehrte Weg ist nicht gangbar.

«Wie hätte ich mich verhalten?» Wie sehr zu Unterscheidendes diese Frage bzw. die jeweilige Antwort auf sie bedeuten kann, erfährt man, wenn man konkret wird. Was machten wir denn mit einem, der uns gestände, er sei nicht sicher, ob er sich nicht auch freiwillig zu einem Kommando, das Frauen und Kinder zu erschießen antrat, gemeldet hätte? Mit einem, der uns gesteht, er hätte vielleicht die Nachbarn bei der Gestapo denunziert, weil er sie sowieso nicht hätte leiden können? Und so weiter. Wir würden solche Geständnisse kaum als Ausweise bewundernswürdiger Ehrlichkeit empfinden, sondern als peinliche Offenbarungen zutiefst amoralischer oder boshafter Gesinnungen. Wir würden ihm allenfalls bedeuten, das könne er auf der Couch mit seinem Analytiker abmachen, aber in eine öffentliche Diskussion gehöre das nicht. In öffentlichen Diskussionen erwarten wir, daß bestimmte Normen und Werte nicht in Frage gestellt werden – auch nicht indirekt durch den zu lauten Zweifel eines Menschen an seinen Fähigkeiten, der Versuchung zu widerstehen, sie in den Wind zu schreiben. Das Risiko der Frage «Wie hätte ich mich verhalten?» ist, daß sie mit all ihrer Signalwirkung am falschen Ort gestellt wird.

Ein letztes Beispiel. Sie kennen wahrscheinlich die Schriftstellerin Elisabeth Langgässer, haben etwas von ihr gehört oder gelesen oder kennen das Buch ihrer Tochter Cordelia Edvardson. Elisabeth Langgässer war nach der nationalsozialistischen Klassifizierung Halbjüdin. Sie hatte eine Tochter, der Vater war Jude, die Tochter galt gemäß den Nürnberger Gesetzen als Dreivierteljüdin. Elisabeth Langgässer heiratete später einen Nicht-Juden, mit dem sie drei weitere Kinder hatte. Sie versuchte, ihre erste Tochter Cordelia ins Ausland zu bringen – sie selbst erwog die Emigration nicht. Sie war aber mit ihren Bemühungen, ihre Tochter im Ausland in Sicherheit zu bringen, nicht erfolgreich. Am Ende stand sie vor der Entscheidung, der Deportation Cordelias nach Theresienstadt zuzustimmen oder wegen Umgehung der Rassegesetze belangt zu werden. Cordelia wurde mit Zustimmung – aber was heißt da Zustimmung? – der Mutter deportiert. Auf Theresienstadt folgte Auschwitz. Sie überlebte das Lager und Mengele. Zu dieser furchtbaren Geschichte gehören nicht nur die Tatsachen, soweit wir sie aus dem, was die Mutter in Briefen und die Tochter in dem Buch «Gebranntes Kind sucht das Feuer» berichten, rekonstruieren können, sondern auch die Briefe, die die Mutter nach 1945 an und über die Tochter schreibt, sowie ihre literarischen Texte, in denen das Schicksal der Tochter u. a. zu christlicher Erbauungsliteratur wird. Es ist nicht leicht, den Vorgang sine ira et studio zu analysieren – zur Vorsicht mahnt nur der für die Generationendynamik bemerkenswerte Vorgang, daß die Tochter der Cordelia Edvardson als Herausgeberin der Briefe Elisabeth Langgässers sich bemüht, das Andenken der ihrer Meinung nach zu unrecht so bald nach den ersten Nachkriegsjahren vergessenen Autorin zu pflegen.

Aber all das soll uns nicht interessieren. Es geht mir hier um die Entscheidung der Mutter, ihre vierzehnjährige Tochter nicht nach Theresienstadt zu begleiten, sie dorthin allein fahren zu lassen. War das recht gehandelt? Wie hätte ich gehandelt?

Nun, ich denke schon, daß die Beurteilung einigermaßen eindeutig ausfällt. Für die anderen Töchter wäre der Vater dagewesen. Die Pflicht der Mutter wäre gewesen, Cordelia nicht ins, nehmen wir einmal an: Unbekannte fahren zu lassen. Was hätte ich getan? Da ist man dann (hat man nicht in einer ähnlichen Situation schon gestanden und sie erfolgreich bestanden) sehr kleinlaut. Ist hier nicht doch jede Eindeutigkeit, die nicht von dem Bekenntnis zum Selbstzweifel begleitet ist, hoffärtig? – Ich möchte sagen: Nein – oder zumindest: es kommt auf den Kreis der Leute an, unter denen so etwas besprochen wird.

Stellen Sie sich bitte vor, Ihre kleine Tochter hört die Geschichte von Elisabeth Langgässer und ihrer Tochter und fragt Sie: «Wie hättest du – Mutter oder Vater – gehandelt?» Die Antwort kann nur sein: «Ich hätte dich nicht alleingelassen.» Ihr Kind hat ein Recht, mit Ihren Selbstzweifeln nicht belästigt zu werden. In einer solchen Situation einbekannt, wären sie alles andere als ehrenwert. Ihr Kind hat ein Recht darauf, Ihrer Stärke zu vertrauen. Es hat ein Recht darauf, nicht bereits vorsorglich damit vertraut gemacht zu werden, daß es sich vielleicht nicht auf Sie wird verlassen können – in Ihnen selbst mag es aussehen, wie es will. Vielleicht übrigens ist gerade diese eindeutige Aussage einmal etwas, das Ihnen in den Ohren klingen wird, wenn es um irgendeine viel weniger dramatische, aber doch riskante und anstrengende Entscheidung geht.

Die norddeutsche (ironische) Maxime «Nimm di nix vör, dann sleiht di nix fehl» ist in moralischen Angelegenheiten ein Desaster. Selbstzweifel haben nur ihren Wert, wenn sie nicht das erste und nicht das letzte Wort haben, wenn sie unser Realitätsbewußtsein steigern, uns aber nicht vergessen machen, daß moralische Ansprüche eben gerade dazu da sind, daß wir Dinge tun, die uns nicht unmittelbar liegen, die uns anstrengen, im Extrem: in Gefahr bringen. Wir sollten auch nicht vergessen, wie viele tatsächlich moralisch überlegene Handlungen – vom einfachen bürgerlichen Anstand bis hin zur außergewöhnlichen Zivilcourage und zu moralischem Heldentum – von Leuten ausgeführt worden sind, die ein Gefühl spezifischer Überlegenheit empfanden, das die Ursache dafür sein dürfte, daß ihr Handeln – auch retrospektiv – so selbstverständlich und erstaunlich unangestrengt wirkt. Wie haben sie es erlernt? Die Antwort kann nicht in einem Satz gegeben werden, aber gewiß ist, daß sie es sich nicht mutwillig erschwert haben, zunächst zu fragen: Wie *soll* man handeln? und nicht, wie realistisch es sei, daß man tatsächlich so oder so handele. Die Antwort auf die zweite Frage hängt nämlich nicht zuletzt davon ab, daß die erstere auch als erste gestellt wird.

Die Frage «Wie hätte ich mich verhalten?» ist tatsächlich weniger interessant als die aus der Beurteilung vergangenen Handelns und Unterlassens zu gewinnende Frage: «Wie *soll* ich mich verhalten?» Die Antwort auf diese Frage – auf die der Sozialverband, in dem ich mich aufhalte, auch ein Recht hat (wenn auch kein so großes wie das Kind, das Mutter oder Vater fragt «Hättest du mich begleitet?») – ist interessanter, weil folgenreicher als die Frage, wie ich mich verhalten hätte. Es sei denn, die letztere diente dazu, der Frage nach dem richtigen Verhalten ihre Brisanz zu nehmen. Dann sollte ihr mit Mißtrauen begegnet werden.

27. 1. 2000

Postscriptum

In der jüngsten Ausgabe der Zeitschrift «Mittelweg 36» (Nr. 1/2000) hat der Mitarbeiter des Sigmund Freud Instituts Christian Schneider darauf hingewiesen, wie sehr in der Diskussion um die Perteispendenaffäre der CDU Topoi aus dem sogenannten Vergangenheitsbewältigungsdiskurs verwendet werden. Ein markantes Beispiel war neulich in der Polit-Talkshow «Christiansen» zu hören. Der (bei Abfassung dieses Textes als aussichtsreichster Kandidat für die Nachfolge Wolfgang Schäubles gehandelte) Abgeordnete Friedrich Merz sagte, er wisse nicht, wie er sich an Stelle Roland Kochs verhalten hätte, da er sich noch nie in einer solchen Situation befunden habe. Die Akzeptanz dieser rhetorischen Figur war so hoch, daß niemand rückfragte: «Wie bitte? Sie wollen uns sagen, daß Sie es für durchaus möglich halten, daß Sie demnächst Rechenschaftsberichte fälschen und Ihre Partei und die Öffentlichkeit belügen?»

Was heißt: aus der Geschichte lernen?

Vor allem die haben sie als Lernstoff betrachtet, die keinen
Begriff von ihr hatten. «Erwägt man», schrieb Machiavell
im «Principe», «wie schwierig es ist, einen neu erworbenen
Staat zu behaupten, so könnte man sich wundern, daß
Alexander in wenig Jahren sich zum Herrn von Asien machte und gleich nach der Eroberung starb, ohne daß doch, wie
zu erwarten gewesen wäre, das ganze Reich sich empörte»[1].
Wie würden wir heute mit einem solchen Problem umgehen? Wir würden über die besondere Situation der helleni-
stischen Antike nachdenken, wir würden über die Krise der
politischen Ordnungen beiderseits der Ägäis im 3. Jahrhundert vor unserer Zeitrechnung etwas in Erfahrung bringen
wollen, wir würden schließlich einige Gedanken über die
ethnische, religiöse und kulturelle Heterogenität des Perser-
reiches einerseits und Alexanders Bemühungen, einen einigermaßen glatten Übergang vom Großkönigtum unter Da-
reios aus persischem zum Großkönigtum unter Alexander
aus makedonischem Hause zu Papier bringen – kurz: wir
würden großen Wert auf die historischen Besonderheiten
legen, auf das, was die fragliche Zeit von anderen Zeiten
unterschieden hat, um zu einer einigermaßen genauen Antwort auf die Frage zu kommen, warum nach Alexanders
Tod keine persische Revolte losbrach. Machiavell interessiert sich nur für ein Moment: alle Fürstentümer, schreibt
er, werden «entweder von einem Fürsten und dessen Dienern, die durch seine Gnade zu Ministern berufen worden
sind» regiert oder von einem Fürsten, der sich auf Adlige
stützen muß, die mit eigenen traditionellen Rechten ausge-

stattet sind. Die erstere Herrschaftsform sei zwar stabiler und stärker, aber einmal besiegt, könne ihre Machtposition wesentlich leichter, ohne das Risiko einer Revolte, durch den Sieger eingenommen werden. Machiavell vergleicht das Perserreich mit der Türkei und vergleicht beide politischen Gebilde mit Frankreich, das den Gegenpol bildet. – Anders gesagt: Machiavell interessiert sich nur für das, was er, und zwar über große Zeiträume hinweg, nicht nur vergleichen, sondern wenn möglich auch gleichsetzen kann, damit eine Anweisung daraus wird: unter den und den Bedingungen mußt du dich so und so verhalten, wenn du erfolgreich sein willst.

In unseren Augen ist so ein Vorgehen unhistorisch – wir sollten aber nicht vergessen, daß unsere Sichtweise mit demselben Recht als unpolitisch angesehen werden könnte, aber darum soll es zunächst nicht gehen, sondern um die Frage, was es denn heiße, man solle oder könne jedenfalls aus der Geschichte lernen, und da lassen Sie mich festhalten, daß Machiavell, und damit *der* politische Theoretiker der Renaissance, auf diese Frage eine klare Auskunft hätte geben können – und im übrigen auch gegeben hat: Wer seine im Buche niedergelegten Ratschläge, die auf der «Kenntnis der Taten großer Männer, die (er) durch lange Erfahrung in der Gegenwart und durch anhaltendes Studium des Altertums erworben habe»[2], beruhten, beherzige, werde, und das ist der Sinn des Buches, Kraft und Geschick zu einer politischen Neuordnung Italiens finden.

Hegel hingegen meinte, daß aus der Geschichte zu lernen sei, daß «Völker und Regierungen niemals etwas aus der Geschichte gelernt und nach Lehren, die aus derselben zu ziehen gewesen wären, gehandelt haben»[3], und zwar nicht etwa deshalb, weil sie, um ein Wort von Arno Schmidt zu zitieren, entweder Zufall oder bloßer Unsinn sei, sondern im Gegenteil: «Der einzige Gedanke, den die Philosophie mitbringt, ist aber der einfache Gedanke, daß die Vernunft die Welt beherrsche, daß es auch in der Weltgeschichte vernünftig zugegangen sei.» Diese Vernunft aber sei eben erst der Geschichtsphilosophie, einer überempirischen Konstruktion, zugänglich bzw. offenbar – eine Gedankenfügung, die einen irgendwie praktisch-politisch gerichteten Begriff des Lernens so sehr auszuschließen scheint, wie Machiavells Idee des Fürstenratgebers einen philosophisch gegründeten Begriff von Geschichte.

Karl Löwith, der vielleicht bedeutendste Kritiker geschichtsphilosophischer Konstruktionen, hat unseren modernen Geschichtsbegriff als fatale Säkularisierung des christlich-mittelalterlichen Heilsbegriffs interpretiert, und seine Interpretation hat eine Menge für sich. Löwith weist darauf hin, daß «kein griechischer Philosoph eine Philosophie der Geschichte erdacht habe». Die griechischen Schriftsteller hätten alle nicht «die Geschichte» erkunden, sondern Geschichten erzählen bzw. «die pragmatischen Verkettungen im Gebiet eines bestimmten politischen Geschehens»[4] analysieren wollen. Auch die römischen Geschichtsschreiber, die das politische Ziel, die Herrschaft Roms zu verherrlichen, dadurch verfolgen, daß sie diese zum welthistorischen Triumph stilisierten, sehen in ihr keinen historischen Zielpunkt. Polybios läßt Scipio angesichts der Trümmer Karthagos davon sprechen, daß auch Rom dereinst in Trümmern liegen werde: «Scipios Ausspruch wiederholt nur, was schon in der Ilias (VI, 448) steht mit Bezug auf Troja und Priamus. Und wo immer angesichts geschichtlicher Schicksale die klassische Stimmung lebendig blieb, fand sie einen ähnlichen Ausdruck. Es ist die letzte Weisheit des Historikers der Weltgeschichte ohne Heilsgeschehen.»[5]

Einer Geschichte, die mit einer bestimmten Zeitvorstellung verbunden ist: mit der eines Kreises. Die Handlungen der Menschen haben nur einen gewissen Variationsspielraum, und also wiederholen sich die Konstellationen. Man könnte auch sagen: Die Menschen machen immer wieder dieselben Fehler, und darum müssen sie ihre Geschichte wiederholen – weil sie nicht lernen. Aber das wäre eine durchaus unantike Auffassung. Wohl kann der *Einzelne* durch das Studium der früheren Beispiele für sich lernen und besser dastehen als seine Vorgänger. Am *Gesamtverlauf* ändert er nichts. Große Reiche werden zerfallen, ganz egal, ob ein ausgezeichneter Herrscher diesen Verfall in seiner Lebenszeit aufhalten kann. Nur eben: für ihn nicht egal. Er gewinnt Ruhm und wird Gegenstand der Schriften, aus denen andere lernen. «Lernen aus der Geschichte» bedeutet an Hand von Beispielen lernen, in der Zeit, in die einen der Zufall oder die Gottheit gestellt hat, eine gute Figur zu machen.

Roms Triumph ist der Triumph des Augustus – aber dieser Zielpunkt der Geschichte ist ganz unterschieden von moderner Teleologie. Für Hegel ist das «Geschäft der Wirklichkeit» das «Werk Einzelner», diese seien aber «Werkzeuge», und «ihre Subjectivität, die ihr Eigenthümliches ist», sei nur die «leere Form der Thätigkeit». «Was sie daher durch den individuellen Antheil, den sie dem substantiellen von ihnen unabhängig bereiteten und bestimmten Geschäfte genommen, für sich erlangt haben, ist eine formelle Allgemeinheit subjectiver Vorstellung, – der Ruhm, der ihre Belohnung ist.»[6] Anders gesagt: Der Ruhm, der einem zuteil wird, ist die objektive Spiegelung des subjektiven Wahns, etwas anderes als ein bloßes Werkzeug der sich selbst vollziehenden Weltgeschichte gewesen zu sein. Das hat mit antikem Selbstbewußtsein nichts zu tun: Dort gibt es nur die Tat – zur Bescheidenheit mahnt die Einsicht, daß auch sie und der ihr zuteil werdende Ruhm begrenzt ist, weil nichts auf dieser Welt von Dauer ist. Auch das kann man aus der Geschichte lernen. Sie ist also in der Antike eine durchaus unverächtliche Lehrmeisterin.

Als einigermaßen linientreuer Christ kann man aus der Geschichte gar nichts lernen. Der teleologische Geschichtsbegriff ist eine genuin christliche Konstruktion. «Zum ersten Mal», schreibt Achatz von Müller, «verband sich Geschichtsschreibung mit einem weitgespannten geschichtsphilosophischen Konzept»[7], und obwohl sich Löwith in diesem Zusammenhang gegen das Wort «Philosophie» wendet, indem er auf die intellektuellen Mängel der Augustini-

schen Argumentation verweist und lieber von einer «dog-
matische(n) Auslegung des christlichen Glaubens im Bereich
der Weltgeschichte»[8] spricht, so möchte ich doch dieser Formulierung gerade im Sinne Löwiths beipflichten, hat sich
doch die Geschichtsphilosophie als intellektuelles Unternehmen nie von ihren theologieanalogen Implikationen befrei-
en können.

Die Geschichte Roms ist für Augustin alles andere als
eine Heilsgeschichte, aber sie hat einen spezifischen Sinn:
sie *dient* dem Heil. Roms Weltherrschaft ist der Boden, auf
dem sich das Christentum optimal verbreiten kann. Insofern, aber *nur* insofern hat sie einen Sinn, einen Sinn von
einem Telos her, das sie nicht selbst ist, das, außerhistorisch,
den Sinn der Geschichte bestimmt: die Wiederkehr Christi
in eine ihn erwartende, auf ihn vorbereitete Gemeinde, die
eigentliche Civitas, die Civitas Dei. Augustin spaltet die Geschichte in zwei: eine profane, sichtbare, sinnlose – und eine
verborgene, wenngleich offenbarte, eigentliche und sinner-
füllte. Bestimmte Ereignisse und Personen haben in der profanen Geschichte ihren Ort und sinnlosen Ruhm, in der
Heilsgeschichte ihren nur dem Eingeweihten sichtbaren, wesentlichen. Der Leser von Augustins «Gottesstaat» nun
steht vor der moralischen Entscheidung, Teil welcher Geschichte er sein wolle.

Man sieht, wie sich hier ein Stück antiker Skepsis gegenüber dem Ruhm erhalten hat, aber doch nur, um sogleich
ad maiorem Dei gloriam pathetisch gewendet zu werden.
Insofern gleicht Augustins Denken weniger der aristokratischen Ataraxie angesichts des immer gleichen Weltlaufs, als
vielmehr dem Weltbild marxistischer Intellektueller, die hinter der vorgeblichen Geschichte der Kriege und der hohen
Politik die eigentliche, die Geschichte der Klassenkämpfe zu
erkennen glaubten, die verbürge, daß das scheinbare sinnlose Einerlei von Blut und Notzucht nicht das verbindliche
letzte Wort der Geschichte bleibe. – Lernen läßt sich *aus* so
aufgefaßter Geschichte nichts, sondern es soll gelernt werden, *daß* man Geschichte so auffassen *solle*, um eine mora-

lisch integre Haltung in den historischen Händeln zu gewinnen. Was ich als augustinischer oder marxistischer Geschichtslehrling zu lernen habe, ist, einen bestimmten historischen Konflikt – er mag sich vor Hunderten von Jahren ereignet haben oder sich just vor meiner Nase abspielen – so anzusehen, wie er sich im Lichte nicht der profanen, sondern der Heilsgeschichte ausnimmt.[9] Dann weiß ich, wie ich mich zu verhalten habe.

Es läge nahe, den Sprung von Augustin ins 19. Jahrhundert, zu dem ich eben angesetzt habe, auch gleich ganz zu tun, aber es wäre nicht nur ungerecht den paar übersprungenen Jahrhunderten gegenüber, sondern vor allem würden wir über das Erstaunen hinweghuschen, das uns doch eigentlich ankommen sollte bei der Feststellung, daß der Gedanke einer in der profanen verborgenen Heilsgeschichte den historischen Kontext seiner Entstehung so sehr überleben konnte.

Also zurück zur Renaissance: Achatz von Müller nennt Niccolò Machiavellis «Florentinische Geschichte» das «erste moderne Geschichtswerk», denn es verstehe «Zusammenhänge aufzudecken, scheinbar weit entfernt liegende Faktoren analytisch zusammenzuziehen und historischen Wandel als überpersönlichen Prozeß darzustellen, der stärker ist als die (...) Tugenden und Fähigkeiten der ‹großen Männer›.»[10] Auf den «überpersönlichen Prozeß», um den keine Geschichtsschreibung, die nicht nur Biographik oder Annalistik ist, herumkommt, werde ich später noch zurückkommen. Zunächst möchte ich kontrastierend betonen, daß Machiavelli ebenso modern wie antik argumentiert. Die mittelalterlichen Chroniken interessieren ihn nicht mehr, und ebensowenig interessiert ihn die Idee einer Heilsgeschichte. Aber die Vorstellung eines profanen historischen *Prozesses* finden wir ebensowenig bei ihm – das wird gerade deutlich, wenn er von der Dynamik der menschlichen Angelegenheiten spricht: «Es ist von der Natur den menschlichen Dingen nicht gestattet, stille zu stehen. Sobald sie ihre höchste Vollkommenheit erreicht haben und nicht mehr

35

steigen können, müssen sie daher sinken; ebenso wenn sie gesunken sind, durch die Unordnung zur tiefsten Niedrigkeit herabgekommen und also nicht mehr sinken können, müssen sie notwendig steigen.»[11] Das ist ganz aus der Antike gesprochen, und auch die Antwort auf die Frage, was hier Lernen heißen könne, wäre die nämliche: großen Beispielen zu folgen – wenn Machiavelli denn solche in der jüngeren italienischen Geschichte vorzuweisen hätte. Aber auch schlechte Beispiele, recht analysiert und präsentiert, taugen zur Lektion: «Wenn bei der Beschreibung der Begebenheiten dieser verdorbenen Welt nichts vom Mute des Soldaten, von der Tapferkeit des Feldherrn, von der Vaterlandsliebe des Bürgers zu erzählen ist, so wird man dagegen sehen, mit welchen Täuschungen, mit welchen Listen und Künsten die Fürsten, die Soldaten und die Häupter der Republiken handelten, um sich ein Ansehen zu erhalten, das sie nicht verdienten. Dies zu kennen, wird vielleicht nicht weniger nützlich sein als die alte Geschichte; denn wenn diese die hochherzigen Geister zur Nachahmung entflammt, so kann jenes als Warnung anfeuern.»[12]

Aber natürlich ist die Geschichtssicht der Renaissance nicht einfach die Reprise der antiken, wenn sich auch in der zitierten Passage durchaus Motive wiederfinden lassen, die auch einen Tacitus bewegt haben. Es tritt ein Moment hinzu, das sich in der Antike nicht gleichermaßen hat bilden können, das des rationalen Machtkalküls. Nicht, daß dieses der antiken Politik fremd gewesen wäre – im Gegenteil. Aber er schafft sich größere Bemerkbarkeit im Kontrast zum Modell der christlichen Heilsgeschichte, die vor den Ratschlägen eines Machiavelli selber zum Rechenpfennig im Machtspiel wird. «Göttliche Vorsehung» und purer Zufall sind der Renaissance-Optik ununterscheidbar: «Es ist mir nicht unbekannt, daß viele die Meinung hegten und noch hegen, die Welt werde völlig von der göttlichen Vorsehung und dem Glücke regiert, so daß menschliche Klugheit nichts dagegen ausrichten könne – woraus dann folgt, daß man sich bloß dem Spiele des Zufalls überlassen muß, ohne sich

um irgend etwas anderes zu bekümmern.» Eben darin aber
liege die Hauptursache politischen Scheiterns. «Menschen,
die sich fest vornehmen, beständig ein und denselben Weg
einzuhalten, sind so lange glücklich, wie ihr Verhalten mit
dem Glücke zusammenstimmt; sie scheitern aber, sobald
dieses wechselt und sie sich mit ihm nicht ändern wollen.[13]
Dieser Blick ist nicht auf das große Ganze eines so oder so
beschaffenen Kosmos oder Ganges der Dinge schlechthin
gerichtet. Hier wird darauf gesehen, wie man die Zeitläufe
erfolgreich besteht. Der Leser von Machiavellis Schriften
soll sich verhalten wie ein geschickter Börsenspekulant. Die
allgemeine Kursentwicklung ist nicht beeinflußbar, wohl
aber kann man sie sich zunutze machen. Dem Schicksal –
dem Glück (fortuna) – ist man individuell nicht unterworfen, wenn man erkennt, wie es die Welt bestimmt. Die Idee
eines geschichtlichen Fortschritts ist Machiavelli fremd, gerade darum kann man aus der Geschichte lernen: weil sie
sich wiederholt. Machiavelli ist darum auch weder historischer Optimist noch Pessimist. Es geht weder auf- noch
abwärts. Im Grunde gibt es so etwas wie «die Geschichte»
bei ihm nicht – nur die Beispielsammlung menschlicher
Handlungen, Triumphe, Niederlagen, Irrtümer und Einsichten.

Die Aufklärung gilt gemeinhin als die Erfinderin der Idee
des Fortschritts und des Geschichtsoptimismus, des «it's
getting better all the time» in historischem Maßstab. Tatsächlich mochten die großen Autoren der Aufklärung die
Geschichte überhaupt nicht – was für Machiavelli beliebig
nutzbare Beispielsammlung war, war für sie die Ansammlung menschlicher Unvernunft und Niedertracht. «Als
Hume sich von der Philosophie ab- und der Historie zu-
wandte», fand er es «zunehmend schwieriger, sein Interesse
an einem Geschehen aufrechtzuerhalten, das ihm stets die
Wiederkehr derselben Unvernunft in wechselnden Verklei-
dungen vor Augen führte. In der historischen Überlieferung
entdeckte er wenig mehr als Beweisstücke menschlicher
Torheit.»[14]

Hayden White betont in diesem Zusammenhang, daß Edward Gibbon, nicht nur der bedeutendste Historiker der Aufklärung, sondern einer der bedeutendsten Historiker überhaupt, die Entstehung der Renaissance, die er einerseits als Anbruch einer neuen vernunftgeleiteten Epoche ansah, als zufälliges Resultat der Eroberung von Byzanz durch die Türken beschrieb – sie beruhe «auf dem Erfolg, den in Byzanz ein Fanatismus über einen anderen davontrug»[15]. Das ist sehr fern aller Vorstellung von Fortschritt. Nicht das Bessere hat sich durchgesetzt, weil es das Bessere ist, sondern etwas, das uns sympathisch ist, hat sich zufällig ereignet – it just happened.

Lernen läßt sich daraus nichts. Auch Kant war dieser Meinung. Die Geschichte biete dem Verständnis der menschlichen Angelegenheiten nichts, was nicht ebensogut aus der Beobachtung der Gegenwart zu gewinnen sei – modern gesprochen: Wir können auf Geschichtsschreibung verzichten, Soziologie reicht. Der späte Kant hat sich, man ist versucht zu sagen, zu der Ansicht durchgerungen, es sei für die Menschen gut, sich einzubilden, die Geschichte sei ein Fortschritt zum Besseren, denn dann würden sie sich mehr Mühe geben, in diesem Sinne auch zu handeln. «Lernen aus der Geschichte» nennt man so was nicht. – Christoph Martin Wieland schließlich hat seine Sicht der Geschichte in folgende Form gebracht und damit direkt auf die Frage, ob Geschichte Lehrstoff sein könne, so geantwortet: Das Buch der Geschichte sei so voller Niedertracht, Bosheit und Grausamkeit, daß es «zu lesen nur die größten Verbrecher verdammt zu werden verdienen können»[16].

Wie kommt es zu dieser bei durchaus ähnlichem Bild *von* der Geschichte veränderten Haltung *zu* der Geschichte? Sie ist ein Resultat der aus den Krisen des 16. und 17. Jahrhunderts hervorgegangenen Mentalitätsveränderung in Mitteleuropa. Paradigmatisch möge ein früher Zeuge für diese Transformation, Michel de Montaigne, gelten: «Ich lebe in einer Zeit, in der, wie es in wilden Bürgerkriegen nun einmal ist, Beispiele kaum glaublicher

Grausamkeit sich häufen. Fälle, die schlimmer sind als die furchtbarsten Berichte aus der Antike, sind heute etwas Alltägliches. Trotzdem habe ich mich durchaus nicht damit abgefunden. Ehe ich es gesehen habe, habe ich mir gar nicht denken können, daß Menschen so barbarisch sein sollten, aus bloßer Mordlust einen Mitmenschen zu töten, ihm Glieder abzuhacken, mit allem Scharfsinn unbekannte Qualen und neue Todesarten auszudenken, und zwar nicht etwa aus Haß oder Geldgier, sondern nur zu dem Zweck, sich an dem Schauspiel eines Menschen in Todesangst zu weiden, an seinen Schmerzensgesten und an seinem Stöhnen und Schreien.»[17]

Montaigne schreibt aus der Anschauung der Hugenottenkriege; europäisch folgen die niederländisch-spanischen Kriege und das dreißigjährige Gemetzel, das zeitgenössisch der Teutsche Krieg hieß und das wir nun nach seiner Dauer benennen, schließlich der englische Bürgerkrieg. Am Ende dieser Krisenzeit steht ein fundamental verändertes Verhältnis zur Gewalt. Ist diese aus mittelalterlicher Perspektive aus ihrer gemutmaßten Stellung zum göttlichen Heilsplan zu bewerten – man solle nur munter dreinschlagen, *Gott werde die Seinigen schon erkennen*, lautete eine Parole aus den Katharer-Feldzügen –, so ist das Verhältnis der Renaissance zu ihr rein instrumentell. Für die Moderne, die sich in den Schriften der Humanisten vorbereitet und die ihren ersten mehr oder weniger geschlossenen Ausdruck in der Aufklärung findet, wird sie – und damit die Geschichte selbst – zum Problem an sich.

Shakespeares große literarische Bedeutung liegt nicht zuletzt in dem Umstand begründet, ein Zwitterwesen zwischen den Zeiten gewesen zu sein. Er ist noch ganz den kalten Blick der Renaissance gewöhnt und doch schon den Idealen der Moderne nahe. Illusionslosigkeit und Pathos kennzeichnen sein Werk gleichermaßen, er ist als Poet Soziologe und Psychologe, Hexenmeister und Rationalist, Empiriker der Macht und gleichzeitig ihr Dämonologe. Shakespeare hatte teil an zwei Epochen, das machte ihn jeder der beiden überlegen, und gerade sein historischer Ort macht, daß es keinem gelingt, ihn zu historisieren.

«Titus Andronicus» war das meistgespielte Stück Shakespeares in Deutschland nach 1648. «Hätte ‹Titus Andronicus›», schreibt Jan Kott, «einen sechsten Akt, dann würde Shakespeare an den Zuschauern der ersten Reihen sich vergreifen und sie unter grausamen Qualen sterben lassen. Denn auf der Bühne bleibt außer Lucius kein Held der Tragödie am Leben. Noch bevor der Vorhang im ersten Akt sich hebt, sind bereits einundzwanzig Söhne des Titus gefallen. Und so geht es weiter bis zum Schluß, pausenlos bis zu dem großen Massaker der letzten Szene. Dieses Stück hat fünfunddreißig Leichen aufzuweisen, abgesehen von den ermordeten Soldaten, Dienern, Nebenpersonen. Mindestens zehn große Morde geschehen vor den Augen des Zuschauers. Und es handelt sich dabei um Morde und Grausamkeiten diverser Natur. Titus wird eine Hand abgeschlagen, Lavinia die Zunge ausgeschnitten und die Hände abgehauen, die Wärterin wird erdrosselt. Hinzu kommen Notzucht, Kannibalismus und bestialische Torturen. Verglichen mit diesem Renaissance-Drama erscheint die moderne amerikanische schwarze Literatur wie eine süße Idylle.»[18] Und wir können hinzufügen: Das Stück hat eine Lakonik, die heute vielleicht Filme wie «Pulp Fiction» aufweisen. «Titus Andronicus» hat keinerlei Distanz zum Dargestellten – ein Stück aus den Fugen geratene Welt wird auf der Bühne gezeigt, ohne daß im Stück eine Idee aufschiene, wie ihre gefugte Form aussehen könnte. Weltgeschichte pur, nach Hölderlin so: «Vatermord, Brudermord, Säuglinge blaugewürgt. Greulich! Greulich!»[19]

Anders tritt uns «Richard III.» entgegen – seine Titelfigur ist der eigentliche Renaissance-Held, ein scheinbarer Meister des instrumentellen Gebrauchs der Vernunft. Er will nach oben. Mit Mord, Charme und Intrige gelingt es ihm. Und wiewohl ihn viele, die auf der Strecke bleiben, im Kerker ermordet werden, in letzter Minute nur fliehen können, darum hassen, stellt keiner prinzipiell in Zweifel, was

Richard tut. Es gibt einen bemerkenswerten Dialog. Jan Kott hat auf den eigenartigen Umstand hingewiesen, daß die Akteure in Shakespeares Königsdramen alle Individuen mit höchst unterschiedlichen Charakteren sind: «Der eine ist tückisch, der andere mutig, der dritte grausam, der vierte zynisch. Sie sind lebendige Menschen, denn Shakespeare war ein großer Dichter. Wir behalten ihre Gesichter. Aber wenn wir dann am Ende eines Kapitels angelangt sind und mit dem nächsten beginnen, wenn wir die historischen Dramen Shakespeares in einem Zuge lesen, eins nach dem anderen, dann verwischen sich die Gesichter der Herrscher und Usurpatoren. Selbst ihre Namen gleichen einander. Immer sind es ein Richard, ein Edward und ein Heinrich. Sie tragen dieselben Titel. Da gibt es den Herzog von York, den Herzog von Clarence. Der eine ist tapfer, der andere grausam, wieder ein anderer verschlagen. Aber das Drama, das sich zwischen ihnen abspielt, ist immer das gleiche. In jeder Tragödie wiederholt sich ein und dasselbe Stöhnen der Mütter der ermordeten Könige:

‹*Queen Margaret:*
I had an Edward, till a Richard kill'd him;
I had a Harry, till a Richard kill'd him;
Thou hadst an Edward, till a Richard kill'd him;
Thou hadst a Richard, till a Richard kill'd him.
Duchess of York:
I had a Richard too, and thou didst kill him;
I had a Rutland too, thou help'st to kill him ...
Queen Margaret:
Thy Edward he is dead, that kill'd my Edward;
Thy other Edward dead, to quit my Edward;
Young York he is but boot ...
Thy Clarence he is dead that stabb'd my Edward;
And the beholders of this tragic play,
The adulterate Hastings, Rivers, Vaughan, Grey,
Untimely smother'd in their dusky graves.›»[20]

Und doch ist dieses Stück von Richard III. ein Lehrstück. Es zeigt, daß sich Herrschaft mit Gewalt erringen, aber nicht mit Gewalt allein sichern läßt. Ab einem bestimmten Punkt muß man Loyalitäten aufbauen. Shakespeare läßt seinen Richard das übersehen. Und darum versucht sich Richards rechte Hand, der Herzog von Buckingham, irgendwann abzusetzen. Kann man aus der Geschichte lernen? Durchaus sagt das Stück seinem interessierten Publikum aus Renaissance-Aristokraten: Man kann lernen, mit dem Instrument der Gewalt umzugehen, um erfolgreich zu sein. Man muß dazu seine Grenzen kennen. Genau da kippt die Optik des Stückes. Die Grenzen der Gewalt werden plötzlich anders gezogen, nicht mehr aus den Erfordernissen des Machtkalküls, sondern aus der Moral, die vom Mitleid kommt.

Richard muß – es sind noch nicht alle tot, die ihn gefährlich dünken – einen Mörder dingen. Es ist ein heruntergekommener Typ namens Tyrrel, mit dem er, der König von England, der Richard bereits ist, schön tun muß, um zwei Kinder, deren Existenz der Legitimität seiner Herrschaft noch im Wege stehen, im Tower umzubringen. Tyrrel tut's, aber als er dann Bericht erstatten soll, kommt es zu einer der atemberaubendsten Szenen, die Shakespeare geschrieben hat, Tyrrel ekelt sich vor dem, was er getan hat:

«*Tyrrel:*
Geschehn ist die tyrannisch blut'ge Tat,
Der ärgste Greuel jämmerlichen Mords,
Den jemals noch dies Land verschuldet hat.
Dighton und Forrest, die ich angestellt
Zu diesem Streich ruchloser Schlächterei,
Zwar eingefleischte Schurken, blut'ge Hunde,
Vor Zärtlichkeit und mildem Mitleid schmelzend,
Weinten wie Kinder bei der Traurgeschichte.
‹O so›, sprach Dighton, ‹lag das zarte Paar›;
‹So, so›, sprach Forrest, ‹sich einander gürtend
Mit den unschuld'gen Alabasterarmen;

Wie Rosen *eines* Stengels ihre Lippen,
Die sich in ihrer Sommerschönheit küßten.
Und ein Gebetbuch lag auf ihrem Kissen,
Das wandte fast›, sprach Forrest, ‹meinen Sinn;
Doch oh! der Teufel› – dabei stockt' der Bube,
Und Dighton fuhr so fort: ‹Wir würgten hin
Das völligst süße Werk, das die Natur
Seit Anbeginn der Schöpfung je gebildet.›
Drauf gingen beide voll Gewissensbisse,
Die sie nicht sagen konnten, und ich ließ sie,
Dem blut'gen König den Bericht zu bringen.
Hier kommt er eben. – Heil, mein hoher Herr!
Richard:
Freund Tyrrel, macht mich deine Zeitung glücklich?
Tyrrel:
Wenn das vollbracht zu wissen, was Ihr mir
Befohlen, Euch beglückt, so seid denn glücklich:
Es ist geschehn.»

In dieser Szene wirft Shakespeare die Renaissance-Kulisse um, die Litanei des «I had an Edward, till a Richard kill'd him» wird unterbrochen, und wir hören das Schreien zweier Kinder, die ermordet werden. Und plötzlich, durch die Rede eines gedungenen Mörders und nur durch sie, denn die Frau eines von Richard Ermordeten war ihm noch neben dem offenen Sarg des Toten zu Willen, und die Mutter der ermordeten Kinder wird ihm um Englands willen die überlebende Tochter zur Frau geben, ist Richard ein Mörder. Geschichte und Politik hin oder her.

In «Macbeth» geht Shakespeare noch einen Schritt weiter. Zwar erscheint Macbeth der Geist des ermordeten Banquo wie Richard vor der Schlacht die Geister seiner Opfer, nämlich als ein ziemlich konventioneller Spuk, aber bei Lady Macbeth ist es kein Geist mehr, keine Angst vor Rache, sondern das Gefühl einer Befleckung durch die Gewalttat selbst: «Fort, verdammter Fleck! fort, sag ich! (...) Wie, wollen diese Hände denn nie rein werden? (...) Noch immer riecht es hier nach Blut; alle Wohlgerüche Arabiens würden diese kleine Hand nicht wohlriechend machen. Oh! oh! oh!» Im Entsetzen spiegelt sich das Entsetzliche.

In den einhundert Jahren nach dem Ende des Dreißigjährigen Krieges ändert sich das zentraleuropäische Verhältnis zur Gewalt: die Strafen werden weniger grausam, die Folter wird eingeschränkt oder abgeschafft, Kriege werden nicht mehr durch Söldnerheere geführt, die sich «aus dem Lande», d. h. durch Plünderungen, versorgen. Man verstehe das nicht falsch: Europa wird kein friedlicher Kontinent, die europäische Zivilisation bleibt – wie alle Hochkulturen, die wir kennen – eine auf Gewalt gegründete Kultur. Aber dieses Auf-Gewalt-gegründet-Sein wird der europäischen Zivilisation zum Problem, und sie entwirft ein Bild von sich, in dem dieses Problem eine zentrale Stellung einnimmt. Gewalt wird etwas, das es einzuschränken gilt, das in bestimmte Zonen eingegrenzt werden soll und kann. Gewalt mag nach wie vor an der Tagesordnung sein, aber ist doch etwas, das eigens gerechtfertigt sein muß, das nicht selbstverständlich ist, zu dem man nur greift, wenn andere Mittel nicht vorhanden sind – oder jedenfalls müssen die Rechtfertigungen von Gewaltanwendung sich solcher Rhetorik bedienen.

Wie ist es zu dieser Veränderung gekommen? Die Antwort ist nicht ganz leicht, eine bündige Erklärung geben uns die Historiker nicht, aber sie haben sich, das muß hinzugefügt werden, dem Problem dieses Epochenbruches auch gar nicht wirklich gestellt, sondern meistens findet man die rückprojizierte Frage: wie die exzessive und akzeptierte Gewalttätigkeit anderer Epochen erklärt werden könne. Dabei wird das Selbstbild der Moderne als historisch selbstverständlicher und also nicht weiter erklärungsbedürftiger Zustand vorausgesetzt. Aber eben das ist nicht zulässig. Wie bei Gibbon die europäische Renaissance Ergebnis kontingenter, aber sehr wohl benennbarer Umstände gewesen ist, so ist die Haltung der Moderne zur Gewalt in ihren Ursachen nicht weniger faßbar.

Wenn auch vielleicht komplexer, denn es ist einiges zusammengekommen. Die Kriege zwischen der Mitte des 16. und dem Ende des 17. Jahrhunderts, darunter der partiell totale zivilisatorische Zusammenbruch im Dreißigjährigen Krieg, sind zweifellos ein Schock gewesen. Das Gefühl, man könne einen gewohnten institutionellen Rahmen irreparabel demolieren und habe dieses teilweise getan, war vielerorts unabweisbar geworden. Man machte in diesem Zusammenhang auch die Erfahrung, daß Gewaltexzesse leerlaufen können: irgendwann hat keiner mehr etwas davon. Zu holen gibt es nichts mehr, die Befriedigung des Exzesses bleibt seiner Gewöhnlichkeit wegen auf der Strecke. Schließlich verlor sowohl in den deutschen Landen wie in Frankreich und England die Religion als gewaltlegitimierende Kraft an Einfluß. Sie war in den Kriegsverläufen selbst auf den zweiten Platz nach der Politik verwiesen worden, und der anschließende Zivilstand übernahm dieses Resultat als Regulativ.

Und Gewalt wurde nicht mehr als instrumentell, vielmehr als etwas wie ein eigenständiger, d. h. im schlimmsten Falle selbständiger Faktor angesehen, denn man hatte – besonders in der letzten Phase des Dreißigjährigen Krieges – sie als etwas erlebt, das ein solcher *werden* konnte. Daß sie nicht etwas war wie ein Schwert, das man nach Gutdünken aufnehmen und ebenso wieder weglegen konnte. Man hatte aus der Geschichte gelernt.

Hatte man? So sehr es sich aufdrängt, hier von einem kollektiven Lernprozeß zu sprechen, so schwierig ist es zu formulieren, was gelernt wurde. Die Schwierigkeit liegt darin, eine Einstellungsänderung als ein Lernen zu beschreiben. Hat jemand, der sich verliebt, *gelernt*, daß sein Gegenüber liebenswert ist, und die Konsequenzen daraus gezogen? Hat die Bevölkerung von Paris, die das öffentliche zu Tode Quälen von Menschen als Volksfest beging, nach der Hinrichtung des Damiens 1757 auf einmal gelernt, daß so etwas scheußlich und es ein Ausweis von Barbarei ist, es als öffentliches Schauspiel zu zelebrieren? In beiden Fällen ist nichts *gelernt* worden, in beiden Fällen hat jemand sich *geändert.* Mit Lernen bezeichnen wir gerade die Schritte, die wir auf Grund von Informationen machen, *ohne* uns gravierend zu ändern. Ich kann lernen, verschiedene Phasen im Werk eines Künstlers zu unterscheiden, aber ich kann nicht lernen, das Werk Turners oder Strawinskys zu bewundern. Ich kann vielleicht lernen, die militärischen Fehler des deutschen Generalstabes zu erkennen, aber ich kann nicht lernen, Falkenhayns strategische Planungen zu verabscheuen.

Nach diesem Wandel der Haltung gegenüber der Gewalt mußte das Verhältnis zur Vergangenheit problematisch werden, und sie wurde als *Geschichte,* d. h. als *bisherige* Geschichte wahrgenommen. Als Sammlung nachahmenswerter Beispiele hatte sie ausgedient. Sie diente als Folie dessen, was man hinter sich gelassen hatte (oder meinte, hinter sich gelassen zu haben). Die Aufklärer schrieben «Geschichte gegen die Geschichte selbst», wie es Hayden White formuliert hat[21], es ging ihnen um den Emanzipationsprozeß der Gegenwart von der Vergangenheit, nicht um ihr Eingebundensein in den Prozeß der Geschichte. Nun war es aber unvermeidlich, daß eine Spannung entstand zwischen dem Ideal, dem man folgte oder zu folgen meinte, und den Tatsachen der historischen Gegenwart, und es war unvermeidlich, daß man über dieser Spannung den tatsächlichen Fortschritt entweder selber idealisierte oder aber zu gering einschätzte. Der einen Seite entsprach der im Gefolge der Aufklärung einsetzende Fortschrittsoptimismus, der anderen ein radikaler Geschichtspessimismus. Letzterer findet sich im 18. Jahrhundert in Werken wie Voltaires «Candide», Johann Karl Wezels «Belphegor» oder auch de Sades «Justine», und später, sowohl als Reaktion auf den Ersten Weltkrieg als auch als Protest gegen die positive Geschichtsphilosophie, in Theodor Lessings «Geschichte als Sinngebung des Sinnlosen»: «Entweder», heißt es im «Belphegor», «müßte in dem Plane der Begebenheiten ein thörichter Zweck oder ein thörichtes Mittel angenommen werden, oder die ganze Sache muß ein *zufälliger, nicht intendierter*

Umstand seyn; und, und! – vielleicht war die ganze Reihe meines, deines Lebens, die Begebenheiten der ganzen Erde nichts als dieses – Wirkungen des Zufalls und der Nothwendigkeit, wo Leute, die diese Wörter nicht leiden konnten, *Zweck* und *Mittel* herauskünstelten, und, wie die Wahrsager, auch zuweilen diese beyden Sachen selbst herausbrachten.»[22] Oder Goethe: «Die Menschen sind dazu da, einander zu quälen und zu morden. So ist es, so war es und so wird es allzeit sein!»[23]

Daß das Gesicht der Geschichte, der Weltgeschichte solche Züge trägt, kann, nachdem sich einmal der europäische Mentalitätswandel vollzogen hat, niemand, der ihm unterworfen gewesen ist, leugnen. Aber es ist schwierig, ein Ideal immer wieder nur als ein geschändetes vor Augen zu haben. «Sobald», schreibt Herder in den «Ideen zur Philosophie der Geschichte der Menschheit», der Mensch «irgend eine edlere Anlage verfolgt, findet er überall Unvollkommenheiten und Stückwerk; das Edelste ist auf der Erde nie ausgeführt worden, das Reinste hat selten Bestand und Dauer gewonnen (...) Die Geschichte unseres Geschlechts mit ihren Versuchen, Schicksalen, Unternehmungen und Revolutionen beweiset dieses sattsam.»[24] Aber das ist nicht sein letztes Wort in der Sache. Der Mensch gehöre nämlich zwei Welten an, der natürlichen und der geistigen. Von dieser Doppelnatur könne der *Mensch* sich nicht befreien – doch in seinen *Werken* werde das überdauern, was der geistigen Sphäre angehöre: «Das Naturgesetz hindert keine, auch nicht die ausschweifendste Macht an ihrer Wirkung; es hat aber alle Dinge in die Regel beschränkt, daß eine gegenseitige Wirkung die andre aufhebe und zuletzt nur das Ersprießliche daurend bleibe.. (...) Alle Werke Gottes haben ihren Bestand in sich und ihren schönen Zusammenhang mit sich: denn sie beruhen alle in ihren gewissen Schranken auf dem Gleichgewicht widerstrebender Kräfte durch eine innere Macht, die diese zur Ordnung lenkte. Mit diesem Leitfaden durchwandre ich das Labyrinth der Geschichte und sehe allenthalben harmonische göttliche Ordnung:

denn was irgend geschehen kann, geschieht: was wirken kann, wirket. Vernunft aber und Billigkeit allein dauren; da Unsinn und Thorheit sich und die Erde verwüsten.»[25]

Die Idee der zwei Welten, denen der Mensch angehöre, erinnert uns an Augustin, aber Herder unterscheidet nicht zwischen zwei Geschichten. Es ist eine, *die* Geschichte der Menschheit, in der sich das Fortschreiten des Guten offenbart. Es ist Hegel, der den Gedanken Herders aufnimmt und überspitzt. Er verwirft die Vorstellung von einer Doppelnatur des Menschen – aber hält an der von Geschichte als dem *Schauplatz des Siegeszuges der Vernunft gegen allen Augenschein* fest: «Wenn wir dieses Schauspiel der Leidenschaften betrachten und die Folgen ihrer Gewalttätigkeit, des Unverstandes erblicken, der sich nicht nur zu ihnen, sondern selbst auch, und sogar vornehmlich zu dem, was gute Absichten, rechtliche Zwecke sind, gesellt, wenn wir daraus das Übel, das Böse, den Untergang der blühendsten Reiche, die der Menschengeist hervorgebracht hat, sehen; so können wir nur mit Trauer über diese Vergänglichkeit überhaupt erfüllt werden, und indem dieses Untergehen nicht nur ein Werk der Natur, sondern des Willens der Menschen ist, mit einer moralischen Betrübnis, mit einer Empörung des guten Geistes, wenn ein solcher in uns ist, über solches Schauspiel enden. Mann kann jene Erfolge ohne rednerische Übertreibung, bloß mit richtiger Zusammenstellung des Unglücks, das das Herrlichste an Völkern und Staatengestaltungen, wie an Privattugenden erlitten hat, zu dem furchtbarsten Gemälde erheben, und ebenso damit die Empfindung zur tiefsten, ratlosesten Trauer steigern, welcher kein versöhnendes Resultat das Gegengewicht hält, und gegen die wir uns etwa nur dadurch befestigen, oder dadurch aus ihr heraustreten, indem wir denken: es ist nun einmal so gewesen; es ist ein Schicksal; es ist nichts daran zu ändern (...) Aber auch indem wir die Geschichte als Schlachtbank betrachten, auf welcher das Glück der Völker, die Weisheit der Staaten, und die Tugend der Individuen zum Opfer gebracht werden, so entsteht dem Gedanken

notwendig auch die Frage, welchem Endzweck diese unge-
heurersten Opfer gebracht worden sind.»[26]

Eine Frage, die keineswegs notwendig entsteht und schon
gar nicht notwendig damit beantwortet werden muß, daß
man einen solchen Endzweck aus dem Hut zaubert. Es ist
frappierend, wie deutlich Hegel die Suche nach einem Sinn,
der nicht dieser oder jener menschlichen Handlung, sondern
der Geschichte selber zukommt, als emotionell angetriebene
ausweist. Nicht *obwohl* die Geschichte eine Schlachtbank
ist, auf der Glück, Weisheit und Tugend hingemordet werden, suchen wir nach einem Sinn in dem Gemetzel, sondern
weil das so ist. Der Mensch hat Schwierigkeiten zu akzeptieren, daß etwas geschieht, das keinen Sinn hat. Diese
Schwierigkeit ist die Ursache vieler Unbarmherzigkeiten.
Wem Unglück widerfahren ist, weiß, wie widerlich das doch
so gutgemeinte «Wer weiß, wozu es gut ist!» in den Ohren
klingt, und diese Bereitschaft, anderer Leute Leid mit dem
Hinweis auf einen verborgenen Sinn erträglich zu finden,
ist eng verbunden mit der Bereitschaft, ihnen grenzen-
loses Leid zuzufügen, wenn es nur zu etwas gut zu sein
scheint.

Sich eine Geschichte mit diesseitiger, profaner Teleologie
zu phantasieren, hat sich als ein ungeheuer destruktives Unternehmen herausgestellt, nämlich als die effektivste Art
und Weise, alle Ideale der Moderne als Bekenntnisse in Takt
zu lassen und in der politischen Praxis auszulöschen. Ähnlich wie die marxistische Wirtschaftstheorie als Wirtschafts-
politik dadurch zu ihrer eigenen Karikatur wurde, daß der
politische Schwanz versuchte, mit dem ökonomischen
Hund zu wedeln, wurde der historische Materialismus zum
Idealismus des Kommandos der jeweiligen Parteilinie. Das
Glücksversprechen dient zur Rechtfertigung jedweder Grausamkeit.

Hatte Hegel die Herdersche Doppelnatur des Menschen
für uninteressant gehalten und über den sich in der Geschichte offenbarenden Geist einzig diese Seite des Menschen für philosophisch relevant erklärt, gibt es eine andere

Tradition, die sich mehr für die andere, naturbezogene Seite interessiert. Ein Ausläufer dieser durchaus vielgestaltigen Tradition zog die Konsequenz, das Projekt der Moderne mit seinem ja doch sowieso nie recht verwirklichten Ideal der Gewalteindämmung abzuschaffen – ich meine den Nationalsozialismus. In ihm finden wir ein entschiedenes Bekenntnis zur Barbarei. Geschichte, so wie sie von den Aufklärern mit Entsetzen beschrieben wurde, wird vom Nationalsozialismus als Ideal formuliert. Wer nicht bereit ist, auf Frauen und Kinder zu schießen, ist eine Memme – ich spreche von der Rede des Major Trapp, des Kommandanten des Hamburger Polizeibataillons, das mordend durch Polen zog.

Sosehr nun die Katastrophen unseres Jahrhunderts uns zu nötigen scheinen, aus ihrer Analyse etwas Lernbares zu gewinnen, so sehr haben wir das gleichzeitige Gefühl, sie als bloßen Lernstoff zu betrachten sei nicht das richtige Verhalten zu ihr. Die militärischen, aber vor allem die zivilen Massaker des 20. Jahrhunderts lassen es als unzulässig erscheinen, so weiterzureden, als sei hier gleichsam etwas schiefgegangen, als sei man, wie schon so oft vorher, seinen Idealen nicht treu genug gewesen, und das müsse man eben in Zukunft besser machen. Die Tatsache, daß der Weg der Moderne nach Auschwitz führte, hat einige dazu gebracht anzunehmen, daß dies nur durch die Annahme plausibel gemacht werden könne, daß er dorthin habe führen *müssen*. Die Moderne sei in Auschwitz nicht nur widerlegt worden, sondern habe dort ihr geheimes Ziel erreicht. Horkheimer/Adornos «Dialektik der Aufklärung» *kann* so gelesen werden, auch Zygmunt Baumans historisch-soziologische Studien zum Holocaust und zum Themenkreis «Moderne und Ambivalenz».

Diese Auffassungen sind von der moralischen Nötigung getragen, den zivilisatorischen Zusammenbruch in der ersten Hälfte unseres Jahrhunderts nicht dadurch zu verkleinern, daß er als bloßer Betriebsunfall dargestellt und verbucht und anschließend der Betrieb, als wäre nichts gewesen, wieder aufgenommen werde. Andererseits würde eine Verabschiedung von den Idealen der Moderne dem Nationalsozialismus, der sie von Anfang an für Humbug erklärte, recht geben. Wer das unermeßliche Leid der in den Lagern Ermordeten nicht bagatellisieren will, darf auch nicht den Willen der Überlebenden der Lager bagatellisieren, nicht nur physisch zu überleben. Wer zu Recht nicht gestattet, daß kitschige Illusionen über das Maß von Entwürdigung und Entmenschlichung die Wahrheit substituieren, darf ebensowenig zulassen, daß ein ebenso kitschiges wie schwarzes Pathos die Wahrheit in ihrer notwendigen Differenziertheit ersetzt.

«Das Selbstbild unserer modernen Zivilisation hat davon gelebt, einen Strich zwischen sich und die Greuel einer Vergangenheit zu ziehen, die sie (historisch nicht korrekt, aber intentional bezeichnend) das finstere Mittelalter nannte. Von dieser Grenzziehung lebten unsere Ideale. Diese Grenzziehung hat sich als illusionär herausgestellt. Die Grenze existiert nicht mehr, das Selbstbild der modernen Zivilisation, ihre Ideale nicht nur angestrebt, sondern zu großen Teilen auch erreicht und in stabile Institutionen geformt zu haben, ist in Auschwitz zerstört worden. Aber die Ideale sind darum nicht lächerlich geworden. Das Festhalten an ihnen ist nicht das illusionäre Gebaren eines, der die Welt nicht zur Kenntnis nehmen will, wie sie gewesen ist und also ist. Moral, die sich der Kenntnisnahme verweigerte, wäre Verleugnung und selbst zutiefst unmoralisch. Die Würde, die darin besteht, die Welt zur Kenntnis zu nehmen und gleichwohl nicht zu bejahen, und die wir in den Memoiren der Überlebenden finden, ist zwar ein Zustand unglücklichen Bewußtseins, doch sie zum Ausgangspunkt eines neuen, veränderten Redens über Fragen der Moral zu machen, hat, wie der Versuch Tzvetan Todorovs[27] beweist, nichts Frivoles und nichts von der hyänenhaften Phrase, daß auch das Schlimmste noch zu etwas gut sei.»

Was nun endlich wäre – da doch das Sich-Ändern nicht gut dekretiert werden kann – angesichts unseres Jahrhunderts aus der Geschichte zu lernen? Vor allem wohl der veränderte Blick auf sie. Die Verabschiedung von aller Geschichtsphilosophie, die Rückkehr zu der illusionslosen, aber die Desillusionierung nicht feiernden Haltung der Aufklärer. Aber mit der Umkehrung des Kantschen Arguments: nicht die Vorstellung, es werde schon alles immer besser kommen, sollte uns motivieren, sondern das Wissen darum, wie fragil unsere Verhältnisse sind. Denn zurück können wir ja nicht, und eben auch nicht zurück hinter das Historisch-Werden unseres Denkens. Wir sind, anders als die Aufklärer es sahen, «in» der Geschichte, wir lassen sie nicht hinter uns, wir emanzipieren uns nicht von ihr, wir sind ein Teil von ihr, und doch ist sie uns nicht mehr ein Strom, mit dem wir schwimmen. Wir sehen das Unmaß von Leid, und wir sehen in ihm ein Unmaß von Sinnlosigkeit. Aber all das ist uns nicht äußerlich, da wir unsere Ideale, ohne die wir die Barbarei nur fortsetzen würden, derselben Geschichte verdanken, die die Barbarei dieses Jahrhunderts hervorbrachte. Zwar: Ersetzung der Geschichtsphilosophie durch politisch-konzeptionelles Denken – aber: Dies wird ohne das unglückliche Bewußtsein, daß wir der Geschichte nicht entkommen können, nicht die nötige emotionelle und intellektuelle Differenziertheit erlangen. Daß wir heute nicht mehr wie Machiavelli über Alexander schreiben können, ist auch ein Indiz dafür, daß wir gerade weil wir gelernt haben, unsere Existenz historisch aufzufassen, aus der Geschichte nichts für uns als historische Wesen lernen können. Wir können uns in ihr nur ändern. Lernen können wir wohl nur aus der und für die Politik.

Was ist so interessant an der historischen Wahrheit?

Überlegungen anläßlich der Debatte
um die Ausstellung «Vernichtungskrieg.
Verbrechen der Wehrmacht 1941 bis 1944»

«Wahrheit» ist kein besonders prominentes Stichwort im Freud-Werkregister, dennoch finden wir markante Stellen. «Vielleicht ist es übrigens eine Folge meiner Beschäftigung mit der Psychoanalyse, daß ich kaum mehr lügen kann. So oft ich eine Entstellung versuche, unterliege ich einer Irrung oder anderen Fehlleistung, durch die sich meine Unaufrichtigkeit verrät.»[1] Da es sich in einem voraufgegangenen Beispiel um eine bewußte Lüge gehandelt hatte, ist tatsächlich gemeint, daß die Psychoanalyse die Aufrichtigkeit dergestalt gefördert, daß sie auch das Unbewußte so im Griff habe, daß es zu besonders spektakulären und peinlichen Fehlleistungen komme. Diese Selbstbeurteilung Freuds hängt mit der besonderen Wertigkeit zusammen, die für ihn der Wahrheit und Wahrhaftigkeit in der Psychoanalyse zukommt. «Darin», so Freud, «liegt ein gutes Stück ihrer erziehlichen Wirkung und ihres ethischen Wertes.» Es sei «gefährlich, dieses Fundament zu verlassen. Wer sich in die analytische Technik eingelebt» habe, treffe «das dem Arzte sonst unentbehrliche Lügen und Vorspiegeln überhaupt nicht mehr».[2] Und anderswo: «Endlich ist nicht zu vergessen, daß die analytische Beziehung auf Wahrheitsliebe, d. h. auf Anerkennung der Realität gegründet ist und jeden Schein und Trug ausschließt.»[3] Wenn der Psychoanalyse auf diese Weise auch Vorbildcharakter zukomme, so betont Freud doch auch, daß sie sich mit ihrer Wahrheitsliebe nicht grundsätzlich vom gewöhnlichen Menschen außerhalb der analytischen Beziehung unterscheide: «Man darf ganz allgemein erstaunt sein, daß der Wahrheitsdrang so viel stärker ist, als man ihn für gewöhnlich einschätzt.»[4]

Denjenigen, der der Psychoanalyse nahesteht, wird das nicht verwundern. Man kann ja die psychoanalytische Theorie psychischer Störungen beschreiben als einen Konflikt zwischen einer Realitätswahrnehmung und der psychischen Fähigkeit, mit dieser zurechtzukommen. Das Ziel der analytischen Kur wäre dementsprechend, durch das Verständnis der Ursachen der psychischen Überforderung den Seelenhaushalt des Analysanden wieder realitätstauglich zu machen.

Tatsächlich wird von der Vergegenwärtigung historischen Geschehens gerne mit der Psychoanalyse entlehnten oder an sie angelehnten Termini gesprochen. Eine Vergangenheit wird bewältigt, verarbeitet, verdrängt, verleugnet, bearbeitet etc. Nun ist gegen solche Übernahme prinzipiell so lange nichts zu sagen, als man erstens die Wörter richtig verwendet (also nicht etwa verdrängen sagt, wenn man verleugnen meint) und zweitens nicht vergißt, daß es sich um bloße Analogien handelt. Der Umstand, daß man Wörter, die dazu da sind, Vorgänge im Seelenhaushalt des Individuums zu beschreiben, auf Kollektive anwendet, bedeutet ja noch nicht, daß Kollektive auch reagieren wie Individuen. Wenn man mit der Verwendung solcher Wörter tatsächlich etwas über eine kollektive Psycho*dynamik* sagen will, muß man erst die Annahme rechtfertigen, daß in diesem oder jenem Falle ein Kollektiv auch wirklich reagiert wie ein Individuum, und es sich nicht um eine bloße façon de parler handelt.

Aber das sind spezielle Fälle, und sie taugen nicht, sich dem Thema zu nähern. Es scheint mir richtig, zunächst ein paar eher abstrakte Überlegungen zur Frage «Wieviel Wahrheit braucht der Mensch überhaupt?» anzustellen. Donald Davidson hat darauf hingewiesen, daß wir, wenn wir eine gemeinsame Sprache haben, auch ein Weltbild gemeinsam haben müssen. Anders könnten wir einander nicht verstehen, wir würden nämlich «die Verständlichkeit der Lesarten der Äußerungen anderer beeinträchtigen, wenn die anderen durch unsere Methode des Lesens so geschildert werden, als befänden sie sich nach unserer Auffassung meist im Irrtum. Wir können uns zwar verschiedene Meinungen verständlich machen, doch das gelingt nur vor dem Hintergrund gemeinsamer Überzeugungen.» Und: «Was man gemeinsam hat, bedarf im Allgemeinen nicht der Stellungnahme; es ist zu fade, zu abgeschmackt oder zu vertraut, als daß man darauf hinweisen könnte.»[5]

Das ist die positive Wendung von Wittgensteins Klarstellung, daß man nicht voraussetzungslos zweifeln könne. Jeder Zweifel setze, um verständlich zu sein, ein gemeinsames Verständnis dessen voraus, woran *nicht* gezweifelt werde. Ich kann als Vortragender nicht einfach die Anwesenheit meines Auditoriums bezweifeln – oder, wenn ich es denn ernstlich tun wollte: woran müßte ich dann auch noch zweifeln?

Ich habe von gemeinsamen Überzeugungen gesprochen, nicht von Wahrheiten. Ist es sinnvoll, hier einen Unterschied zu machen? Es gibt einen pragmatischen Wahrheitsbegriff, der das verneint und «Wahrheiten» solche gemeinsamen Überzeugungen nennt, gegen die Einspruch zu erheben von allen für chancenlos gehalten wird. Dieser Wahrheitsbegriff leugnet nicht, daß man sehr wohl unterscheiden kann zwischen der gemeinsam geteilten Überzeugung, daß zwei mal zwei vier ergibt, der, daß die Welt mindestens älter als viertausend Jahre ist, und der, daß es auf dem Mond wahrscheinlich kein Leben gibt. Man kann unterscheiden hinsichtlich der unterschiedlichen Art und Weise, auf die wir zu der Überzeugung gelangen, daß es sich hier um wahre Sätze handelt. Aber dennoch kann man sagen, daß den ersten beiden unterschiedlichen Wahrheiten und der dritten Behauptung, die nur mit ziemlicher Sicherheit wahr ist, gemeinsam sei, daß es bei der «Art und Weise, zur Überzeugung zu gelangen, daß ...» sich um gemeinsame Praktiken handele, die letztlich konventionell und damit kontingent seien.

In der Tradition dieses Wahrheitsbegriffs erklärt etwa Richard Rorty den Begriff «Wahrheit» insgesamt für überflüssig, da es für ihn nur Aussagen gibt, die wir erfolgreich rechtfertigen, und solche, bei denen uns das nicht gelingt: «... the difference between justification and truth is one which makes no difference except for the reminder that justification to one audience is not justification to another.»[6] Dieser Wahrheitsbegriff, wenn er denn noch so genannt werden soll, ist nicht durch den Rekurs auf einen traditionelleren, der an die Stelle des Kommunikations- oder Gemeinschaftsbezuges einen Realitätsbezug setzt, kritisierbar, denn auch dessen Modi bedürfen der Rechtfertigung, die nur im Hinblick auf gewisse Konventionen gelingen kann. Der, wenn man es so ausdrücken will, Ausbruch aus dem «Gefangensein in Dialogen (und) Kontexten der Rechtfertigung»[7] gelingt nicht.

Jürgen Habermas hat – wie ich meine, äußerst erfolgreich – auf den Schwachpunkt des pragmatischen Wahrheitsbegriffs hingewiesen: er kann nicht überzeugend erklären, warum *in der sozialen Praxis* die Unterscheidung zwischen verschiedenen Formen der Rechtfertigung, der Bewährung von Sätzen, schließlich der Auszeichnung bestimmter Aussagen als «wahr» eine so große Rolle spielt. Letztlich muß der Vertreter des pragmatischen Wahrheitsbegriffs eine Verwirrung durch eine irgendwann einmal aus dem Gleis der pragmatischen Vernunft auf das der philosophischen Unvernunft geratene Weltsicht annehmen, und fürs Umgewöhnen plädieren. Habermas kritisiert diese Annahme dadurch, daß er nachweist, daß hier nicht etwa eine falsche Weltsicht seitens der philosophisch Unaufgeklärten, sondern eine unterkomplexe Auffassung sozialer Kommunikation seitens der dem pragmatischen Paradigma verpflichteten Philosophen vorliegt. Er kritisiert den pragmatischen Wahrheitsbegriff, indem er ihn gleichsam pragmatisch überbietet.

Ich kann Habermas' Argumentation hier nicht nachzeichnen, möchte aber das, worauf es mir vor allem anzu-
kommen scheint, auf das bisher Gesagte anwenden. Jener
Bezug auf eine gemeinsame Welt, ohne den es keine Ver-
ständigung gibt, setzt aus Stabilitätsgründen eine Unterscheidung zwischen erfolgreich gerechtfertigten oder erprobten Ansichten und *einigen* erfolgreich gerechtfertigten
Ansichten, «die auch wirklich wahr sind», voraus – oder,
besser gesagt, er bringt die Unterscheidung als praktische
Bedingung seines Funktionierens mit sich. «Obwohl wir in
reflexiver Einstellung wissen, daß alles Wissen fallibel ist,
können wir im Alltag nicht allein mit Hypothesen, also
durchgängig fallibilistisch leben.»[8] Die wissenschaftsethi-
sche Maxime, daß alles in Frage gestellt werden kann, hat
ihr lebenspraktisches Korrelat darin, daß das Leben nicht
nur zu kurz, sondern auch zu kompliziert ist, als daß alles
in Frage gestellt werden könnte. Es ist nicht die Wissenschaft, die einen kontextenthobenen Wahrheitsbegriff durch-
setzt, sondern es sind die Erfordernisse der Alltagspraxis,
die eine Unterscheidung zwischen (erprobtem) Meinen und
Wissen auch in den Wissenschaften durchsetzen.

Hier kehrt Wittgensteins Argument vom nicht generali-
sierbaren Zweifel wieder. *Jedes* (dann: scheinbare) Wissen
kann sich als Irrtum herausstellen, *aber nicht alles* Wissen.
Das letztere ist die Voraussetzung des ersteren.[9] Im Alltag
ist beides, Wissensverlangen und Einsicht in die Fallibilität
diffus, in den Wissenschaften (jedenfalls in den sogenannten
«harten») zugespitzt. Deren fallibilistische Grundeinstellung
wird als erfolgversprechendes Instrument zur Wahrheits-
suche verstanden und so tolerierbar.

Zu betonen, wie wichtig die Unterscheidung von vorläufig gerechtfertigten und wahren Aussagen sowie von wahren und falschen Aussagen für die Stabilität unserer sozialen
Interaktionen ist, bedeutet nicht zu behaupten, Gesellschaften seien wesentlich wahrheitsgesteuert. Jüngst hat uns Josef
Kardinal Ratzinger auf den für die katholische Theologie
folgenreichen Umstand hingewiesen, daß in unserer Gesell-

schaft ein weitgehender Konsens darüber vorherrscht, daß es auf Glaubensfragen keine wahrheitsfähigen Antworten gibt. Das sei nicht immer so gewesen. Auch wer den Streit nach Veröffentlichung der Reimarus-Fragmente liest, merkt, daß hier die Wahrheitsempfindlichkeit abgenommen hat. In anderen Bereichen mag sie gewachsen sein. Im Falle der Auskünfte, die Regierungen über Kriege, die sie führen, geben, sind Loyalitätsfragen seit einiger Zeit zu Wahrheitsfragen geworden. Man glaubt nicht mehr der Regierung, weil man sich loyal zu ihr verhält, sondern man verhält sich loyal zu ihr, solange man glaubt, daß sie die Wahrheit sagt – oder vielleicht so: man glaubt nicht, weil man loyal sein möchte, sondern ist loyal, weil man Wahrheit möchte. Manchmal sind Wahrheitsfragen in unterschiedlichen sozialen Bereichen von unterschiedlicher Wertigkeit. Ein Ehemann darf vielleicht nicht fremdgehen, aber wenn er es tut, darf er lügen. Ein verheirateter Präsident mag vielleicht Sex haben, mit wem er will, darf aber – jedenfalls vor bestimmten Gremien und der Öffentlichkeit gegenüber – diesbezüglich nicht die Unwahrheit sagen.

Die Bedeutung der Wahrheit steht zudem in einer gewissen Beziehung zu Fragen der Moral. Einmal natürlich über die Tugend der Wahrhaftigkeit, dann über die Fähigkeit, in den unterschiedlichen sozialen Subsystemen moralanalog zu wirken. Die Wahrhaftigkeit ist eine transhistorische Tugend, sie wird durch die Zeiten geschätzt, wenn auch nicht stets aus denselben Gründen. Für Aristoteles ist die Wahrhaftigkeit eine Tugend, die die Mitte zwischen den Untugenden der Renommiersucht (die Dinge größer erscheinen zu lassen als sie sind) und der Ironie (die Dinge kleiner zu machen als sie sind) liegt. Die Wahrhaftigkeit ist das Wissen um das Maß – in bezug auf die Angelegenheiten, an denen man interessiert ist, aus Klugheit – aber der Wahrhaftige wird auch wahrhaftig sein, wenn er interesselos ist. Für Aristoteles geht es also um die individuelle Verläßlichkeit eines Menschen. Bei Augustin nimmt die Schätzung der Wahrhaftigkeit eine andere Wendung, er unterstreicht ihre Bedeutung für eine störungsfreie Kommunikation. Dieser Aspekt wird bei Montaigne mit Verve moralisiert: «Da wir uns allein durch das Wort verständigen können, verrät, wer es fälscht, die Gesellschaft. Das Wort ist der einzige Weg, auf dem Denken und Wollen der Menschen miteinander kommunizieren, es ist der Mittler unserer Seelen. Wenn es uns verlorengeht, geht der Zusammenhalt zwischen uns verloren, und wir haben keine Kenntnis mehr voneinander. Wenn es uns betrügt, zerstört es all unsern Umgang, und alle Bande des menschlichen Miteinander werden zerrissen.»[10]

Bekanntlich wird bei Kant das Thema der Wahrhaftigkeit verinnerlicht und nimmt die Züge äußerster Rigorosität an: «Die größte Verletzumg der Pflicht des Menschen gegen sich selbst, blos als moralisches Wesen betrachtet (die Menschheit in einer Person) ist das Widerspiel der Wahrhaftigkeit, die Lüge (...) Die Lüge ist Wegwerfung und gleichsam Vernichtung seiner Menschenwürde. Ein Mensch, der selbst nicht glaubt, was er einem Anderen (...) sagt, hat einen noch geringeren Werth, als wenn er blos Sache wäre; denn von dieser ihrer Eigenschaft etwas zu nutzen, kann ein anderer doch irgendeinen Gebrauch machen, weil sie etwas Wirkliches und Gegebenes ist; aber die Mittheilung seiner Gedanken an jemanden durch Worte, die doch das Gegentheil von dem (absichtlich) enthalten, was der Sprechende dabei denkt, ist ein der natürlichen Zweckmäßigkeit seines Vermögens der Mittheilung seiner Gedanken gerade entgegensetzter Zweck, mithin Verzichtthuung auf seine Persönlichkeit und eine blos täuschende Erscheinung vom Menschen, nicht der Mensch selbst.»[11]

Philosophisch betrachtet handelt es sich um drei unterschiedliche moraltheoretische Begründungsmuster, soziologisch gesehen, um unterschiedliche Strategien, sich des gemeinsamen Weltbezuges zu vergewissern. Bei Aristoteles erfolgt dies über einen aristokratischen Benimmkodex, bei Montaigne über die Idealisierung einer gemeinsamen Kommunikationsgemeinschaft (als Gegenentwurf zu den kommunikativen Gepflogenheiten am Renaissance-Hof), bei

Kant über die geforderte Verinnerlichung der Tugenden einer schlechthin wünschbaren Kommunikationsgemeinschaft. Die für unser Verständnis geringe moralische Aufladung der Wahrhaftigkeit bei Aristoteles liegt an der vergleichsweise hohen tatsächlichen Kontrollkompetenz der für seine Auffassung vorausgesetzten (freien, männlichen) Polisgemeinschaft. Je komplexer, je weniger durch Lokalität (entscheidend ist, wo und mit wem einer lebt) und Schichtung (entscheidend ist nicht, was einer sagt, sondern wer es sagt) bestimmt eine Gesellschaft ist, desto weniger wichtig wird die Tugend der Wahrhaftigkeit. Die Frage «honest indian?» macht das klar: es ist eine archaische Tugend. Man kann das auch daran erkennen, daß ein Jago in eine moderne Umwelt nicht transponierbar wäre. Gleichwohl bleibt die Unterstellung der Wahrhaftigkeit von hoher lebensweltlicher Bedeutung, weshalb der moralische Druck kompensieren muß, was an sozialem Druck abgenommen hat.

Dazu kommt, daß die Anforderung, unser Wirklichkeitsbezug müsse ein wirklich gemeinsames Welt-*Bild* sein, nicht mehr existiert. Wir brauchen die wechselseitige Unterstellung einer gemeinsamen Welt, aber die Erfordernis, von ihr ein für alle verbindliches Bild zu entwerfen, entfällt in der Moderne. Wo eine Gesellschaft ihre Mitglieder zunehmend weniger über den Platz in einer Hierarchie definiert, definieren diese sich zunehmend weniger über den Platz in einer von allen anzuerkennenden Weltordnung. An die Stelle von Wahrheit treten Wahrheit*en*, ganz wie Mephistopheles sagt: «Den Bösen sind sie los, die Bösen sind geblieben.» Die Wahrheit*en* werden von den Wissenschaften verwaltet und müssen sich zu einem Ganzen nicht mehr fügen. Wenn Einstein sagt: «Gott würfelt nicht», dann müssen Sie diesen Satz weder im Alltag für wahr halten, noch wenn Sie eine Physikprüfung bestehen wollen.

Wo solche «großen Wahrheiten» nicht mehr verbindlich sind, also nicht mehr für Wahrheiten, sondern für private Glaubenssätze angesehen werden, wird der lebensweltliche und der wissenschaftliche Wahrheitsbezug entkoppelt. Beide gehen einander – zu Ausnahmen, die diese Regel bestätigen, später – nichts mehr an, es sei denn in praktischer Hinsicht, d. h. durch den Techniker vermittelt. «Die alltäglichen Routinen beruhen (...) auf dem rückhaltlosen Vertrauen in das Wissen von Laien wie von Experten. Wir würden keine Brücke betreten, kein Auto benützen, uns keiner Operation unterziehen, nicht einmal eine delikat zubereitete Mahlzeit zu uns nehmen, wenn wir die verwendeten Kenntnisse nicht für gesichert, die in Herstellung oder Durchführung konsumierten Annahmen nicht für wahr hielten.»[12]

Mit dem Verschwinden eines gemeinsamen Weltbezuges, der sich als gemeinsames und verpflichtendes Welt-Bild darstellen läßt, wird auch die Moral aus einem zweifelfreien Platz in der Weltordnung entlassen. Die unterschiedlichen Moralbegründungskonzepte seit dem 18. Jahrhundert zeigen die Probleme, die auch das mit sich brachte. Allerdings erging es der Moral nicht wie der Wahrheit. Sie hat keinen sozialen Bereich gefunden, der analog zu den Wissenschaften für sie zuständig geworden wäre. Der Moral verbleibt ein Verbindlichkeitsanspruch «quer durch» alle sozialen Bereiche. Aber – ich folge da Niklas Luhmanns Diagnose – mit einem folgenschweren Problem: kein soziales Subsystem folgt den Regeln der Moral, soll heißen: sortiert sich nach gut oder böse, und unsere moderne funktional differenzierte Gesellschaft lebt davon, daß das nicht der Fall ist.

In der Politik kommt es darauf an, wer die Macht hat, aber wer sie nicht hat (die Opposition), ist nicht darum böse. In der Sphäre des Rechts geht es um Recht und Unrecht und es kann vorkommen, daß der, der unrecht hat, uns moralisch sympathischer ist, ohne daß hier der Rechtsspruch tangiert wäre.[13] In der Wissenschaft geht es um Wahrheiten, und Wahrheiten sind nicht politisch korrekt. Moral hat keinen eigenen sozialen Ort, ist nirgends speziell zuständig, latent aber überall und stört daher oft. Das ist der Grund, warum wir bei einem Theoretiker wie Luhmann eine ähnliche Skepsis Moral gegenüber antreffen wie bei einigen Autoren des 18. Jahrhunderts, die zögerten, die sozialen und psychischen Entlastungen durch ein unkräftig gewordenes religiös bestimmtes Welt-Bild in einen tyrannischen, vielleicht hysterischen Selbststeuerungs-Rigorismus à la Kant zu überführen.

Es gibt nun auch noch eine gewissermaßen komplementäre Funktion der Moral, die nicht dazu da ist, das Funktionieren zu (je nach Standpunkt) stören oder produktiv zu behindern, sondern die gerade zur Stabilisierung der Codes der sozialen Subsysteme dient. «Wie Bakterien im Körper mag auch die Moral in den Funktionssystemen eine Rolle spielen. Nur richtet sich die Art und Weise, in der dies geschieht, nicht nach einem gesellschaftseinheitlichen Moralcode, sondern nach den Strukturanforderungen der jeweiligen Funktionsysteme.»[14] So erklären sich Ereignisse wie etwa Dopingskandale im Sport, Bestechungsskandale in Recht und Politik, Fälschungsskandale in der Wissenschaft. Es handelt sich um den jeweiligen Code tangierende Verstöße, die direkt auf die Verstoßenden mit einer weit über mögliche Sanktionen innerhalb des Funktionssystems hinausgehenden Wucht durchschlagen. Das ist der Grund, warum eine wissenschaftliche Arbeit, die dumm ist, möglicherweise eine wissenschaftliche Karriere hemmen kann, eine intelligente Arbeit, in der sich ein vielleicht nur peripheres Plagiat findet, eine wissenschaftliche Ausstellung, die in den Verdacht unprofessioneller Arbeit gerät, den oder die Verfasser schwerem Moralbeschuß, auch außerhalb des Wissenschaftsbetriebes, aussetzt. Man könne, so Luhmann, solche Beispiele «zu der Regelhypothese verdichten, daß die Funktionscodes überall dort, wo sie auf ‹unsichtbare› Weise sabotiert werden können und deshalb auf Vertrauen angewiesen sind, auf Moral zurückgreifen.»[15]

Wenn wir uns diese Schutzfunktion der Moral ansehen, können wir feststellen, daß Wahrheit eine vergleichbare, eine sozusagen moralanaloge Funktion erfüllt. Zwar sind die einzelnen gesellschaftlichen Sektoren ebensowenig moral- wie wahrheitsgesteuert, aber sie sind, was die Einhaltung ihres Codes angeht, extrem moralempfindlich und an unterschiedlichen Stellen ebenfalls extrem wahrheitsempfindlich. Im Recht geht es ebensowenig um Wahrheit wie um Moral. Das erlebt derjenige, der in einem rechtskräftigen Urteil wahrheitswidrige Tatsachenbehauptungen antrifft, die nicht angefochten werden können, weil sie nicht urteilsrelevant sind. Gleichwohl spielt die Frage nach der Wahrheit an verschiedenen Stellen des Verfahrens eine große Rolle. Zwar haben manche Verfahrensbeteiligte eine Art Wahrheitsdispens (sie dürfen lügen, ohne Nachteile befürchten zu müssen), für andere steht die wissentliche Abweichung von der Wahrheit unter Strafe. Ein Geschäftsmann darf bluffen, lügen, aber er darf seine Bilanzen nicht fälschen, ja er muß sie sogar einer unabhängigen Wahrheitsprüfung unterziehen. Ein Politiker darf über alles mögliche die Unwahrheit sagen, aber nicht vor dem parlamentarischen Untersuchungsausschuß.

Fassen wir zusammen: Unsere Gesellschaft ist, sehen wir von einem Teilbereich der Wissenschaften ab, nicht wahrheitsgesteuert, wohl aber wahrheitsempfindlich. Sie ist es in den Wissenschaften auch dort, wo es nicht um Wahrheit, sondern etwa um plausible Interpretationen geht. Diese müssen sich überprüfbarer Annahmen bedienen und vor allem sind sie nicht beliebig. Zwar wird es zum Beispiel in der Literaturwissenschaft niemals eine «letzte» Interpretation geben, aber diese prinzipielle Unabschließbarkeit des Geschäfts der Interpretation bedeutet nicht, daß *beliebig* interpretiert werden kann. Sehr wohl wird zwischen Sinn und Unsinn unterschieden (wenn auch, wie manche meinen, nicht zureichend streng), und das bedeutet, daß es zwar keine «wahre Interpretation» gibt, wohl aber Interpretationen, die über ihren Gegenstand irreführende Informationen verbreiten. Das gilt auch für die Historiographie, in der ebenfalls vieles Deutung ist (und zwar genau das, was die Geschichtsschreibung interessant macht), aber *nicht beliebig riskant* gedeutet werden darf.

Wahrheitsempfindlich ist unsere Gesellschaft auch dort, wo es ansonsten gar nicht um Wahrheit geht. Daß es sonst mit rechten Dingen zugeht, soll durch an bestimmten wichtigen Punkten eingebaute Wahrheitsprüfungen gewährleistet werden. Diese Wahrheitsprüfungen sichern so etwas wie ein Minimum an Fairneß, und dadurch wird die Rolle der Wahrheit moralisch aufgeladen. Wer hier bei der Unwahrheit ertappt wird, gerät in den Ruf der Unwahrhaftigkeit und nimmt moralischen Schaden.

Sehen wir uns vor diesem Hintergrund die Vorwürfe gegen die Ausstellung des Hamburger Instituts für Sozialforschung «Vernichtungskrieg. Verbrechen der Wehrmacht 1941 bis 1944» an, so stellen wir fest, daß sie mit der ganzen Palette der Wahrheitsanforderungen unserer Gesellschaft ins Gehege gekommen ist.[16] Ich rede hierbei nicht darüber, welche der Vorwürfe und welche Art von Vorwürfen ich persönlich und als Vorstand des Instituts für gerechtfertigt halte und welche nicht. Das ist eine andere Debatte, die ich geführt habe und an anderen Orten weiterführen werde. Hier geht es mir darum, die Aufgeladenheit einer öffentlichen Auseinandersetzung zu verstehen, die einer der Kritiker der Ausstellung, der Historiker Bogdan Musial, so charakterisiert hat: «In den ersten Jahren hat niemand den Kritikern der Ausstellung irgendwas geglaubt, 1999 hat jeder den Kritikern alles geglaubt.»

Man warf den für die Ausstellung Verantwortlichen vor, den Code der eigenen Zunft sabotiert zu haben, d. h. sie hätten sich nicht an dem Kriterium der historischen Wahrheit, sondern an anderen Kriterien (etwa politischer Effektsucherei) orientiert. Weil «die Funktionscodes überall dort, wo sie auf ‹unsichtbare› Weise sabotiert werden können und deshalb auf Vertrauen angewiesen sind, auf Moral zurückgreifen», schlug der Vorwurf der Unprofessionalität moralisch zu Buche. Die für die Ausstellung Verantwortlichen wurden im Blick der Öffentlichkeit zu solchen, die ihre Wissenschaft mißbräuchlich und zu außerwissenschaftlichen und irreführenden Zwecken mißbrauchten. Da man ihnen schließlich vorwarf, auf Kritiker nicht rechtzeitig gehört, ja versucht zu haben, sie mit außerwissenschaftlichen (juristischen) Mitteln zum Schweigen zu bringen, standen sie auch als solche da, die die Instrumente der Wahrheitsprüfung nicht nur nicht genutzt, sondern ebenfalls sabotiert hatten. So wurden sie auf dreifache Weise zu Unwahrhaftigen, und auch diejenigen, die die Kritik an der Ausstellung nicht teilten, meldeten sich mit der Mahnung zu Wort, um der Sache willen müßten sich die für die Ausstellung Verantwortlichen von dieser Optik befreien.

Nimmt man all dies zusammen, ist es kein Wunder, daß die öffentliche Reaktion auf die Kritik an der Ausstellung so massiv ausfiel. Kein Wunder? Eigentlich dürften Sie, wenn Sie mir bisher gefolgt sind, feststellen, daß es ausgesprochen unwahrscheinlich ist, daß eine wissenschaftliche Ausstellung in einer Woche zweimal Gegenstand der headline der FAZ werden konnte und in der nämlichen Woche jede Tageszeitung der Bundesrepublik über die Ausstellung berichtete – und zwar täglich. Wenn ich gesagt habe, daß unsere Gesellschaft wahrheitsempfindlich ist, dann heißt das zwar, daß eine Reizung einer solchen empfindlichen Stelle Reaktionen und Regelungsbedarf erzeugt, nicht aber, daß sie eine Thematisierung über jene Grenzen, innerhalb derer so etwas normalerweise thematisiert wird, zur Folge hat.

Wann wird ein Dopingvorwurf im Sport zu einem potentiellen Skandal? Dann, wenn der Betroffene ein Star ist, d. h., wenn er von der Öffentlichkeit nicht nur als Sportler, sondern als mögliche Identifikationsfigur (wofür auch immer: Fairneß, Mut, Schönheit) angesehen wird. Wann wird der Vorwurf der Schlampigkeit in der Wissenschaft zu einem potentiellen Skandal? Dann, wenn es nicht nur um Wissenschaft, sondern etwa um Medizin und spezielle Ängste geht, bei Krebs-Vorsorgeuntersuchungen etwa. Dann, wenn die Erschütterung des Vertrauens in einen Repräsentanten einer bestimmten Zunft Alltagsrelevanz hat – warum auch immer. Was also ist so bedeutsam an der historischen

Wahrheit, daß der Streit um sie – und der Vorwurf, jemand habe sie manipuliert – zu einer so großen Erschütterung der Gemüter führen konnte?

Verstehbar ist das natürlich nicht ohne die Erfolgsgeschichte der Ausstellung selbst. Viereinhalb Jahre war sie in der Bundesrepublik und Österreich zu sehen gewesen und hatte etwa 900 000 Besucher gehabt. Viel für eine zeitgeschichtliche Ausstellung – nicht der Rede wert, wenn man sie mit «Körperwelten» u. ä. vergleicht. Die Ausstellung wurde aber von Anfang an als ein Ort öffentlicher Debatte genutzt – nicht erst, als es in München zu rechtsradikalen Ausschreitungen gekommen war. In diesen Debatten ging es weniger um das «Ende der Legende von der sauberen Wehrmacht». Zwar war diese Vorstellung weiter verbreitet gewesen als diejenigen, die die Ausstellung konzipiert hatten, angenommen hatten, aber wichtiger war doch, daß die Rolle der Wehrmacht – anders als die Rolle anderer gesellschaftlicher Bereiche zwischen 1933 und 1945 – zwar durchaus ein Gegenstand der Forschung, aber nicht der öffentlichen Diskussion geworden war.

Das ist nicht verwunderlich. In der Debatte über die Rolle der Wehrnacht läuft jeder Teilnehmer, anders als bei der um die Rolle der Industrie und der Banken, Gefahr, die eigene Familiengeschichte zu thematisieren. Warum, wäre zu fragen, geschah das anläßlich der Ausstellung? Wäre nicht zu erwarten gewesen, daß man sich der Provokation, als die sich die Ausstellung, wiewohl nicht als solche intendiert, erwies, verweigert hätte? Karl Heinz Bohrer hat im «Merkur» die Vermutung angestellt, die für die Ausstellung Verantwortlichen und diejenigen, die ihnen applaudierten, hätten in einem kathartischen Gewaltakt sich von der Geschichte befreien wollen. Nicht ihr sich zu stellen sei das Motiv derjenigen gewesen, die die Ausstellung begrüßt hätten, sondern ihre Last gleichsam abzuwerfen. Etwa so hatte Nietzsche in seiner Abhandlung «Vom Nutzen und Nachteil der Historie für das Leben» die «kritische» Betrachtung der Geschichte von der «monumentalischen» und «antiquari-

66

schen» unterschieden: «Wenn der Mensch, der Großes schaffen will, überhaupt die Vergangenheit braucht, so bemächtigt er sich ihrer vermittelst der monumentalischen Historie; wer dagegen im Gewohnten und Altverehrten beharren mag, pflegt das Vergangene als antiquarischer Historiker; und nur der, dem eine gegenwärtige Not die Brust klemmt, und der um jeden Preis die Last von sich abwerfen will, hat ein Bedürfnis zur kritischen, das heißt richtenden und verurteilenden Historie.»[17]

Ich glaube nicht, daß so das Motiv richtig beschrieben wird. Diejenigen, für die die Ausstellung Bedeutung gewann, wollten, wie mir scheint, nicht unbedingt ein bestimmtes Geschichtsbild an die Stelle eines anderen setzen, sondern eine sich bietende Chance ergreifen: über etwas zu sprechen, das zuvor vor allem im Schweigen anwesend gewesen war. Man kann recht gut rekonstruieren, wie das Wissen um die Beteiligung der Wehrmacht an den Verbrechen des Regimes, ein Wissen, das 1945 und kurz danach noch sehr präsent war, im Laufe der Jahre und Jahrzehnte aus dem öffentlichen Bewußtsein verschwand. Ich habe das an anderer Stelle getan[18] und will das nicht wiederholen. Wichtiger aber als dieses historische Wissen, das gleichsam ins kollektive Vorbewußte absank, war der Umstand, daß es keine eigentliche gemeinsame Chiffre des Zweiten Weltkrieges gab. Normalerweise bilden sich, wenn das Ereignis wichtig genug ist, solche Chiffren (es können typische Geschichten, auch gewisse Bilder oder Szenarien sein, in denen das eingefangen ist, was die Nachgeborenen das Wesentliche dünkt) nach einiger Zeit heraus – für den Dreißigjährigen Krieg heißt die Geschichte «Simplizissimus», für die napoleonischen Kriege ist es (von Deutschland aus gesehen) das Bild des Rückzugs über die Beresina im russischen Winter, für den Ersten Weltkrieg gab es lange zwei Konkurrenten: Remarques «Im Westen nichts Neues» und Jüngers «In Stahlgewittern». Durchgesetzt hat sich – nach dem Zweiten Weltkrieg – Remarque. Weder Schmidt, noch Andersch, noch Bamm, noch Böll, noch Konsalik haben diese «typische Geschichte» geschrieben. Es gibt kein Bild oder keine Bildsequenz, das oder die den Zweiten Weltkrieg für Deutschland repräsentiert und vergleichbar wäre den vier oder fünf Bildern, die etwa für die USA den Vietnamkrieg repräsentieren. Hier gibt es bis heute eine Leerstelle.

Nicht, daß die Ausstellung dazu da gewesen wäre, diese Leerstelle zu füllen. Dazu war sie nicht ersonnen, dazu konnte und kann sie nicht taugen. Viele der die Ausstellungen pro und contra begleitenden Emotionen sind aber sicherlich darauf zurückzuführen, daß die Ausstellung als ein solches Angebot mißverstanden worden ist. Allein die Ersetzung des Titels «Vernichtungskrieg» durch «Wehrmachtsausstellung» und der mit diesem quid pro quo untrennbar verbundene Pauschalisierungsvorwurf machen das deutlich. Aber auch für diejenigen (es dürfte, wie Untersuchungen des Frankfurter Instituts für Sozialforschung zeigen, dann doch die Mehrheit gewesen sein), die die Ausstellung als das nahmen, was sie war: Informationen über einen Krieg ohne Präzedenz in der Moderne anhand dreier Kriegsschauplätze, wurde doch deutlich, was an einem wahrheitstauglichen Bild der kollektiven Vergangenheit gefehlt hatte. Was die Ausstellung erzählte, war implizit eine Geschichte vom Krieg, die hätte erzählt werden können, wäre der Krieg nicht verloren worden.

Ein Beispiel. Die Ausstellung zitiert aus einem Brief, dem sogenannten «Franzl-Brief», der aus Tarnopol über die Rache an den dortigen Juden für die ihnen zugeschriebene Ermordung deutscher Kriegsgefangener berichtet: «Bis jetzt haben wir zirka 1000 Juden ins Jenseits befördert, aber das ist viel zu wenig für das, was die gemacht haben.» Dieser Brief existiert nicht als Original, sondern nur als Abschrift. Die Autoren hatten dieses nicht deutlich gemacht, und so die Quelle nicht lege artis ausgewiesen. Dieser Umstand nun führte dazu, daß sich Stimmen erhoben, die den Brief für eine Fälschung erklärten, was die Autoren durch die unvollständige Quellenangabe hätten camouflieren wollen. Nun gibt es – wie nicht nur die Autoren der Ausstellung, sondern

auch Historiker, die ihnen ansonsten eher kritisch gegen-
überstehen, meinen – keinen vernünftigen Zweifel an der
Authentizität des Briefes. Das Original ist verlorengegan-
gen, der Brief wurde abgeschrieben, vervielfältigt, auch in
einem Schaufenster in Wien ausgehängt.

Man denke, der Brief wäre nicht bloß abgeschrieben, er
wäre tatsächlich zu Propagandazwecken erdacht worden.
Was wäre damit über die Intentionalität des Vernichtungs-
krieges gesagt? Genau darum war es der Ausstellung ja gegangen: zu zeigen, daß dieser Krieg nicht bloßes Resultat
einer Eskalation gewesen war, sondern in der Beteiligung
am Holocaust, der Ermordung von Kriegsgefangenen, der
Dezimierung der Zivilbevölkerung durch Hunger und Terror das Ergebnis eines Krieges, der nicht nur gegen eine
Armee, sondern eine Bevölkerung geplant worden war.

In einer von Goebbels mit einem Vorwort versehenen
Broschüre mit Feldpostbriefen aus dem Jahre 1941 kann
man gleichfalls sehen, wie jedenfalls ein Teil des Regimes
meinte, daß die Bevölkerung den Krieg sehen sollte, es heißt
dort: «Ein Kapitel für sich ist die Tatsache, wie die Juden-
frage augenblicklich mit einer imponierenden Gründlichkeit
unter dem begeisterten Beifall der einheimischen Bevölkerung gelöst wird. Wie sagte doch der Führer in einer seiner
Reden vor Ausbruch des Krieges: ‹Wenn es dem Judentum
noch einmal gelingen sollte, die Völker in einen sinnlosen
Krieg zu hetzen, so wird dies das Ende dieser Rasse in Europa bedeuten!› Der Jude mußte wissen, daß der Führer mit
seinen Worten Ernst zu machen pflegt und hat nun die entsprechenden Konsequenzen zu tragen. Sie sind unerbittlich
hart, aber notwendig, wenn endlich Ruhe und Frieden unter
den Völkern einkehren soll.»[19]

Die Besucher der Ausstellung wurden mit einer Geschichte des Krieges konfrontiert, die hätte zur offiziellen werden
können. Die deutsche Niederlage hat das verhindert. So ist
sie eben auch nicht als mögliche Geschichte erzählt worden
– und damit kam sie als Bestandteil eines aus ihr und anderem zu konstruierenden Vergangenheitsbildes nicht vor.

Gleichzeitig existierte sie in vielerlei Gestalt als Fragment und beschäftigte die Phantasien. Der Vater eines Mitarbeiters des Hamburger Instituts für Sozialforschung sagte seinem Sohn Jahr um Jahr, er müsse ihm noch mal etwas aus dem Krieg erzählen, aber noch sei der Sohn zu jung. Und dann war der Vater gestorben. Aus einem Gästebuch: «Mein Großvater hat ein paar Jahre vor seinem Tod seine Lebensgeschichte ausführlich aufgeschrieben und den Text seinen Kindern vermacht. Über seine Zeit als Soldat von 1941 bis 1945 in Rußland und Frankreich stand in diesem 100 Seiten dicken Bericht nur dieser eine Satz: ‹Von 1941– 1945 war ich Soldat› – Mein Vater, Kriegsteilnehmer, konnte oder wollte die vielen Fragen, die ich ihm stellte, nicht beantworten.»

«Ich wußte nicht, warum er so oft geweint hatte. Vielleicht weiß ich es jetzt.» – «Ich kann erst jetzt verstehen, warum mein Vater nach dem Krieg bis zu seinem Lebensende Alpträume hatte.»[20] Aus einem Interview mit einem Ausstellungsbesucher[21]: «Er hat nie was erzählt aus dem Krieg, er war immer sehr still, wir haben nichts von ihm gehabt, er hat nichts mit uns gemacht, er hat sich ruhig verhalten, und wenn ich mal was fragte, bekam ich keine Antwort, er hat so sich gelegentlich ein bißchen verplappert.» Einmal nur lapidar: «Das ruft mir die Erzählungen meines Vaters zurück».

Zu den un- oder halberzählten Geschichten gehören die Fotos. «Die grausamen Bilder sah ich schon als 12-Jährige.» «Mein Ehemann, der als Bewährungssoldat in Rußland war, hat Fotos mit aufgehängten Sowjetbürgern mitgebracht.» – «Diese Ausstellung zeigt in erschütternder Weise genau das, was mir mein Vater erzählt hat, was er in seinen Briefen geschrieben hat.» – «Die Bilder kommen mir sehr bekannt vor, ähnliche habe ich im Fotoalbum meines Großvaters gesehen.» – Aus einem Interview: «der tat immer so, ich sollte das nicht hören, aber er erzählte schon, gerade Babi Jar und diese Geschichten, die wußten die Soldaten, die haben ja auch zum Teil Aufnahmen gemacht.» – In einem anderen Interview geht es um eine Erinnerung aus der Schulzeit: «in der ersten Pause war es dann soweit, daß sie diese Bilder ausgepackt hat und was ich dann auf diesen Bildern sah, war entsetzlich also, das konnte ich nie vergessen, also das war hier 'n Pfosten, da 'n Pfosten und darüber war ne Latte gelegt oder so 'n Pfahl oder irgendwas, und da dran hingen nicht bloß drei, vier, das waren wohl zehn, zwölf, fünfzehn Gefangene, die da so aufgehängt waren.»

Gerade für die Jüngeren ist, wie es scheint, gar nicht so sehr das, was die Fotos zeigen, was sie verstört. Von der «Wucht der Bilder» sprachen vor allem die Gegner der Ausstellung, sondern die Frage, was diejenigen, die die Fotos gemacht hatten, dazu bewegt haben möge. Eine Schülerin aus Marburg: «Die Bilder waren wirklich sehr erschreckend und auch die Situationen, in denen sie gemacht wurden. Ich hätte gerne die Gedanken der Fotografen gehört.» «Was hat den einen oder anderen der Fotografen eigentlich veranlaßt, solche Motive zu wählen und auf den Auslöser zu drükken?»[22]

Eine Hamburger Schülerin gab im Gästebuch ihren Eindruck zunächst so zu Protokoll: «Es ist jetzt 10:45 Uhr, wir müssen jetzt noch eine Viertelstunde rumgammeln. Von den Bildern ist mir total übel gewesen! Die Ausstellung ist aber ganz gut gewesen und der Typ, der uns geführt hat, ist auch nett gewesen. (...) Viel Spaß für alle, die hier her kommen. 1 Rat: Davor bloß nichts essen!» Man weiß zunächst nicht genau, ob diese Schnoddrigkeit der Routine des Gemeinschaftskundeausflugs gilt oder ob sie sich in dieser abgebrühten Haltung gefällt. Dann ist sie auf einmal wieder da: «Ich bin's nochmal! Es ist total öde hier am Tisch zu sitzen und darauf zu warten, daß der Lehrer kommt, um einen zu erlösen! Die Typen, die diese Bilder fotografiert haben, müssen total krank im Kopf sein! Allein schon die Bilder von den armen toten Menschen!» Es hat ihr keine Ruhe gelassen und sie ist ihrer Übelkeit auf die Spur gekommen, und ich fühle mich sehr verbunden mit der stoischen Naivität, die sie den Gesten der Photographen entgegenhält: «die armen

toten Menschen». Eine Naivität, die doch nur das Selbstverständlichwerden der Kulturleistung «Moral» ist – ein
Selbstverständlichwerden, das ich übrigens dort vermisse,
wo die erste Frage des Betrachters lautet, welche deutsche
Ehre die Präsentation dieser Fotos vielleicht verletze.

In solchen Verstörungen zeigt sich nicht das, was viele
geargwöhnt haben: daß nun an die Stelle einer vielleicht
inkompletten historischen Wahrheit eine ebenso einseitige,
aber triumphalistisch präsentierte trete. Eine zudem, die mit
sonderbar perverser Lust an der Denunziation der eigenen
Eltern und Großeltern einhergehe. Es geht in den Reaktionen auf die Ausstellung weniger um einen Konflikt über die
historische Wahrheit und den Triumph dessen, der sich in
ihrem Besitz glaubt. Wohl aber geht es um die Erschütterung jenes gemeinsamen Wirklichkeitsbezuges, den wir
brauchen, um miteinander kommunizieren zu können. Die
Emotionalisierung durch die Ausstellung bezog sich weniger
auf die Frage, was die historische Wahrheit gewesen sei, als
vielmehr auf die Frage, in welcher Welt wir leben. Haben
wir über annähernd dasselbe geredet, wenn das Wort
«Krieg» fiel?

Es geht nicht um das Ziel der Vereinheitlichung eines
Geschichtsbildes. Aber um die Markierung der Stelle, über
die gestritten werden kann. Und um einen Dissens auszu-
tragen, muß man sich auf das beziehen können, worüber
Konsens herrscht. In Gästebüchern, Veranstaltungen, Diskussionen in der und um die Ausstellung meldeten sich die
Besucher zu Wort. Besucher aus allen Generationen. Seit über
einem halben Jahrhundert Beschwiegenes wurde besprochen. Um so verstörender dann der Verdacht, die Erschütterung und die mit ihr verbundene Strapaze sei seitens der
für die Ausstellung Verantwortlichen mit unlauteren Mitteln
bewirkt worden. Daraus folgte die Nötigung, sie in einer
Form neu zu präsentieren, die dem Verdacht nicht mehr
ausgesetzt sein würde, ihre Wirkungen wären nur auf Grund
des Einsatzes zweifelhafter oder umstrittener Dokumente
oder exzentrischer Interpretationen erzielbar gewesen.

Was ist so interessant an der historischen Wahrheit? Allgemein gesprochen ist nichts so besonders interessant an der historischen Wahrheit, sie ist – allgemein gesprochen – bei den Historiographen gut aufgehoben, als Quellenkritik und Sicherungssystem gegen allzu riskante Deutungen der Vergangenheit. Unsere Gegenwartsgesellschaft ist nicht «historisch verfaßt» – lassen wir dahingestellt, wie sehr sie das einst war und ob mit den Individuen, bei denen nach der Diagnose von Richard Sennett tatsächlich gelebtes Leben und narrativ präsentierbare Biographie immer weniger deckungsleich sind, diese Dimension zur Gänze verlorengeht. Darum sind die auf einer Biographie-Analogie aufgebauten Beschreibungen kollektiven Geschichtsbezugs auch meist so wenig aussagekräftig. Wo Generationen*beziehungen* untersucht werden, sollten sie darum immer auch beiden Momenten, der Kontinuitätsbildung und der Herstellung von Diskontinuitäten, gleichermaßen Aufmerksamkeit schenken.

Wenn man das tut, muß man sich dem für jede Kommunikation unabdingbaren Hintergrund von nichtthematisierten Selbstverständlichkeiten zuwenden und herausfinden, welche Rolle die historischen Wahrheiten darin spielen. Es läßt sich ziemlich leicht sehen, daß abgesehen von einigen Schulbuchereignissen wie der Entdeckung Amerikas Geschichte keine direkte Rolle spielt und nicht zu den für unsere Kommunikation unabdingbaren Bestandteilen eines gemeinsamen Weltbilds gehört. Dort, wo Geschichte im Sinne Nietzsches monumentalisiert wird, ist das, wenigstens in bestimmten Sektoren des öffentlichen Raums, ein wenig anders. Dort wird so getan, als könne man sich ohne einen gemeinsamen pathetischen Geschichtsbezug nicht verstehen, und zur Untermauerung dieser Unterstellung wird der Dissentierende geächtet. Meist ist den Akteuren bewußt, daß es dabei nicht um Wahrheitsfragen, sondern um die Erhaltung von Erregungszuständen geht, und man diffamiert dann gerne das Bemühen von Historikern um Objektivität. Solches Verhalten hat die Auseinandersetzung um die Ausstellung «Vernichtungskrieg», und zwar bei einem Teil ihrer Gegner wie auch bei einem Teil ihrer Befürworter, auch geprägt. (Es kann sich die monumentalisierende durchaus mit der kritischen Haltung zur Geschichte verbinden – nicht zum Vorteil der letzteren.)

Es sind wenige Stellen, an denen der Vergangenheitsbezug wirklich relevant für den gemeinsamen Weltbezug wird, den wir brauchen, um miteinander sprechen (das heißt nicht: im Konsens miteinander sein) zu können. Man wird nicht von vornherein angeben können, bei welchen Ereignissen das der Fall sein wird. Über Aktualitätsbezüge läßt sich das schwerlich konstruieren. Vielmehr über die Frage, was alles tangiert wird, wenn ich dies oder jenes als historisch wahr annehme. Wenn ich *daran* zweifle: woran muß ich dann *auch noch* zweifeln? Und wenn ich das für wahr halte: welcher Wahrheit werde ich mich vermutlich auch nicht mehr verschließen können? Darum werden an dieser Stelle die wissenschaftsinternen Wahrheitsmaßstäbe – Quellenbezug und Grenzen zulässiger Interpretationen – so bedeutsam. Sie werden zu Orientierungshilfen über den Partikularbereich der akademischen Zunft hinaus. Der Fachmann, der hier in den Ruf kommt, unzuverlässig, ja vielleicht unredlich gehandelt zu haben, gerät weit über die Grenzen seiner Zunft hinaus unter moralischen Beschuß. Das nicht akzeptieren zu wollen, wäre realitätsfremd.

Theorie der Moral
nach Todorov und Luhmann

Die Krise, in die die universalistische Moralauffassung geraten ist, läßt sich am besten dadurch verdeutlichen, daß wir in der Regel von einer Krise des «westlichen Universalismus» sprechen: wir nehmen den Einwand bereits in die Formulierung mit hinein. Das westliche universalistische Moralprogramm, wie es sich vor allem im 18. Jahrhundert herausgebildet hat, wird, etwa von seiten islamischer Theologie, Vertretern sogenannter asiatischer Werte oder auch von seiten chinesischer Politik, also von dort, wo man sich dem hegemonialen Anspruch europäisch-nordamerikanischer Kultur und Politik nicht zu unterwerfen bereit ist, oft als Ausdruck eben dieser hegemonialen Ansprüche aufgefaßt und abgelehnt. Wo ein Vertreter dieser Moralauffassung betont, es gehe ihm um den Menschen schlechthin, so wird ihm entgegengehalten, dies sei nur eine camouflierende Redeweise für den tatsächlichen Versuch, eine Welt nach westlichem Bilde zu schaffen und moralische Rechtfertigungen für Einmischungen aller Arten bis hin zu militärischen Interventionen zu finden.

Wie verteidigt sich der westliche Universalismus gegen diese Kritik? Eine Möglichkeit wäre, ihre Voraussetzungen zu akzeptieren, d. h. sowohl die historische Kontingenz dieses Moralkonzeptes nicht zu verleugnen, ebensowenig den belegbaren Zusammenhang dieses Moralkonzeptes mit der europäischen Expansion, als auch den Vorwurf zu akzeptieren, daß dieses Moralkonzept natürlich auch zur moralischen Verbrämung schlichter Macht- und Eroberungspo-

litik hat herhalten müssen. Wer dieses zugibt, kann dann
ins Feld führen, daß andererseits dieses Moralkonzept wesentlich bessere Möglichkeiten bietet, seinen eigenen Mißbrauch zu kritisieren, als andere Konzepte ohne universalistischen Anspruch, die diesbezüglich konzeptgemäß unemp-
findlich sind. Diese Möglichkeit zur radikalen Selbstkritik
wäre ein entscheidendes Argument für diese Moralauffassung, und anhand historischer Beispiele wäre für ihre Überlegenheit zu werben.

Nun widerspricht ein so geartetes Argumentieren aber
dem Selbstbild des westlichen Universalismus. Er ist traditionell einer anderen Argumentationsform verpflichtet. In
der Formulierung von Jürgen Habermas: «Universalistisch
nennen wir eine Ethik, die behauptet, daß ein Moralprinzip
nicht nur die Intuitionen einer bestimmten Kultur oder einer
bestimmten Epoche ausdrückt, sondern allgemein gilt. Man
muß nachweisen können, daß unser Moralprinzip nicht nur
die Vorurteile des erwachsenen, weißen, männlichen, bürgerlich erzogenen Mitteleuropäers von heute widerspiegelt.»[1]
Der Vertreter eines so verstandenen philosophischen Universalismus wird dem Vertreter des oben skizzierten Begründungsprogramms vorhalten, er habe gar keines. Er versuche zu überreden, wo es darauf ankomme zu überzeugen.
Es gehe nicht darum, jemanden zur Konversion zu überreden, sondern darum, zu demonstrieren, daß jeder Mensch
im Grunde immer schon am Programm des Universalismus
teilhabe. Der Universalismus sei nicht als Forderung oder
Ziel zu verstehen, sondern als Tatsache, die nur noch nicht
allen klar sei. Am Beginn jeder partikularistischen Moral
steht der Akt eines Beitritts: eine Konversion oder die ritu-
elle Beglaubigung des Hineingeborenseins in eine Gemeinschaft.[2] Müßte man sich für eine universalistische Moral
aber erst *entscheiden*, würde das bedeuten, das ganze Konzept kontingent zu setzen: jemand bekennt sich zu ihm *oder
nicht,* und, wie es aus der Binnenperspektive des Universalismus heißt: «Ein halber Universalismus ist gar keiner.» Es

ist also für den philosophischen Universalismus entscheidend, den notwendigen Konversionsakt zu leugnen. Die Diskursethik etwa tut das, indem sie die Einstiegsbedingung vorverlegt. In ihr muß, anders als bei Kant, wo der Universalisierungsgrundsatz als evident beschworen wird, dieser selbst als universell gültig erwiesen werden. Das erfolgt durch seine Ableitung aus einem Verfahren, dem sich jeder unterwerfen müsse, theoriegenauer: jeder bereits unterworfen habe, der z. B. dieses ganze Argumentationsverfahren bezweifeln wolle.[3]

Es gehört zur Geschichte des westlichen Universalismus, darauf zu bestehen, die richtige und nicht (bloß?) die bessere Verhaltenslehre zu sein. Philosophisch gesprochen: es gehört zu seinem Selbstverständnis, zwischen Normen und Werten zu unterscheiden, oder sagen wir zwischen «allgemeingültigen Werten» und solchen, die zur Disposition stehen. Eben nicht zwischen solchen, die nicht zur Disposition stehen *sollen* (aus jeweils genau zu spezifizierenden Gründen), und solchen, die Vorschläge geringeren Gewichtes sind. Mit dieser Unterteilung versteht sich der westliche Universalismus nicht als ein Angebot, das mit Zuversicht auf seine Attraktivität gemacht wird, sondern als Vorgabe. Die Normen sind das, was man immer schon akzeptieren muß – und als Teilnehmer dieser Wertegemeinschaft immer schon akzeptiert hat.

Für den Außenstehenden wird hier die Grenze markiert. Am Beispiel der Rawlsschen Gerechtigkeitskonzeption kann man dies zeigen, weil hier die Exklusionsgrenze in Form eines Inklusionsangebots gemacht wird. Gerecht sind jene Regeln und Verteilungsnormen, auf die sich Menschen dann einigen können, wenn sie nicht wissen können, wie die konkreten Auswirkungen auf sie sein werden, wenn diese Regeln und Normen in Kraft gesetzt werden. Rawls benutzt, um diese Überlegung sinnfällig zu machen, das Gedankenspiel eines künstlichen Naturzustandes, in dem sich virtuelle Beteiligte darüber einigen sollen, wie die Gesellschaft aussehen soll, in die sich bei Einigung der Naturzustand dann wandelt.[4] Für diejenigen, die sich zu einem solchen Modell von «Gerechtigkeit als Fairneß» bekennen, ist das ein schönes Abbild ihrer Ideale – das heißt dessen, was sie *wollen*. Für denjenigen, der dieses Ideal aber nicht teilt, gibt es kaum einen Grund, sich an einem solchen Vorhaben (wäre es real) zu beteiligen oder ein solches Gedankenspiel attraktiv zu finden. Wer (mit Aristoteles) der Meinung ist, es gebe Menschen, die von Natur aus zum Sklavendasein bestimmt sind, und solche, die das nicht sind, wird sich nicht von dem Rawlsschen Gedankenspiel beeindrucken lassen, das dem potentiellen Teilnehmer beibringen soll, es sei unklug für ihn, für die Institution der Sklaverei zu optieren, weil er sich selber als Sklave wiederfinden könnte, sondern an ihm nicht teilnehmen, weil es seiner Meinung nach grundlegende biologische wie soziale Gegebenheiten ignoriert. Auch derjenige, der irgendein heiliges Buch für die letztinstanzliche Autorität in Fragen der Moralität menschlichen Verhaltens hält, und darum vielleicht die Teilnahme von Frauen an der politischen Auseinandersetzung ablehnt, wird sich nicht von dieser Ansicht abbringen lassen, weil das Rawlssche Spiel ihm damit droht, nach Regelfestlegung und Spielbeginn als Frau weitermachen zu müssen, sondern wird die Idee des Spiels und die mit ihm zum Ausdruck gebrachten Ideale unter Berufung auf sein Buch ablehnen. Und darum ist es im Grunde völlig egal, ob ein konservativer Aristoteliker[5] direkt gegen die Abschaffung der Sklaverei oder ein religiöser Fanatiker gegen die Gleichberechtigung der Geschlechter ist, oder das auf dem Umweg der Ablehnung eines besonderen philosophischen Begründungsprogramms.

Hier nun kann der (nennen wir ihn ruhig so:) Überredungsuniversalismus an den philosophischen Universalismus die Frage zurückgeben: Wofür ist ein Begründungsprogramm, das die Attraktivität einer besonderen Verhaltenslehre nicht zu steigern vermag, gut? Mit Hinblick auf die reklamierte «absolute Notwendigkeit» des kantischen Moralgesetzes sagte Schopenhauer, wenn es wirklich absolut notwendig gelte, so sei ihm «überall die Unausbleiblichkeit des Erfolgs» beschieden[6] – sei das nicht der Fall, so sei es auch nichts mit der «absoluten Notwendigkeit». Eine solche Anmahnung des Erfolgs gilt unter Philosophen als nicht ganz comme il faut, aber eine Moralbegründung von Erfolgskriterien ganz abzukoppeln, schiene mir sonderbar. Genau auf solchen philosophischen Eigen-Sinn scheint mir übrigens die Charakterisierung der drei Brüder mit den falschen Ringen in Nathans Erzählung gemacht (obwohl sie doch andererseits eine Verkörperung der Partikularismen sein sollen): «Die Ringe wirken nur zurück? und nicht nach außen? Jeder liebt sich selber nur am meisten? – O so seid ihr alle drei betrogene Betrüger!»[7] Andererseits ist die Verleugnung des Konversionsproblems durch den philosophischen Universalismus nicht ganz unplausibel: dient sie doch der inneren Befestigung der universalistischen Überzeugungen. Diese sollen ja gerade darum unerschütterlich sein, weil niemand zu konvertieren braucht, weil alle schon dabei sind, auch die, die es noch nicht wissen. Insofern stellte ein Erfolgskriterium als Überprüfung der Triftigkeit der Begründung und Attraktivitätsausweis der Theorie das ganze Unternehmen in Frage.

Zu Beginn des vorigen Jahrhunderts ist ein ebenso radikaler wie prominenter Angriff gegen die Ideale des westlichen Universalismus unternommen worden. In Heinrich von Kleists «Herrmannsschlacht» gibt der siegreiche Feldherr der Germanen folgenden Befehl:

Herrmann: Führt ihn hinweg,
Und laßt sein Blut, das erste, gleich
Des Vaterlandes dürren Boden trinken!
Septimius: Wie, Du Barbar! Mein Blut? Das wirst Du nicht –!
Herrmann: Warum nicht?
Septimius (mit Würde): Weil ich Dein Gefangner bin!
An Deine Siegerpflicht erinn' ich Dich!
Herrmann (auf sein Schwert gestützt):
An Pflicht und Recht! Sieh da, so wahr ich lebe!

Er hat das Buch vom Cicero gelesen.
Was müßt' ich tun, sag' an, nach diesem Werk?
Septimius: Nach diesem Werk? Armsel'ger Spötter, Du!
Mein Haupt, das wehrlos vor Dir steht,
Soll Deiner Rache heilig sein;
Also gebeut Dir das Gefühl des Rechts,
In Deines Busens Blättern aufgeschrieben!
Herrmann (indem er auf ihn einschreitet):
Du weißt, was Recht ist, Du verfluchter Bube,
Und kamst nach Deutschland, unbeleidigt,
Um uns zu unterdrücken?
Nehmt eine Keule doppelten Gewichts,
Und schlagt ihn tot!»[8]

Der Mord hat den Charakter eines Manifests. Als der gefangene Römer Septimius die Normen des Kriegsrechts ein-
klagt, wird er von Herrmann nach Ciceros «De officiis»
gefragt. Herrmann interpretiert den Hinweis auf allgemein
anerkannte Normen des Kriegsrechts (der Hegung von Gewalt) als einen Hinweis auf lokale Bräuche. Septimius pro-
testiert, denn er weiß, daß Herrmann um den universalistischen Anspruch dieser Normen weiß. Herrmann ist kein
des Zivilisationsprozesses unkundiger Barbar; er läßt Septimius mit dem Hinweis erschlagen, die römische Politik
sei gleichfalls Unrecht. Bemerkenswerterweise dient diese
Argumentation nicht dazu, den Mord selbst zu rechtfertigen – erschlagen wird Septimius sowieso. Der Disput über
Rechtsnormen führt nur dazu, eine symbolische «Keule
doppelten Gewichts» anzuordnen, gleichsam als Hinweis
auf die Doppelzüngigkeit einer Moral, die sich auf den
Menschen als solchen und das moralische Gesetz in ihm –
«das Gefühl des Rechts in deines Busens Blättern aufgeschrieben» ist eine Anspielung auf das Kantischen Mo-
ralgesetz – beruft und doch Eroberungskriege führt. Aber
Herrmann vertritt nicht die Position eines selbstkritischen Universalismus, sondern er schafft ihn als Bezugs-
größe ab.

Für Kleists Herrmann gibt es Germanien und dessen Freiheit und sonst nichts. Das sind die obersten Werte, anderes gilt nicht – und wo doch, wird es abgeschafft. Menschlichkeit zum Beispiel und Moral:

«*Herrmann:* Die ganze Brut, die in den Leib Germaniens
Sich eingefilzt, wie ein Insektenschwarm,
Muß durch das Schwert der Rache jetzo sterben.
Thusnelda: Entsetzlich! – Was für Gründe, sag' mir,
Hat Dein Gemüt, so grimmig zu verfahren?
Herrmann: Das muß ich Dir ein Andermal erzählen.
Thusnelda: Crassus, mein liebster Freund, mit allen Römern –?
Herrmann: Mit allen, Kind; nicht Einer bleibt am Leben!
(. . .)
Thusnelda: Crassus? Nein, sag' mir an! Mit allen Römern –?
Die Guten mit den Schlechten, rücksichtslos?
Herrmann: Die Guten mit den Schlechten. – Was! Die Guten!
Das sind die Schlechtesten! Der Rache Keil
Soll sie zuerst, vor allen Andern treffen!
Thusnelda: Zuerst! Unmenschlicher! Wie mancher ist,
Dem wirklich Dankbarkeit Du schuldig bist –?
Herrmann: Daß ich nicht wüßte! Wem?
Thusnelda: Das fragst Du noch!
Herrmann: Nein, in der Tat, Du hörst, ich weiß von nichts.
Nenn einen Namen mir?
Thusnelda: Dir einen Namen!
So mancher Einzelne, der, in den Plätzen,
Auf Ordnung hielt, das Eigentum beschützt –
Herrmann: Beschützt! Du bist nicht klug! Das taten sie
Es um so besser unter sich zu teilen.
Thusnelda (mit steigender Angst): Du Unbarmherz'ger!
    Ungeheuerster!
– So hätt'auch der Centurio,
Der bei dem Brande in Thuiskon jüngst
Die Heldentat getan, Dir kein Gefühl entlockt?
Herrmann: Nein – Was für ein Centurio?
Thusnelda: Nicht? Nicht?

Der junge Held, der, mit Gefahr des Lebens,
Das Kind, auf seiner Mutter Ruf,
Dem Tod' der Flammen mutig jüngst entrissen? –
Er hätte kein Gefühl der Liebe Dir entlockt?»
Herrmann (glühend): Er sei verflucht, wenn er mir das
   getan!
Er hat, auf einen Augenblick,
Mein Herz veruntreut, zum Verräter
An Deutschlands großer Sache mich gemacht!
Warum setzt' er Thuiskon mir in Brand?
Ich will die höhnische Dämonenbrut nicht lieben!
So lang' sie in Germanien trotzt,
Ist Haß mein Amt und meine Tugend Rache!»[9]

Die politischen Umstände der Entstehung dieses Stückes
sind bekannt, ich will auf sie hier nicht eingehen. Das Stück
zeigt, welche Traditionen Kleist bereit ist, für den antina-
poleonischen Befreiungskampf Deutschlands zu liquidieren:
die im Stück verstreuten Anspielungen auf die Vertreter der
Aufklärung, kosmopolitischen und universalistischen Ge-
dankenguts sind deutlich: Lessing, Wieland, Goethe, Kant.
   In späterer Zeit treten die im Stück noch verbundenen
Motive politisch auseinander, bleiben aber doch in ihrer
Stoßrichtung gegen den Universalismus verwandt, sie finden
sich auf der faschistischen Rechten wie auf der revolu-
tionären Linken. Alfred Rosenberg faßte den kategorischen
Imperativ Kants («Handle so, daß die Maxime deines Willens jederzeit zugleich als Prinzip einer allgemeinen Gesetzgebung gelten könne.») in die Aufforderung, man solle stets
so handeln, daß «der Führer», wenn er von diesem Handeln
Kenntnis hätte, es billigen würde. Die Verpflichtung allen
Menschen gegenüber wird zur Unterwerfung unter das Gutdünken eines Einzelnen, der seinerseits nichts weiter repräsentiert als einen ethnischen Superioritätswahn.
   Bei dem Verfasser der «Verdammten dieser Erde», dem
nicht nur von Jean Paul Sartre als Begründer einen neuen,
avantgardistischen Moral gerühmten Frantz Fanon, liest

sich der Angriff auf den Universalismus so: «Die kolonialistische Bourgeoisie (hatte) in die Köpfe des Kolonisierten die Vorstellung verankert, daß es ‹bleibende Werte› gebe, allen menschlichen Irrtümern zum Trotz. Die ‹bleibenden Werte› des Westens, versteht sich. Der Kolonisierte nahm die Berechtigung dieser Ideen hin, und man konnte in einem Winkel seines Gehirns einen wachsamen Posten entdecken, der sich für die Verteidigung des abendländischen Sockels verantwortlich fühlte. Während des Befreiungskampfes geschieht es jedoch (...) daß dieser künstliche Wachposten sich in Staub auflöst. Alle abendländischen Werte, Triumph der Menschenwürde, des Wahren und des Schönen, werden zu leb- und farblosen Nippsachen. (...) Diese Werte, die die Seele zu adeln schienen, erweisen sich als unbrauchbar, weil sie nicht den konkreten Kampf betreffen, in den das Volk eingetreten ist.»[10]

In beiden Fällen wird der Universalimus angegriffen, weil er der Radikalisierung einer Gewaltpraxis hinderlich ist – einer, die sich die Unterwerfung anderer Ethnien, und einer, die sich die Befreiung der Kolonisierten auf die Fahnen geschrieben hatte. Blickt man auf die Geschichte der letzten zweihundert Jahre zurück, hat man angesichts kolonialer Greuel und angesichts der Unfähigkeit universalistischer Überzeugungen, die Zivilisationskatastrophen des letzten Jahrhunderts zu verhindern im Sinne eines selbstkritischen Überredungsuniversalismus allerhand Anlaß, das selbstkritische Potential zu pflegen. Andererseits könnte man angesichts der Tatsache, daß die Destruktivitätsschübe von rechts wie von links sich immer auch mit radikaler Kritik am westlichen Universalismus drapiert haben, auch annehmen, daß die Kritik am westlichen Universalismus etwas von ihrer Unbekümmertheit eingebüßt haben sollte. Gleichwohl sind es gerade diese historischen Erfahrungen gewesen, die es manchen nicht geraten erscheinen ließen, sich eine diesbezügliche Naivität zurückzuwünschen. Theodor W. Adorno etwa hatte stets *beides* im Blick, das Mörderischwerden der Kritik am westlichen Universalismus und gleichzeitig sein Scheitern im Nationalsozialismus, und er ging darum *nicht* auf Kant zurück, sondern schrieb Folgendes: «Hitler hat den Menschen im Stande ihrer Unfreiheit einen neuen kategorischen Imperativ aufgezwungen: ihr Denken und Handeln so einzurichten, daß Auschwitz nicht sich wiederhole, nichts Ähnliches geschehe.»[11] Und es war Hannah Arendt, die in ihrer Befragung der Aktualität von Lessings «Nathan» die Menschheitsemphase des 18. Jahrhunderts im 20. für verfehlt hielt: «Ich darf (...) nicht verschweigen, daß ich lange Jahre hindurch auf die Frage: Wer bist Du? die Antwort: Ein Jude, für die einzig adäquate gehalten habe, nämlich für die einzige, die der Realität des Verfolgtseins Rechnung trug. Ich hätte sicher eine Haltung, die im Sinne – nicht im Wortlaut – des Nathan auf die Aufforderung: ‹Tritt näher Jude!› mit einem: Ich bin ein Mensch, antwortet, für ein groteskes und gefährliches Ausweichen vor der Wirklichkeit gehalten.»[12] Und weiter: «So wäre es etwa unter den Verhältnissen des Dritten Reiches im Falle einer Freundschaft zwischen einem Deutschen und einem Juden nicht ein Zeichen von Menschlichkeit gewesen, wenn die Freunde gesagt hätten: Sind wir nicht beide Menschen? Damit wären sie der Wirklichkeit und der ihnen damals gemeinsamen Welt bloß ausgewichen; sie hätten sich nicht in der Verborgenheit und auf der Flucht vor ihr gegen sie gestellt. Im Sinne einer Menschlichkeit, welche die Wirklichkeit nicht wie den Boden unter den Füßen verloren hat, nämlich einer Menschlichkeit inmitten der Wirklichkeit der Verfolgung, hätten sie schon sagen mussen: ein Deutscher und ein Jude, und Freunde.»[13]

Angesichts des Äußersten und angesichts der Tatsache, daß das universalistische Moralprogramm es nicht hat verhindern können, nicht mit einem trotzigen Beharren auf der angeblichen Tatsache, daß alle Menschen Brüder seien, sie wüßten's nur noch nicht, zu reagieren, ist auch der Weg des aus Bulgarien stammenden französischen Philosophen Tzvetan Todorov, der sein Buch über eine Moral nach den Erfahrungen mit zwei Totalitarismen eben «Angesichts des

Äußersten» genannt hat. Todorov geht von den Berichten
der Überlebenden der deutschen und sowjetischen Lager aus
und entwickelt aus diesen Berichten etwas wie eine kasui-
stische Tugendlehre. Der Einwand, dem dieser Versuch sich
leicht ausgesetzt sieht, daß nämlich das Extrem ein Ort sei,
an dem moralisches Handeln (gar Überlegen) keinen Ort
hatte, entkräftet er – allerdings nicht, indem er die Zeugnisse derjenigen, die über das Verschwinden jeglichen moralischen Gefühls berichten, leichtnimmt. Er weist nur darauf hin, daß die Erinnerungen, wo sie von diesseits einer
«Leidensschwelle» berichten, jenseits derer die Handlungen
des Individuums uns nichts mehr über dieses Individuum
lehren, sondern nur noch etwas über die «mechanischen
Reaktionen auf dieses Leiden»[14], von sehr differenzierten
Verhaltensweisen berichten. «In den Extremsituationen sind
(...) die Gewissensfragen keineswegs selten und beweisen
durch ihre bloße Existenz, daß es eine Möglichkeit zu wählen gibt und folglich auch ein moralisches Leben möglich
ist. (...) Es ist nicht wahr, daß das Leben im Lager einzig
dem Gesetz des Dschungels gehorchte. Die Regeln des gemeinschaftlichen Lebens waren nicht dieselben, aber es gab
sie dennoch. Der Diebstahl, der die Lagerverwaltung traf,
war nicht nur zulässig, sondern auch bewundernswert. Dagegen wurde Diebstahl unter den Häftlingen, vor allem von
Brot, verachtet und meistens streng geahndet. Das Gesetz
war ebenso hart in den Lagern der Nazis wie in denen der
Kommunisten. Hier wie dort wurden die Spitzel gleichermaßen verabscheut und bestraft. Die zehn Gebote, schreibt
Anna Pawelcynska, eine Überlebende von Auschwitz, waren nicht verschwunden, aber sie wurden neu interpretiert.»[15]

Was aber bedeutet es, sich diesen, übernehmen wir den
Ausdruck: Neuinterpretationen zuzuwenden? Wäre das von
mehr als gleichsam ethnologischer Relevanz? Mehr, als die
Landkarte menschlicher Verhaltensmöglichkeiten zu kom-
plettieren? «Die totalitären Lager», schreibt Todorov, «stellen ganz offensichtlich ein Äußerstes, eine Extremsituation

dar; aber ich habe mich nicht so sehr um ihrer selbst Willen
für sie interessiert, sondern weil sie uns die gewöhnlichen
Situationen in ihrer Wahrheit zeigen.»[16] Er habe sich, so
Todorov weiter, «der Lagererfahrungen als eines Instru-
ments, als einer Art Lupe» bedient, «um deutlicher erkennen zu können, was im normalen Leben unscharf und ver-
schwommen bleibt»[17]. Aber Todorov bleibt die Begründung
dafür schuldig, warum das ein plausibler Gedanke sein sollte. Genaugenommen plädiert er in seiner diesbezüglichen
Argumentation für das Gegenteil: die Lager seien Extreme
in zweierlei Hinsicht – sie seien «intensivster und konzen-
triertester Ausdruck» der totalitären Regime und insofern
ihr «Extrem»; «Extrem» seien die totalitären Regime aber
auch in folgendem, ganz anderen Sinne, sie seien «ein Ge-
genbild, eine Negation» unseres Ideals von Demokratie, «in
dem Sinne, wie Horaz sagt, daß der Tod das Extrem, die
äußerste Grenze aller Dinge und des Lebens sei»[18]. Und
dann, in fast direktem Widerspruch zum eben zitierten Satz,
die Lager zeigten uns die Wahrheit der Normalität: «Der
Totalitarismus ist das Gegenteil von Demokratie und nicht
ihre Wahrheit.»[19] Schließlich zieht sich Todorov auf ein Zitat Primo Levis zurück, der geschrieben hatte: «Ich bin
überzeugt, (...) daß man sogar dieser besonderen Welt, von
der ich berichte, Grundlegendes abgewinnen kann», und
fügt hinzu: «Dieses Buch hier ist also nur ein Versuch, Levis
Vorschlag zu folgen.»[20] Nur daß diese Behauptung auch bei
Levi nirgends begründet wird.

Was der allgemein gehaltenen Argumentation mißlingt,
kann der Durchführung im Detail gelingen. Todorov fragt
nicht nach den Prinzipien des Handelns der Einzelnen, sondern nach ihren Motiven und nach dem Nutzen ihrer Handlungen für andere. Es ist diese Art der Handlungsbewer-
tung, die er übertragen möchte. Todorov mustert nachein-
ander die Tugend des Heldentums, die der Würde und die
der Sorge resp. des Mitleids.[21] Am skeptischsten ist Todorov
dem Heldentum gegenüber, und zwar aus zwei Gründen.
Der erste Grund ist, daß ein Held meistens einem abstrakten

Ideal folgt: «Die Helden ziehen (...) das Ideal der Wirklichkeit vor»[22]; der zweite: «die Helden lieben nicht unbedingt die Menschen, nicht einmal die, die sie selber sind»[23]. Die beiden Gründe verbindet Todorov, wenn er den Warschauer Aufstand von 1944 und den Aufstand im Warschauer Ghetto von 1943 vergleicht. Oder sagen wir genauer: die Haltungen, die beide Aufstände begleitet haben. Es sei im Warschauer Aufstand «um die Rettung der Idee von Warschau, nicht der Warschauer, nicht einzelner Polen oder polnischer Gebiete, sondern um eine Abstraktion» gegangen, «die Polen heißt. ‹Polen war für uns ein Kultgegenstand›», sagte einer der militärischen Führer des Aufstands. «‹Wir liebten es nicht als ein einfaches Land, sondern wie eine Mutter, eine Königin oder die heilige Jungfrau.› Das Land wurde vergöttert (und feminisiert), und dazu mußten etliche wirkliche Gegebenheiten ausgeblendet werden. (...) Aber die abstrakte Entität ‹Polen› ist nicht immer ausreichend. Polen selbst muß zugunsten eines noch weiter entrückten Ideals geopfert werden: des Abendlands, das seinerseits die Zivilisation, ja ‹den Menschen› verkörpert. Die Russen, das ist die Barbarei, während Polen der letzte Schutzwall ist, der sie aufhalten kann. So wird es möglich zur Verteidigung des ‹Menschen› eine unbestimmte Zahl von Menschenleben zu opfern. Der Aufstand ist eine Opferhandlung, deren Adressat immer weiter entfernt erscheint, Warschau, Polen, das Abendland, die Welt; er bleibt immer unpersönlich. Man opfert sich für Ideen und nicht für menschliche Wesen. Zu guter Letzt ist nur das Absolute geeignet, diese heroischen Gemüter zufriedenzustellen. (...) In der Tat hat der Tod für den Heroismus einen höheren Wert als das Leben. Nur durch den Tod, den eigenen wie auch den der anderen, läßt sich das Absolute erlangen: In der Hingabe des Lebens beweist man, daß man sein Ideal mehr als das Leben liebt.»[24] «Was», fragt Todorov, «sind das für Taten, die vollbracht werden müssen, ‹was immer auch der Preis sei›?»[25] Wie sind solche Taten moralisch zu rechtfertigen? Nur derjenige wird sie ohne Wenn und Aber rechtfertigen, der die Ideale, in deren Namen sie getan werden, teilt, und zwar unbedingt, d. h. dann, wenn er sie in einer Hierarchie der Werte allen anderen überordnet. Als Kritik solcher Werthierarchien ist Todorovs Kasuistik entworfen. Wer solche Hierarchien aufstellt, wird der Komplexität der Wirklichkeit nicht gerecht.

Todorov bewertet den Aufstand im Warschauer *Ghetto* gänzlich anders. Hatte der Warschauer Aufstand zweihunderttausend Menschen das Leben gekostet, die ohne den Aufstand[26] nicht hätten sterben müssen, kostete der Aufstand im Ghetto nur Menschen das Leben, die ohnehin zum Tode bestimmt waren. Der Aufstand war die Wahl der Todesart – sie wurde, so einer der Überlebenden, Marek Edelman, unter konventionellen Gesichtspunkten getroffen: «Die Menschheit hat sich ja darauf geeinigt, daß das Sterben mit der Waffe schöner ist als das ohne Waffen. Also fügten wir uns dieser Konvention.»[27]

Trotz des Sarkasmus, in der bloßen Tatsache der Wahl versicherten sich die Aufständischen ihrer Würde. Diese Würde ist für Todorov, und ich folge ihm da, etwas ganz anderes als ein abstraktes Ideal. Diese Würde bin ich nämlich selbst und sie ist konkret auf die Situation gerichtet, in der ich handele. In der Frage der Würde geht es um mich und um meinen Mitmenschen, den ich, wenn ich es vermag, vor Entwürdigung bewahre. Es geht um unseren Platz in der Welt. Wenn es um Ideale geht – oder sagen wir besser: *nur* um Ideale geht, mache ich mich – oder meinen Mitmenschen – zum Instrument, austauschbar.

Todorovs Skepsis gegenüber Helden und auch Heiligen, die von Idealen motiviert werden, geht weit. Er trifft auch den heiliggesprochenen Priester Maximilian Kolbe, der in Auschwitz freiwillig für einen anderen Häftling starb, der Frau und Kinder hatte. «Dieses Opfer, dessen letzte Beweggründe man nie erfahren wird», so Todorov, «scheint mir dennoch untrennbar von Kolbes Glaube an Gott zu sein. Ich glaube, daß er weniger für Franciszek Gajowniczek als dafür starb, seine christliche Pflicht bis zum Schluß zu erfüllen.»[28] Das mag, angesichts der Tat, befremdlich krittelnd erscheinen, und ich möchte Todorovs Argument so wenden: prekär ist das Angedenken an eine solche Tat der Selbstopferung dann, wenn in ihrem Zentrum nur die Bewunderung für das Opfer steht und nicht auch die Freude darüber, daß es nicht vergeblich gewesen ist. Tatsächlich erfährt man, wenn die Geschichte von Kolbe erzählt wird, oft nicht, daß Franciszek Gajowniczek überlebt hat. Es gibt Erzählungen über Taten, die der Kolbes vergleichbar sind, die anders klingen.

Aber die Würde kann auch autistische Züge annehmen. Der Film «Die Brücke am Kwai» ist einer solchen Würde gewidmet. Würde als Tugend tendiert zur Selbstgenügsamkeit – wäre der «Unbestechliche», wie Robespierre sich nannte, nicht vielleicht erträglicher und weniger gefährlich gewesen, wenn er ein wenig korrupter gewesen wäre? Büchners Danton nennt ihn «empörend rechtschaffen». Tugenden, die *nur* ein narzißtisches Fundament haben, sind keine. Das ist kein Urteilen über «gute» oder «schlechte» Motive, sondern läuft auf die Frage hinaus: haben wir etwas von diesen Tugenden? Oder mit Todorov: wir unterscheiden «zwischen einer moralischen und einer anderen, nicht moralischen Würde (...) zwischen einer bewundernswerten und einer anderen, die uns kalt läßt»[29]. Würde und Selbstachtung sind die Voraussetzungen für moralisches Handeln, weil zu unserem Begriff von Moral gehört, Ja oder Nein sagen zu können. Daß in den Lagern die Selbsterhaltung durch Selbstachtung (vor allem durch Hygiene) ihrerseits moralisch konnotiert wurde, hängt nicht zuletzt damit zusammen.

«Sorge» nennt Todorov «die moralische Handlung par excellence»: «in ihr ist ein Ich um das Wohlergehen eines (oder mehrerer) Du besorgt.» Nur mit ihr gekoppelt werden andere Tugenden, etwa die Würde, oder Tätigkeiten, etwa die «des Geistes», die wir für sich bewundern mögen, erst zu moralischen. Mit «Sorge» mein Todorov weder «Solidarität» noch «Barmherzigkeit». Solidarität ist auf Mitglieder einer konkreten Gruppe gerichtet und nicht dagegen gefeit, den nicht Dazugehörigen auszuschließen. Solidarität ist etwas wie eine Vertragsbeziehung untereinander. Anders als auf Sorge hat man auf Solidarität Anspruch und ist zu ihr verpflichtet. «Die Sorge unterscheidet sich von der Solidarität dadurch, daß ihre Nutznießer nicht automatisch mit ihr rechnen können und darüber hinaus immer individuelle Personen und keine Gruppenmitglieder sind. Im Unterschied zur Solidarität wird die Barmherzigkeit im Hinblick auf alle ausgeübt. Der typische Nutznießer der Barmherzigkeit ist der anonyme Bettler in der Weite der Straße und keine Person, die in einem Waggon auf mir oder im Innern eines Krankenreviers unter mir liegt. (...) Die Beziehung der Barmherzigkeit ist asymmetrisch, denn ich wüßte nicht, welche Hilfe mir ein Bettler leisten könnte, weshalb ich ihn gar nicht erst kennenlernen will.»[30] Sorge ist also eine auf Symmetrie angelegte, aber nicht von der Realisierung dieser Symmetrie abhängige zwischenmenschliche Beziehung, die keinen per definitionem ausschließt, aber denen, die einem seelisch oder auch nur räumlich nahe stehen eher entgegengebracht wird. Die Sorge kann zwar «nicht universell werden, weil sie das beinhaltet, was man an persönlicher Sympathie für denjenigen verspürt, der sie genießt»[31], aber sie ist insofern universalisierbar, als sie prinzipiell jedem entgegengebracht werden kann. Sie kommt nicht aus der Abstraktion der Pflicht oder des Kalküls. Aber Sorge ist auch keine bloße Instinktreaktion. Auch wenn sie sich bei vielen Menschen spontan äußert, so ist sie doch ein differenziertes Gefühl und durchaus nicht bloß «kreatürlich».

Gibt es eine Hierarchie der Tugenden? Todorov ist hier ein konsequenter Kasuist. Zwar bedarf es für alle Tugenden der Verbindung mit der Sorge, damit sie moralisch genannt werden können, aber diese ist nicht der oberste Wert, dem sich alle anderen unterzuordnen haben, denn sie ist gar kein Wert, sondern eine Haltung. Zum Handeln aber bedarf es mehr, als nur eine Haltung einzunehmen. Es gehört die Beurteilung der Situation hinzu, und das heißt nicht nur der objektiven Gegebenheiten, unter denen zu handeln ist, sondern der Beurteilung der ganz unterschiedlichen und oft einander widersprechenden Interessen und Bedürfnisse, die seitens der anderen, aber auch meinerseits im Spiel sind.

In dieser Verbindung mit der Vernunft sieht Todorov den universalisierenden Überschuß der individuellen moralischen Entscheidungen. Begründete jemand eine Tat (und sei sie noch so «gut») allein damit, es habe ihm eben so gefallen so-und-nicht-anders zu handeln, so begründete er sie damit nicht als moralische. Man müsse, so Todorov «den Wert der Neigungen irgendwie von außen beurteilen können. Dazu aber ist nur die Vernunft imstande, und das Kriterium, dessen sie sich bedient, ist die Möglichkeit der Universalisierung.»[32]

Da Todorov nun aber nicht den Weg der traditionellen Philosophie gehen will, die in der universalisierenden Vernunft auch das hinreichende Motiv für moralisches Handeln sieht, muß es eine emotionelle Repräsentanz oder, schwächer formuliert, ein emotionelles Äquivalent dieser Vernunft geben. «Wenn man mich fragte», schreibt Todorov, «:‹Aber warum handelt man moralisch?›, so würde ich eine doppelte Antwort geben: weil es einem eine innere Genugtuung bereitet; und weil man nur so der Idee der Menschheit gemäß lebt und dazu beiträgt, sie zu verwirklichen.»[33] Man sieht die Schwierigkeit. Einerseits zählt Todorov eine Tat nur dann unter die moralischen, wenn sie diesen Universalitätsbezug hat (rational wie emotionell), andererseits gehört die Idee der Menschheit wie die der Freiheit, des Vaterlands oder des Kommunismus unter die abstrakten Ideale, denen zu dienen allenfalls die Tugend des Heroismus erfüllt. Es muß die Tat also gleichzeitig die Haltung der Sorge verkörpern.

An dieser Stelle gerät Todorov sein Ansatz zum Problem. Wollte er eingangs aus den Erfahrungen des Extrems Lehren für eine «Alltagsmoral» gewinnen, «die den Anforderungen unserer Zeit gewachsen wäre»[34], eine Moral der unheroischen, undramatischen Mitmenschlichkeiten, so scheint er sich doch an eine ziemlich anspruchsvolle Definition moralischer Handlungen heranzuschreiben. Kant weigerte sich, die aus Mitleid entspringenden Handlungen moralisch zu nennen, und ließ allein die aus vernunftgemäßer Pflichtauffassung begangenen gelten, Schopenhauer empfand die letzteren als monströs und gründete seine Moralauffassung allein auf erstere. Todorov läßt im Grunde nur Handlungen gelten, die sowohl aus menschlicher Zuneigung als auch aus Vernunftgründen unternommen werden.

Diese merkwürdige Anforderungsbelastung moralischer Handlungen, die doch alltagstauglich sein sollen und so nicht einmal katastrophentauglich wären, rührt daher, daß Todorov sich über die Bedeutung des Schrittes von einer gruppenorientierten Moral zur universalisierten nicht zureichend im klaren ist. Die Tugenden, die Todorov aufzählt, orientieren sich an den Tugenden, die herausgebildet werden, um die innere Wohlfahrt von Kleingruppen zu stärken. Kein Wunder, daß sie im Vordergrund der Berichte der Lagerüberlebenden stehen. Wo «die Menschheit» die Gemeinschaft der aktuell vom Tode Bedrohten ist, ergibt sich daraus kein Problem – sehr wohl aber dann, wenn der Kreis der Moraladressaten undefiniert und unüberschaubar groß wird.

Vor diesem Problem hat bereits David Hume in seiner Theorie der Moral gestanden. Er nahm sich der Frage der Moral ähnlich skrupellos an wie der nach der Möglichkeit von Erkenntnis durch Induktion. Moralische Sätze, so Hume, könnten nicht vernünftig begründet werden, weil moralische Sätze keine Auskunft über Tatsachen, sondern über die die Kenntnisnahme dieser Tatsachen begleitenden Gefühle geben. Wie es zu diesen Gefühlen komme, könne man allenfalls erklären. Hume fragt also nicht, welchen Normen oder Werten man vernünftigerweise folgen solle, sondern er fragt, wie man erklären könne, daß bestimmte Handlungen so hoch im Kurs stehen, daß es einen weitgehenden Konsens gebe, sie als mustergültig anzusehen. Seine Antwort: es sind Handlungen, die wir darum schätzen, weil sie uns guttun. Das ist leicht einzusehen bei Handlungen, die uns unmittelbar als Individuen guttun – aber was ist mit dem Allgemeingültigkeitsanspruch, den wir mit einem moralischen Urteil verbinden, also der Meinung, eine moralisch wertvolle Handlung solle auch dann getan werden, wenn ich persönlich gar keine Chance habe, von ihr zu profitieren? Humes Antwort ist ebenso unspektakulär auf den ersten Blick wie weitreichend auf den zweiten. Der Mensch, sagt er, ist sowohl zu egoistischem wie zu altruistischem Verhalten fähig, er kann beides, und das eine ist nicht auf das andere zurückzuführen. In der Regel neigen Menschen dazu, ihr altruistisches Verhalten in der Kleingruppe auszuleben, aber Menschen sind auch zu abstrakter Menschenliebe fähig. Warum? Nun, sie sind es einfach, fabula docet, und was wir Moral nennen, ist nichts weiter als der Ausdruck dieser Fähigkeit, denn um ein unparteiisches moralisches Urteil abzugeben, muß sich einer gleichsam auf den Standpunkt der Menschheit stellen. Das kann er nur, wenn er eine Sympathie-Beziehung zur Menschheit hat, wie einem Mitglied seiner Familie gegenüber, dem er hilft, weil ihm der Gedanke, es könne unglücklich sein, Seelenpein bereitet. – Und wenn er das nicht tut, eben nicht. Hume räumt ein, daß sich Gesellschaften darin unterscheiden, und damit – er führt diesen Gedanken nicht systematisch aus – bindet Hume die Moral an die kontingente Faktizität des Sozialen, riskanter noch: der Politik.

Eine Antwort auf das Todorovsche Problem aus Humescher Sicht wäre also ungefähr so denkbar: wo es eine gesellschaftliche Praxis, die sich schlecht oder recht an den Idealen einer universalisierten Moral orientiert, gibt, hat die universalisierte Moral als *Beitrag zu dieser Praxis* einen Sinn – nicht als Pflege eines praxisunabhängigen Ideals. Die Frage, wie wir es schaffen können, daß wir alle eine solche Gruppe bilden, könnte man meinen, liege auf der Hand. Aber Vorsicht. Wir sollten auf diesem Umweg nicht in die Naivität zurückfallen, die Adorno, Arendt und Todorov zurückgewiesen haben.

Es lohnt sich an dieser Stelle, sich einem Autor zuzuwenden, der eine ganz andere Seite der Moral in den Blick genommen hat, ich meine Niklas Luhmann. Luhmann fragt nach den gesellschaftlichen Problemen, die der Einsatz von Moral bei der Bewältigung von Schwierigkeiten mit sich bringen kann. «Man kann sich fragen», so heißt es bei ihm, «welchen Reflexionsbedarf erzeugt die Moral, wenn sie etwa sieht, daß die Bösen obsiegen oder jedenfalls nicht zum Verstummen gebracht werden können, und daß die Guten Hilfe benötigen. Man kann sich aber auch fragen, welchen Reflexionsbedarf erzeugt das Gesellschaftssystem, wenn sich herausstellt, wie die Moral wirkt und welche Folgen sie hat? Diese beiden Ansatzpunkte, der moralinterne und der moralexterne, sind zunächst inkompatibel. Gerade darin könnte aber die Aufgabe, oder auch nur: das Problem der Ethik liegen. Die Ethik könnte eine Vermittlungsfunktion übernehmen – etwa als gesellschaftliche Sprecherin der Moral, aber auch als Übersetzerin gesellschaftlicher Anforderungen an die Moral.»[35]

Für Luhmanns Überlegungen zu einem soziologischen Blick auf die Moral ist nicht die Frage, wie wir irgendwelche ruinierten Moralmaßstäbe zurückgewinnen können, Ausgangspunkt, sondern scheinbar das Gegenteil: Es sei «die vielleicht vordringlichste Aufgabe der Ethik, vor Moral zu warnen». Das sei, fährt er fort, «kein unbedingt neues Desiderat».[36] Der historisch-soziologische Blick auf die Moral zeigt den westlichen Universalismus als Resultat der Auflösung der Verbindung von schichtenspezifischen Verhaltens- und Benimmcodes und Moral, wie wir sie etwa in der Rede König Markes an den zum Ritter geschlagenen Tristan finden kann, oder, parodiert, bei der Rede des Polonius an seinen Sohn. Wo aber die Einheit von Moral und Manieren nicht mehr ausreicht, um sich in der Welt zu bewegen, weil die Gesellschaft zu komplex wird und – um in Luhmannscher Terminologie zu bleiben – von Stratifikation auf funktionale Differenzierung umstellt, wird eine an Gruppenabgrenzungen orientierte Moral obsolet. Das Problem, auf das

Luhmann nun hinweist, ist, daß Moral ein Modus der Bewertung ist, sie ist, wie er sagt, «polemogen». Moral dient immer auch dazu, Leute zu disziplinieren, und das kann unter universalisierten Maßstäben dazu führen, daß jeder jeden zu disziplinieren versuchen kann, meistens auf dem Wege der angedrohten oder ausgeführten Mißachtung, der Abwertung der gesamten Person, und zwar über die Grenzen bestimmter Gruppen hinaus, wo den Mißachtungsmöglichkeiten noch die Fürsorgepflichten entgegenstehen. So war die Zeit der Erfindung des philosophischen Universalismus gleichzeitig eine außerordentlich moralskeptische Zeit. «Das 18. Jahrhundert hatte zu diesem Zweck den Humor erfunden, gleichsam als Wellenbrecher für überraschende Moralstürme. Aber das setzt zu viel Disziplin und zu viel schichtspezifische Sozialisation voraus.»[37]

Luhmanns Überlegungen zur Ethik sind von einem Grundmißtrauen gegen Moral getragen, und er ist mit diesem Mißtrauen den Autoren des 18. Jahrhunderts sehr nahe. Andererseits verbietet er sich, «gegen Moral anzumoralisieren» – der «Diskurs über Moral» bliebe «dann seinem Gegenstand zu sehr verhaftet (...) Das gilt nicht zuletzt auch für die simple moralische Forderung einer größeren Distanz zur Moral».[38] Denn: «Was soll die Ethik sagen, wenn sie beobachtet, wie die Leute auf ihren Prinzipien ausrutschen? Oder wie höchste Werte und Normen zu Kampfmitteln der Moral umfunktioniert und dazu benutzt werden, Gegner zu diskreditieren? (...) Eine gewissermaßen ‹feige› Ethik weicht dem Problem aus, indem sie sich als ‹Verantwortungsethik› geriert und das Problem auf den Entscheider abwälzt, um sich selbst moralisch einwandfrei zu salvieren. Aber man könnte auch an eine zivilisierte Ethik denken, die sich darum bemüht, im Kontext eines Überblicks über das Gesellschaftssystem sinnvolle Anwendungsbereiche von Moral zu spezifizieren und die Folgen mit der Differenzierung von Moralcode und Rechtscode abzufangen.»[39]

Das Letztere ist leicht einzusehen – wo wären die ersteren? Luhmann gibt eine vielleicht überraschende Antwort:

Die Moral verliert in einer funktional differenzierten Gesellschaft ihre übergreifende Verbindlichkeit. Die Codes der Subsysteme sind keine moralischen: Rechtsprechung orientiert sich nicht nach gut und böse, sondern nach recht und unrecht, Wirtschaft nach Zahlung/Nicht-Zahlung, Politik nach Regierung und Opposition, aber: «Wie Bakterien im Körper mag auch die Moral in den Funktionssystemen eine Rolle spielen. Nur richtet sich die Art und Weise, in der dies geschieht, nicht nach einem gesellschaftseinheitlichen Moralcode, sondern nach den Strukturanforderungen der jeweiligen Funktionssysteme.»[40] So erklären sich Ereignisse wie etwa Dopingskandale im Sport, Bestechungsskandale in Recht und Politik, Fälschungsskandale in der Wissenschaft. Es handelt sich um den jeweiligen Code tangierende Verstöße, die direkt auf die Verstoßenden mit einer weit über mögliche Sanktionen innerhalb des Funktionssystems hinausgehenden Wucht durchschlagen. Das ist der Grund, warum eine wissenschaftliche Arbeit, die dumm ist, möglicherweise eine wissenschaftliche Karriere hemmen kann, eine intelligente Arbeit, in der sich ein vielleicht nur peripheres Plagiat findet, eine wissenschaftliche Ausstellung, die in den Verdacht auch nur teilweise unprofessioneller Arbeit gerät, den oder die Verfasser schwerem Moralbeschuß, auch außerhalb des Wissenschaftsbetriebes, aussetzt. Man könne, so Luhmann, solche Beispiele «zu der Regelhypothese verdichten, daß die Funktionscodes überall dort, wo sie auf ‹unsichtbare› Weise sabotiert werden können und deshalb auf Vertrauen angewiesen sind, auf Moral zurückgreifen.»[41]

Nun kann man aber auch das Umgekehrte beobachten, daß nämlich ein Sportler, der nicht nur einfach besonders erfolgreich war, sondern in seiner Berufsausübung zusätzliche Qualitäten bewiesen hat, einen Orden bekommt, zum Vorbild für die Jugend erklärt wird u. ä. m. Diese zusätzlichen Eigenschaften müssen irgend etwas mit seinem Sport zu tun haben, es reicht nicht, daß er zusätzlich singt oder malt. Und sie müssen mit Werten zu tun haben, die auch außerhalb des Funktionssystems Sport im Kurs stehen. So wird ein Sportler geehrt, weil er sich als besonders fair erwiesen hat, oder (es müssen nicht unbedingt altruistische Tugenden sein) besonders mutig. Solche Tugenden sind nichts ohne den Erfolg, aber der Erfolg ist ohne sie nur sportlicher Erfolg, sonst nichts. Das nämliche gibt es auch in anderen Bereichen. Ein Richter kann als Richter moralisch nur angefochten werden, wenn er nicht Recht spricht (sei es, weil er bestechlich ist oder weil er sich von Ressentiments leiten läßt); ein Richter kann sich Aufmerksamkeit, aber nicht Achtung dadurch verschaffen, daß er ein bedeutender Komponist ist, oder wenn er regelmäßig einen Teil seines Gehaltes einer gemeinnützigen Einrichtung stiftet. Anders, wenn er als Richter gleichzeitig Initiator einer bedeutenden gemeinnützigen Stiftung zur Wiedereingliederung straffälliger Jugendlicher ist – jedenfalls solange man ihn nicht in Verdacht hat, deshalb zu milde Urteile zu sprechen. – Ein Unternehmer kann als Mäzen oder Förderer caritativer Einrichtungen hohes Ansehen gewinnen, aber nur, solange er als Unternehmer erfolgreich ist (sonst ist er jemand, der sein Geld zum Fenster hinauswirft).[42] Moral geht in solchen Fällen über die Funktion innerhalb der Systeme hinaus, es hängt aber von der Beschaffenheit der Binnenmoral ab, wie sehr sie mit den Idealen einer universalisierten Moral konvergiert.[43] Und hier haben wir bei Luhmann im Hinblick auf soziale Subsysteme denselben Befund wie bei Todorov im Hinblick auf das moralische Handeln in kleinen Gruppen – ein Zusammenhang, der in Humes Theorie der Moral ebenfalls angedeutet war.

Das bedeutet aber, daß das Beurteilungskriterium (ob etwas den universalistischen Idealen entspricht oder nicht) und das Motivationskriterium (warum jemand eine solche Handlung ausführt) auseinandertreten. Der Arzt, der ohne Ansehen der Person hilft, handelt nicht «als Mensch unter Menschen», sondern als Arzt. Sein Handeln ist nicht darauf ausgerichtet, «zu immer mehr Menschen Wir zu sagen», wie die Formulierung bei Richard Rorty lautet, sondern seine standesgemäße Pflicht zu tun. Es ist nun zu beobachten, daß aus solchen auf soziale Segmente bezogenen Moralvorstellungen eher Resistenzen gegen den Zusammenbruch der universalistischen Ideale gewonnen wurden als aus dem Festhalten an den Idealen selbst. Diejenigen Militärs, die sich – wie spät auch immer – zum Widerstand gegen Hitler entschlossen, taten dies nicht als Menschen, die sich gegen Unmenschlichkeit auflehnten, sondern als Soldaten, die die systematische Verletzung des Kriegsrechts nicht mehr hinnehmen wollten, als Preußen, die ihre soldatischen Ideale geschändet sahen. Sie wurden dort, wo sich der Versuch, die moralische Integrität als Mitglied einer bestimmten Gruppe zu bewahren, mit dem Bild, das man sich von einem macht, der im Namen universalistischer Ideale handelt, deckte, zu Vertretern der letzteren. Man könnte – mit aller Vorsicht – sagen: zufällig. Das wird am Beispiel mancher kommunistischer Widerstandskämpfer deutlich, die für sich im Namen ihrer Ideale kohärent handelten, für die Außenstehenden zuweilen wie Helden im Namen universalistischer Ideale, zuweilen wie skrupellose Barbaren aussahen.

Die psychische Resistenz – sagen wir: der Mut –, an bestimmten Idealen festzuhalten, ist weder aus philosophischem Räsonnement zu gewinnen, noch scheint die Fähigkeit zur Menschenliebe im Regelfall stärker zu sein als die durch Angst, Trägheit oder sozialen Druck verursachte Versuchung, diese Ideale aufzugeben. Die innere Stärke wird aus Selbstbildern gewonnen, die nichts mit der Zugehörigkeit zum Abstraktum Menschheit, sondern zu einer Gruppe, einer Religion oder einer Kaste zu tun haben. Der Zusammenhang der damit verbundenen Ideale mit den Idealen der universalistischen Moral ist vermutlich dort kein zufälliger, wo diese selber als Teil einer partikularen Moral aufgefaßt werden – das heißt, wo eben nicht ihre Gültigkeit philosophisch vorausgesetzt, sondern ihr Geltendmachen als zu erreichendes Ziel aufgefaßt wird, und zwar als Versuch, einem Ideal, das in einer bestimmten Kultur unter bestimmten historischen Umständen aufgekommen ist, Weltgeltung zu verschaffen.

Es geht nicht um den Nachweis, «daß unser Moralprinzip nicht nur die Vorurteile des erwachsenen, weißen, männlichen, bürgerlich erzogenen Mitteleuropäers von heute widerspiegelt», sondern darum, diese Vorurteile als Urteile auszuweisen: «Ein Mann wie du bleibt da nicht stehen, wo der Zufall der Geburt ihn hingeworfen: oder wenn er bleibt, bleibt er aus Einsicht, Gründen, Wahl des Bessern» sagt Saladin zurecht zu Nathan.

Das aber – und es wäre falsch, darum herumzureden – geht nicht ohne ein Selbstbewußtsein, das in eine gewisse Nähe zur Arroganz geraten kann. In der berühmten Untersuchung «Wir waren keine Helden» über die Motivationen von Menschen – Nichtjuden –, die andere Menschen – Juden – versteckt und vor Deportation und Ermordung gerettet haben, fällt auf, wie wenige der Befragten über ihre Motive haben Auskunft geben können. Sehr oft lautete die Antwort sinngemäß: «Was hätte ich sonst tun sollen?» Diese reklamierte Selbstverständlichkeit deutet weniger auf Bescheidenheit hin, als auf den Umstand, daß bei der rettenden Handlung weniger aus der Sorge (um mit Todorov zu sprechen), als aus der Weigerung, Teil einer Welt zu werden, die den eigenen Idealen widersprach, herrührte. So begründete eine Frau ihrem Mann gegenüber ihren Entschluß, ein kleines Mädchen zu verstecken und dadurch die Sicherheit der eigenen Familie aufs Spiel zu setzen, mit dem Satz: «Erinnerst du dich an die Geschichte vom Barmherzigen Samariter?» – und es folgte nicht der Appell, so zu sein wie der, sondern: «Willst du wirklich wie die beiden ersten Reisenden handeln, die einfach wegschauten und ihres Weges gingen?»[44] Ein anderes Elternpaar: «Wir halten es für wichtiger, unseren Kindern zu zeigen, daß sie Eltern haben, die tun, was sie für richtig halten – selbst wenn es sie das eigene Leben kostet. Es ist besser für sie – auch wenn wir es nicht schaffen.»[45] Man sollte klar sehen, daß das Entscheidende hier nicht die Empfindung von menschlicher Zuneigung oder die einer Verpflichtung ist, in jedem Menschen den Bruder oder die Schwester zu sehen, sondern vielmehr der Wunsch nach Abgrenzung. Nicht nur so spektakuläre Beispiele moralischen Heldentums, sondern vor allem die Weigerungen, sich an Diskriminierung, Verfolgung und Mordtaten zu beteiligen – Weigerungen, die, wo sie zu Hauf stattfanden wie etwa in Dänemark, die Mordmaschine des sogenannten Dritten Reiches entscheidend zu behindern in der Lage waren –, erfolgten vor allem aus der Weigerung, sich mit Mördern gemein zu machen. Wo die universalistischen Ideale nicht zusammenbrachen, verdankten sie dies Menschen, die das universalistische Projekt als partikulare Moral betrieben.

Ich plädiere dafür, die Haltung eines Menschen, der darauf besteht, nicht so zu sein «wie jener dort», nicht reflexartig als «pharisäerhaft» anzusehen. Sehen wir zu, wie er handelt und wen er meint, wenn er von «jenen dort» spricht. Es ist nicht immer eine Tugend, bescheiden zu sein. Das Gefühl, oder sagen wir kühner, das Bewußtsein einer Überlegenheit kann das beste Motiv sein, auch tatsächlich moralisch überlegen zu handeln. Denken Sie an die Psychiatrieärztin, die sich weigerte, sich an Sterilisierungen zu beteiligen. Als ihr Vorgesetzter ihr die universalistischen Überzeugungen mit dem Satz «Sehen Sie denn nicht, daß diese Leute anders sind als Sie?» auszureden versuchte, antwortete sie: «Es gibt viele Leute, die anders sind als ich, an erster Stelle Sie.»[46]

Gibt es eine besondere politische Verantwortung der Wissenschaften?

Obwohl die meisten Leser ähnlich wie ich meinen werden, daß es witzlos sei, die Titelfrage mit «Ja!» zu beantworten, möchte ich wetten, daß viele erwarten, daß ich sie mit «Ja» beantworte und dem Ja eine Explikation beigebe: «ja, nämlich aus diesem Grunde und in jener Hinsicht». Vermutlich deshalb, weil die meisten Menschen es als ungehörig empfinden würden, wenn jemand, dessen Tätigkeit in irgendeiner Weise mit «Wissenschaft» assoziiert wird, sich in einem Vortrag in einer Universität aus der Dimension der politischen Verantwortung zu stehlen versuchen würde. Zu Recht. Und Ihnen würden Wörter einfallen, die sogleich das gefährliche Terrain markierten, das man beträte, leugnete man, was doch allerorten für ausgemacht gilt: die politische, nein, die *besondere* politische Verantwortlichkeit der Wissenschaften. Wörter wie: «der neue Rechtsradikalismus»: «Ge- oder Mißbrauch der Gentechnologie» und so weiter.

Bevor ich etwas detaillierter argumentiere, will ich die grobe Richtung meines Raisonnements angeben: von einer besonderen Verantwortlichkeit der Wissenschaften reden gerne die, die bestimmte Fragen aus dem Streit um Einfluß und Macht heraushalten möchten, und damit aus der Politik. Die Rede von der besonderen Verantwortlichkeit der Wissenschaft weicht jenen Fragen aus, die die allgemeine staatsbürgerliche Verantwortung aufwirft. Ich werde dieses zu zeigen versuchen und anschließend fragen, ob die Wissenschaften in der Lage sind, eine eigene standesbezogene

Ethik zu bilden – und werde auch diese Frage verneinen. Übrig bleiben wird die Mahnung, diese Tatsachen nicht zu verkennen – und ich hoffe, daß es mir gelingen wird, Ihnen deutlich zu machen, wie wichtig das ist.

Wenn wir von der besonderen Verantwortung der Wissenschaften reden, verbinden wir damit besondere Hoffnungen und besondere Befürchtungen. Die Hoffnungen können wir uns an Hand der Figur des Dr. van Helsing aus Bram Stokers Roman «Dracula», die Befürchtungen an Hand der Figur des Dr. Strangelove aus Stanley Kubricks gleichnamigem Film deutlich machen. Dr. van Helsing befreit – nicht irritiert durch das Gelächter der Kollegen, nicht beirrt durch allerlei Gefahr – das gemeine Volk von der Bedrohung durch Dracula; Dr. Strangelove beschreibt im Angesicht einer drohenden atomaren Katastrophe ein Programm, das die für die Katastrophe Verantwortlichen rettet und gleichzeitig eugenische Phantasien in einer subterrestrischen Bordellwelt zu verwirklichen trachtet. In beiden Fällen dient ein überlegener Wissender dem Guten oder Bösen, und er tut es angesichts einer unterlegenen Umwelt, die ohne die Überlegenheit Dr. van Helsings oder Dr. Strangeloves, die beide nie ohne ihren akademischen Grad zitiert werden, aufgeschmissen wäre.

Diese Hypostasierung des Wissenschaftlers hat ihre Ursache in einem Bild von Wissenschaft, das so aussieht: es gibt hier die Menschen oder Bürger, dort die Wahrheit der bzw. in der Natur oder des Richtigen in bezug auf Moral, Tugend, Einrichtungen des Sozialverbands und so weiter. Dazwischen gibt es eine Vermittlungsinstanz, und die wird aus den Wissenschaftlern gebildet. Diese Vermittlungsinstanz hat privilegierten Zugang zu dem, «worauf es eigentlich ankommt», und darum fällt ihr eine besondere Rolle zu. Es ist die klassische des Priesters, der zwischen der alltäglich erfahrbaren Welt und dem Numinosen, jedenfalls der dem Laien ewig verschlossenen Welt, vermittelt.

Die Unterzeichner des Briefes an Roosevelt, in dem vor einem deutschen Atomprogramm gewarnt und ein ameri-

kanisches gefordert wurde, kamen sich wahrscheinlich
eine Gruppe von van Helsings vor: sie allein wußten um
Gefahren und Möglichkeiten der Atomenergie und von der
schrecklichen Waffe, die sie in der Hand Nazi-Deutschlands
sein würde. Als die Nachricht von den in Hiroshima auf
einen Schlag getöteten 110 000 Menschen Oppenheimer er-
reichte, der noch bei der Auswahl des Ziels mitberatend
tätig gewesen war, dürfte er sich wie ein Vorläufer des erst
in den 60er Jahren von Stanley Kubrick erfundenen
Strangelove vorgekommen sein. Im Untersuchungsausschuß
gegen Oppenheimer, oder doch wenigstens in Kipphardts
Rekonstruktion, ist denn auch viel von der speziellen Verantwortung der Wissenschaftler die Rede – was Oppenheimer angeht, gebannt in die dilemmatische Frage, ob er der
Politik zu viel Spielraum gegenüber der Wissenschaft eingeräumt oder ob er zu sehr Wissenschaftler gewesen sei, und
zu wenig über die politischen Folgen seiner Tätigkeit nachgedacht habe. Irgendwie habe er jedenfalls als Wissenschaftler versagt. Nun hat er das aber keineswegs. Eine ganz andere Frage ist, ob er als Staatsbürger versagt habe – die, die
ihn wegen unamerikanischer Aktivitäten vernahmen, waren
jedenfalls mehrheitlich dieser Meinung. Sie ließen sich auf
die pathetischen Bilder nicht ein – zurecht, denke ich.

Zuvor standen jene Wissenschaftler, die an der *deutschen* Atombombe gearbeitet hatten, vor einem anderen
Problem. Sie saßen interniert im englischen Farmhall (wo
die Gespräche, die sie untereinander führten, mitgehört
wurden), und überlegten, wie man mit ihnen, in denen
man, wie sie vermuteten, Strangeloves sah, verfahren würde, und ob es ihnen noch einmal gelingen könne, sich in
irgendeinem anderen Land als van Helsings zu verdingen.
Dann kam die Nachricht vom Abwurf der Bombe über
Hiroshima, und ihnen wurde plötzlich klar, daß keiner ihnen mehr den van Helsing oder den Strangelove abkaufen
würde. Sie waren über Nacht zweite Garnitur. «Wenn die
Amerikaner eine Uranbombe haben, dann sind Sie alle
zweitklassig. Armer Heisenberg!» Ein Haufen bemühter

Physiker, die versucht hatten, Hitler die Atombombe zu verschaffen, es aber nicht hingekriegt hatten. – Wer die Farmhall-Protokolle liest, kann sehen, wie einer in der Runde kühlen Kopf behält: Carl Friedrich von Weizsäcker. Er erfindet die Lesart, die ihm und seinen Kollegen den Ruf der Kompetenz erhält und sie dennoch als van Helsings durchgehen läßt. Er erfindet die besondere politische Verantwortung der Wissenschaftler, während seine Kollegen noch darüber grübeln, ob eine bessere Kooperation unter ihnen oder ein Appell an das Regime, in die Entwicklung der Bombe ebenso viel zu investieren wie in das V2-Raketenprogramm, dazu hätte führen können, die Amerikaner zu überholen, hat von Weizsäcker die Sprachregelung fertig, die seine Nachkriegskarriere und die seiner Kollegen garantiert[1] – man hätte die Bombe entwickeln *können*, habe es aber nicht *gewollt*, um Hitler diese Waffe nicht in die Hand zu geben: «Ich glaube, es ist uns nicht gelungen, weil alle Physiker im Grunde gar nicht wollten, daß es gelang. Wenn wir alle gewollt hätten, daß Deutschland den Krieg gewinnt, hätte es uns gelingen können.» Seine Kollegen widersprechen in Farmhall noch hin und wieder, müssen aber dann doch einsehen, daß nur diese Interpretation sie nicht als schlechte Physiker und politische Opportunisten, sondern gleichzeitig als Wissenschaftler von Rang und integre Moralisten dastehen läßt.

Es ist interessant, daß diese Interpretation, die jedenfalls in Farmhall von kaum einem der Kollegen von Weizsäckers für eine angemessene Beschreibung dessen gehalten wird, was sie in den letzten Jahren getan hatten, so bereitwillig geglaubt wurde und bis heute eine gewisse Aura besitzt. Sie entspricht dem Wunsch einer säkularisierten Gesellschaft nach ein wenig Priestertum, und für dieses bietet sich der Nuklearwissenschaftler besonders an, hantiert er doch irgendwie mit dem, was unsere Welt im Innersten zusammenhält. Er weiß um die verborgenen Kräfte der Natur wie van Helsing um das Geheimnis des Vampirismus. Zwar hat von

Weizsäcker dem Monster nicht den Pfahl ins Herz getrieben, aber – so die Phantasie – doch verhindert, daß es uns alle verschlingt.

Wie anders empfindet man Oppenheimer, dessen Leistung als Teamchef von Los Alamos schon dadurch abgewertet wird, daß die deutschen Physiker Hitler die Atombombe gar nicht geben wollten, und der schließlich bedenkenlos seiner Regierung das größte Massenvernichtungsmittel aller Zeiten aushändigt. Dr. Strangelove, der dann allerdings Skrupel bekommt und versucht, bei der Entwicklung der H-Bombe auf die van-Helsing-Seite überzuwechseln. Beide Figuren ziehen unsere Phantasien auf sich, und vielleicht denken wir zudem an Leonardo da Vinci, von dem es heißt, daß er seine technischen Zeichnungen eines Unterwasserfahrzeuges geheimgehalten habe, damit die Menschen sich nicht auch unter Wasser umbrächten. Die Faszination durch solche Priester, die uns vor dem Bösen bewahren oder sich in seinen Dienst stellen, läßt uns leicht übersehen, daß das Problem anderswo liegt. Die Entwicklung der A-Bombe war in Deutschland wie in den USA eine geheime Operation – unabhängig vom Charakter der jeweiligen Regierung vollzog sie sich als ein öffentlich nicht kontrollierbarer und demokratisch nicht legitimierter Vorgang. Dasselbe gilt auch für Trumans Entscheidung, sie einzusetzen. Das ist nicht verwunderlich. Gleichwohl liegt dort das Problem, nicht in der Frage, wie sich ein von Weizsäcker, ein Oppenheimer, ein Teller entschieden haben oder hätten entscheiden sollen.

Das heißt selbstverständlich nicht, daß es *gleichgültig* ist, wie sie sich entscheiden – es ist es oft um so weniger, je mehr das Arkane des Vorgangs ihren Entscheidungen Einfluß einräumt. Aber auch hier ist die besondere Verantwortung des Wissenschaftlers Teil des *Problems*, nicht der Lösung. Wenn man irgendwo eine *besondere* politische Verantwortung eines Wissenschaftlers oder einer Wissenschaftlerin nicht umhin kommt, konstatieren zu müssen, hat man es mit einem *Mißstand* zu tun und sollte sich hüten, ihn pathetisch zu verklären oder als Gelegenheit zu nutzen, regressive Wünsche nach priesterlicher Leitung auszuleben.

Ich will diese Frage noch einmal von der anderen Seite angehen. Wer immer Kipphardts «In Sachen J. Robert Oppenheimer» gelesen oder auf der Bühne gesehen hat, gar noch mit Charles Regnier in der Rolle Oppenheimers, wird sich kaum der Faszinationskraft der Figur «Oppenheimer» entziehen können, jedenfalls aber wird er die, die sie vor das Tribunal ziehen, nicht mögen. Die Sympathieverteilung ist aller Ehren wert, aber man übersieht bei ihr leicht, daß diejenigen, die Oppenheimer auf den Zahn fühlen, ein interessantes, ich meine durchaus diskussionswürdiges Wissenschaftsverständnis haben. Oppenheimer ist für sie ein Techniker, den die Regierung der Vereinigten Staaten für zwei Aufgaben gemietet und sehr gut bezahlt hat, der die erste der beiden Aufgaben – die Konstruktion der A-Bombe – exzellent erfüllt, bei dem aber fraglich zu sein scheint, ob er die Erledigung der zweiten – die Entwicklung der H-Bombe – nicht absichtlich verzögert hat. Natürlich stehen die Nachforschungen über Oppenheimers politische Vergangenheit im Vordergrund der Verhöre, die Indizien für eventuelle prokommunistische Sympathien, kurz: die McCarthy-Atmosphäre von Denunziation und Schnüffelei. Aber man vergißt über dem diesbezüglichen Dégout leicht, daß – bezogen auf das Auftrags- und Anstellungsverhältnis – die Regierung der USA alles Recht der Welt hatte, einem einmal aufgekommenen Mißtrauen in Oppenheimers Vertragsloyalität nachzugehen. Das Problem des Untersuchungsausschusses lag aber *nicht* darin, daß er das Verhältnis der Regierung der Vereinigten Staaten zu Oppenheimer als Vertragsverhältnis, erstere als Arbeitgeberin, letzeren als Angestellten sah – es lag darin, daß sie es *nur* so sah. Darum konnte das Ausschußmitglied Thomas Morgan seine Analogien aus dem Bereich der freien Wirtschaft auch relativ unbehelligt zur Beschreibung der anstehenden Fragen heranziehen.[2] Derlei ist natürlich hanebüchen, aber was die Oppenheimerschen Verteidigungsreden kraftlos macht, ist, daß er im Grunde nur betont, daß er, der Wissenschaftler, kein Angestellter wie jeder andere sei, nicht aber auf der Tatsache besteht, daß der Staat wenigstens in einer Hinsicht kein Arbeitgeber wie alle anderen ist: er ist nämlich zum Beispiel auch Garant bestimmter Freiheiten, Garant seiner eigenen Beschränkungen, kurz: Garant der Möglichkeit jener Obedienzverweigerung, ohne die er totalitär würde. Hätte Oppenheimer so gesprochen, hätte er als bloßer Staatsbürger geredet, nicht «als Wissenschaftler». «Als Wissenschaftler» aber nahm er gleich die Verantwortung für die gesamte Menschheit auf die Schultern, indem er von einem «Konflikt zwischen der Loyalität einer Regierung und der Loyalität der Menschheit gegenüber» sprach.

Abstrakt gesprochen: Oppenheimer fühlte sich Anderem verpflichtet als schnöden Vertragsverhältnissen – Anderem, das er als Höheres empfand. Es entging ihm dabei nur, daß sein auf das Höhere gerichteter Blick etwas übersah, nämlich die politische Frage, was ein Gemeinwesen in seinem Namen geschehen lassen will, welche Kontrollmöglichkeiten es aus der Hand geben will – und so fort. Kurz: der Oppenheimer Kipphardts (und wahrscheinlich auch der Oppenheimer der Wirklichkeit) fühlte sich weit mehr durch die Frage nach der Rolle der Wissenschaft im Zwanzigsten Jahrhundert necessitiert als durch die nach der Zukunft der Demokratie in seinem Lande. Anders gesagt: wie von Weizsäcker hat auch Oppenheimer sich nicht als Demokrat, sondern als Lobbyist verhalten. Daran ist prima facie nichts Verwerfliches. Jeder Berufsstand kann seine besondere Bedeutung für das Gemeinwesen hervorheben, um seine Privilegien abzusichern oder sich neue zu verschaffen. Dennoch ist diese Reduktion eines politischen Problems auf die Problemlage eines Berufsstandes ihrerseits nicht unproblematisch. Mit der Suggestion, es läge ein *besonderes* Problem vor, versucht sich der Wissenschaftler als Lobbyist dem *allgemeinen* zu entziehen, kurz: er drückt sich um die Dimension der allgemeinen politischen Verantwortlichkeit herum, wenn er darauf besteht, in einer besonderen zu stehen.

Es kam Oppenheimer wegen der technisch und militärisch so überaus weitreichenden Folgen seiner wissenschaftlichen und technischen Leistungen gar nicht in den Sinn, daß sich sein *moralisches* Problem gar nicht unterschied von dem irgendwelcher Generäle, Bomberpiloten und so weiter, d. h. von dem Problem, das jeder Spezialist hat, den man dazu anheuert, sein Wissen dazu zu verwenden, Menschen zu töten. Für jeden von diesen Spezialisten stellt sich die Frage, ob, unter welchen Bedingungen, wie lange sie mit- und weitermachen wollen, und diese Frage unterscheidet sich nicht von der, der sich jeder andere auch zu stellen hat – nur fällt im Falle des Spezialisten der möglichen Folgen seiner Entscheidung wegen die Antwort dramatisch aus. Ihr moralischer Gehalt ist darum kein anderer.[3]

Die im Einzelfall tatsächlich vorhandene große Reichweite der Folgen einer möglichen Entscheidung, die dem Wissenschaftler als *Techniker* zuzurechnen sind, verwechselt sowohl er wie die Rede von der besonderen Verantwortung gerne mit seinem Sosein als Wissenschaftler. Der Wissenschaftler ist immer gleich für die ganze Welt zuständig. Auch das entspricht der ihm anphantasierten Mittlerrolle zwischen dem alltäglich Menschlichen, dem, was zufällig hie und dort der Fall ist, einerseits und andererseits dem Wesentlichen, Objektiven, dem, was die Welt zusammenhält, dem, was dahintersteckt, den Tiefenstrukturen und so weiter.[4]

Wer sich tendenziell für alles verantwortlich fühlt, vergißt leicht, daß er in der Tat eine besondere Verantwortung für das hat, was vor seiner Nase geschieht. In der Tat – und hier gehe ich zum zweiten Teil meiner Überlegungen über – hat jeder Wissenschaftler eine besondere Verantwortung – nämlich für das, was in seinem Fach geschieht. Das unterscheidet ihn nicht von Angehörigen anderer Zünfte. Seeleute haben nicht nur auf die Sicherheit der ihnen Anvertrauten zu achten, sondern auch darauf, daß Seeoffiziere, die vor den Passagieren und den unteren Mannschaftsgraden das Schiff verlassen, vor Ehrengerichte gestellt werden.

Hierbei geht es um Fälle, wo eine Zunft ihre Angehörigen mit feinerem Maße mißt als andere Mitmenschen. Der normale Mensch darf auf Kosten seines Mitmenschen sein Leben retten (es ist nicht schön von ihm, aber wir sagen: «So ist der Mensch»), der Kapitän als *Kapitän* nicht – als Kapitän hat er mehr zu sein als ein normaler Mensch. Das klingt ein wenig elitär, und das ist es auch. Und das soll es auch sein.

Nehmen wir ein Beispiel aus dem Bereich der Sozialwissenschaften. Als Heinrich von Treitschke im Jahre 1879 seinen Aufsatz «Unsere Ansichten» mit dem berühmten «Die Juden sind unser Unglück» darin veröffentlichte, trug er zur allgemeinen antisemitischen Stimmung im Lande wahrscheinlich wenig bei. Es gab bereits eine gewisse Anzahl ziemlich hartgesottener rassistisch gesonnener Antisemiten[5], die sich in Arbeitslager- und Vernichtungsphantasien ergingen und Treitschkes Schriften als ziemlich harmlosen Salon-Antisemitismus recht lächerlich fanden. Aber Treitschke wurde so etwas wie eine Brücke zwischen diesen vulgären Antisemiten, deren Kumpan er noch nicht wurde, und den Salon-Antisemiten, auf deren Sottisen er noch eins draufsetzte. Nach Treitschke war die Scheu der Salon-Antisemiten, sich zu äußern, weil man sie mit den Vulgären hätte verwechseln können, geringer geworden. Das nun lag weniger an Treitschke als an seinen Zunftkollegen. Bemerkenswert am sogenannten Berliner Antisemitismusstreit ist ja nicht, daß ein Geschichtsprofessor sich als Antisemit entpuppt, sondern daß das fast allen seinen Kollegen nichts ausmacht. Es sind, mit einer Ausnahme, nur jüdische Kollegen, die Treitschke widersprechen. Die eine Ausnahme ist Theodor Mommsen. Mommsen fühlte sich nicht aufgerufen, allgemeine Aufklärungsschriften gegen den Antisemitismus zu verfassen, er trat auch nicht in erster Linie für eine verleumdete Minderheit ein, sondern versuchte, einen zunftinternen Komment aufrechtzuerhalten: So, werter Herr Kollege, reden Sie nicht! Mommsen sprach noch gar nicht als Bürger, er sprach als Angehöriger einer Zunft, der sich zunächst einmal darum kümmert, daß dort alles in Ordnung ist. Wie wichtig dieser Versuch Mommsens war, zeigt sich daran, daß er scheiterte. Mommsen blieb allein, und damit konnte Treitschkes Ton im akademischen Milieu Platz greifen. Und wenn dort, warum nicht anderswo. Eine (und man sage nicht: «nur»!) konventionelle Schranke war gefallen. Danach gab es nicht auf einmal ganz viele neue Antisemiten, aber die alten konnten dort reden, wo es vorher verpönt gewesen war.

Mommsen sprach als Angehöriger einer Zunft, aber man muß feststellen, daß er die Kriterien anständigen Benehmens nicht den Regeln dieser Zunft entnahm, sondern seinen Vorstellungen davon, wie sich ein deutscher Professor aufzuführen hat. Er konnte mit diesen Vorstellungen nicht an ein gemeinsames Gruppenideal appellieren, wie das ein Arzt könnte, wenn er dazu auffordert, in einem Cholerahospital weiterzuarbeiten, ohne auf die eigenen Risiken zu achten, oder wie dies ein Anwalt könnte, der begründet, warum auch ein offensichtlicher Schurke einen Rechtsbeistand vor Gericht braucht. Alle diese Gruppenideale sind Markierungen von Grenzen zwischen der Gruppe und dem Rest der Gesellschaft, und ihr psychisches Äquivalent ist der elitäre Affekt. Und damit komme ich zu dem eigentlich heiklen Teil dieses Vortrages, nämlich der Doppelfrage, ob nicht einmal fast *jede* Form der Moral auf einem elitären Affekt beruht, und ob zweitens der spezifische elitäre Affekt der Wissenschaftlerinnen und Wissenschaftler ausreicht, um eine Moral auszubilden.

Altruistisches Verhalten kann jemanden ganz unmotiviert überkommen – wie ein Wunder. Das *Tat Twam Asi* hat plötzlich eine unwiderlegliche Evidenz, die, so etwa in Schopenhauerscher Terminologie, Individuierung, der Wille zum Sein ist nicht mehr Taktgeber des Verhaltens. Häufiger aber ist das Gefühl, sich soundso verhalten zu müssen, weil man «sonst nicht mehr in den Spiegel sehen» könne. Anders gesagt: in diesem Falle würde egoistisches Verhalten dem eigenen Selbstbild zu sehr widersprechen, als daß man meinte, dann noch guter Dinge oder eben: als man selbst weiterleben zu können. Solche Selbstbilder sind die wichtigsten Moralgeneratoren – und sie sind kaum je nur selbstgemacht, d. h., sie sind meistens wesentlich abhängig von dem Selbstbild, das die Gruppe, der man sich besonders zugehörig fühlt, von sich und ihren Mitgliedern entwirft. Ein solches Selbstbild ist oft dann besonders stabil, wenn es mit Dünkel einhergeht. Wenn wir es bei Mitgliedern einer anderen Gruppe erleben, schätzen wir es weniger und nennen es «pharisäerhaft» («Herr ich danke dir, daß ich nicht so bin wie jene dort!»). Seltener ist es grundiert mit dem Bewußtsein der Kontingenz der eigenen Gruppenzugehörigkeit – dann schätzen wir es und nennen es bescheiden («There but for fortune go you or I»).[6] In *beiden* Fällen handelt es sich um das Gefühl, etwas Besonderes zu sein, und nur der Grad an Bereitschaft, dieses Selbst-Bewußtsein einer Besonderheit sichtbar werden zu lassen und anderen Leuten damit auf die Nerven zu fallen, ist unterschiedlich.[7] Solange solche Gruppen-Selbstbilder und die mit ihnen verbundene Moral nur konkurrent (Oxford vs. Cambridge) und nicht destruktiv sind und solange die durch das Gruppen-Selbstbild begründete Moral nicht der Freibrief ist, die sonstigen Moralstandards zu unterbieten, kann man kaum etwas dagegen einwenden.

Im Falle Oppenheimer nun ist deutlich, daß das in ihm repräsentierte Gruppen-Selbstbild der Scientific Community nicht tauglich war, mit dem Problem klarzukommen, mit dem er sich konfrontiert sah – und zwar ganz unabhängig davon, welches Verhalten Oppenheimers zu welchem Zeitpunkt man als moralisch akzeptabel ansieht. Die Probleme, die Oppenheimer als Staatsbürger zu verhandeln gehabt hätte (wie weit hat meine Loyalität zur Regierung zu gehen?) oder als Angehöriger einer westlichen liberalen Demokratie (welche Mittel sind gerechtfertigt, wenn wir einen Krieg gegen wen gewinnen wollen?), wurden für ihn als Wissenschaftler einerseits ersetzt durch die Frage, wie sehr er seine Wissenschaft instrumentalisieren lassen wolle, an-

dererseits, wie sehr er, wiederum als Wissenschaftler, für das
Wohl und Wehe der Menschheit insgesamt zuständig sei.[8]
Ersetzt also einerseits durch einen Gruppenwahn (Verantwortlichkeit der Wissenschaft für das Ganze schlechthin),
andererseits durch die Frage nach den Rahmenbedingungen
der eigenen beruflichen Tätigkeit, also nach einem Abgrenzungskriterium zu anderen Berufen – ersetzt also durch eine
Grandiositätsgeste zur Kompensation und Tarnung klein-
lichsten Gruppenegoismus. Das Selbstbild «Wissenschaftler» gab ihm mit anderen Worten nichts an die Hand, mit
den Problemen klarzukommen, die ihn in seinen anderen
Rollenzugehörigkeiten überforderten, allerdings stellte es
ihm eine Rhetorik zur Verfügung, die dazu geeignet war, sie
irgendwie verschwinden zu lassen.

Das ist nicht Oppenheimers Schuld, und das ist auch
nicht die Schuld eines damals noch unzureichend entwik-
kelten Moralbewußtseins «der Wissenschaften». Ich glaube,
daß man «als Wissenschaftler» (d. h. auf diese Rolle beschränkt) nicht in der Lage ist, moralisch sonderlich kompetent zu handeln. Diese Kompetenz muß man anderswo
erlernen und sie möglichst nicht vergessen, und: man muß
einsehen, daß sie stets in einer Spannung steht zu dem, was
man «als Wissenschaftler» tut. Und zwar liegt das an der
Beschaffenheit des Abgrenzungskriteriums der Gruppe
«Wissenschaftler» vom Rest der Gesellschaft. Dieses Abgrenzungskriterium ist die Freiheit der Wissenschaften. Sie
ist uns lieb und wert, aber man darf nicht vergessen, daß
sie ein im Grunde asoziales Ideal ist und sich nicht nur mit
den Ansprüchen despotischer Regime, sondern auch mit denen demokratisch verfaßter Gesellschaften schlecht verträgt.

Es ist kein Zufall, daß Alexander Mitscherlich in seinem
mit Fred Mielke zusammen verfaßten Buch «Medizin ohne
Menschlichkeit» die Ideale des Arztes und nicht des For-
schers gegen die Praxis derjenigen ins Feld führte, die in
Konzentrationslagern Menschenversuche durchgeführt hatten. Er sagte damit so viel wie: «Ihr mögt als *Wissenschaft-*

ler für den Nutzen eurer Experimente ins Feld führen, was ihr wollt, als *Ärzte* habt ihr gegen die Regeln verstoßen, die die Moral unseres Standes konstituieren!» Man wird mich nicht falsch verstehen: ich bin natürlich nicht der Meinung, Menschen seien «als Ärzte» automatisch moralischer denn «als Wissenschaftler». Das ist bekanntlich nicht der Fall. Ich weise nur darauf hin, daß die Standesmoral der Ärzte seit Jahrhunderten Kriterien zur Verfügung hat, das Verhalten ihrer Mitglieder zu beurteilen, und daß diese Standesmoral eine Menge mit ihrem Abgrenzungskriterium gegenüber der sie umgebenden Gesellschaft zu tun hat, wohingegen die Wissenschaften keine andere Standesmoral hervorgebracht haben, als über ihre Freiheit zu wachen und den Konkurrenzkampf innerhalb der Gruppe ein wenig zu regeln. Wissenschaftler sind darum keine schlechteren Leute als Ärzte (und keine schlechteren Ärzte, wenn sie auch Ärzte sind), sie haben nur andere Probleme.

Welche, kann man etwa sehen, wenn Noam Chomsky sich dafür einsetzt, daß der französische Historiker Robert Faurisson seine Behauptung, daß es in Auschwitz keine Gaskammern gegeben habe, weiterhin von der Kanzel lehren dürfe. Als Bürger ist Chomsky im entgegengesetzten politischen Lager – als Wissenschaftler vertritt er die Freiheit von Forschung und Lehre. Gibt es ein Kriterium, das in diesem Widerstreit vermitteln könnte – etwa eine irgendwie objektiv bestimmbare Grenze freier Meinungsäußerung schlechthin? Jedenfalls ist im Ernst kaum jemand der Meinung, es gäbe überhaupt keine Grenzen freier Meinungsäußerung – Wissenschaft hin oder her. Wir alle lieben Voltaires Satz, er werde die Meinung seines Kontrahenten bekämpfen, solange er lebe, aber sein Leben dafür einsetzen, daß der sie sagen könne. Zurecht. Nur folgt daraus keineswegs, daß dies für alle Meinungen gelten solle. Diejenigen, die behaupten, für absolute Freiheit der Meinungs*äußerung* zu sein (nur um die geht es – Meinungen *haben* kann jeder, wie er will), die sind – und hier möchte ich Richard Rortys schönes Aperçu zitieren – «so openminded, that their brains have fallen out». Selbstverständlich verbieten wir die Propagierung der Ermordung irgendwelcher Gruppen unserer Mitbürger, wir verbieten die Propagierung des Geschlechtsverkehrs mit Kindern und so weiter. Aber kann man etwas verbieten, das nicht Propaganda ist, sondern bloß Meinung, Für-wahr-Halten? Nun, so ziemlich jede Propaganda kann in eine Tatsachenbehauptung umgewandelt werden (siehe oben: «Die Juden sind unser Unglück»). Man kann, ohne ein einziges Mal «Tu es!» zu schreiben, ein Buch verfassen, in dem behauptet wird, die Misere dieser Welt beruhe darauf, daß man den Geschlechtsverkehr von Erwachsenen mit Babies verbiete. Und als der deutsche Bundestag die «Auschwitz-Lüge» unter Strafe stellte, tat er nicht mehr, als dem Umstand Rechnung zu tragen, daß eine rechtsradikale Szene dazu übergegangen war, auf das Verbot antisemitischer Propaganda mit der Leugnung des Massenmords an den europäischen Juden zu reagieren. Verboten hat man eine neue Form antisemitischer Propaganda.[9] Für eine liberale Demokratie liegt kein *prinzipielles* Problem in solchen Fragen («darf man überhaupt ...?»), wohl aber ein *permanentes*, das in der stets neu zu verhandelnden Frage besteht, wie die verschiedenen Rechtsgüter, die eben nicht in eine eindeutige Hierarchie gebracht werden können, gegeneinander abzuwägen sind.

Für die Wissenschaften besteht aber ein *prinzipielles* Problem – in Permanenz. Wann beschädigt ein solches Verbot wie das der Auschwitz-Lüge die Freiheit der Wissenschaften? Wir sind ja geneigt, Chomsky etwas mehr Gehör zu schenken, wenn er für Faurisson spricht, als Herrn X, wenn er für das Recht seines Nachbarn eintritt, die Gaskammern in Auschwitz zu leugnen. Haben wir in diesem Falle nur Verständnis für das wechselseitige Augenschonverhalten im Krähenschwarm – oder steckt mehr dahinter? Wohl letzteres, nämlich die Einsicht, daß die Freiheit der Wissenschaft, anders gesagt: ein gewisses Maß intellektueller Anarchie ihre wesentliche Produktivkraft ist. Die Rede von der Wahrheit, der die Wissenschaft einzig verpflichtet sei, läßt sich nur schwer von der Forderung unterscheiden, ein Wissenschaftler dürfe so viel Unsinn erzählen wie er wolle, ohne daß jemand ihm dreinreden dürfe. Von außerhalb. Intern sorgen der Gruppendruck, die Karrierebedingungen etc. für die Grenzen der Variabilität des Unsinns. Allerdings weit weniger als in anderen Berufsständen. Die Freiheit der Wissenschaften, d. h. die vergleichsweise geringe Bindung der Wissenschaften an Auftragsverhältnisse und externe Erfolgskontrollen, führt selbstverständlich dazu, daß im Bereich der Wissenschaft mehr Allotria getrieben wird als irgendwo sonst. Das Vorurteil des «Mannes auf der Straße» gegenüber dem Wissenschaftsbetrieb als einer Veranstaltung, in der massenweise Geld für Zeug ausgegeben wird, mit dem niemand etwas anfangen kann, ist selbstverständlich alles andere als ein Vorurteil, nämlich eine ziemlich zutreffende Beobachtung. Gleichwohl hat sich herausgestellt, daß dieser Betrieb, was den gesellschaftlichen Zuwachs an Kenntnissen angeht, insgesamt besser funktioniert als alles andere, was man bisher ausprobiert hat. Es sollte also ein gemeinsames Anliegen sein, die Freiheit der Wissenschaften nicht zu sehr zu beschädigen, ein Anliegen also, das mit dem Gruppenegoismus der Wissenschaftler sehr gut zusammenpaßt, auch wenn dieser im Einzelfall tatsächlich manchmal nicht mehr ist als die Camouflage von Unproduktivität und Inkompetenz.

Hiermit soll nicht gesagt sein, daß Akademiker dazu neigen, unzuverlässige Arbeitnehmer zu sein, noch daß Auftragsforschung etwa dem Charakter von Wissenschaft völlig widerspräche – das Manhattan- oder Apollo-Projekt widerlegte diese These, wenn sie denn aufgestellt würde –, sondern nur, daß der Wissenschaftsbetrieb sich nicht vollständig nach den Kriterien einer effektiven Bürokratie oder eines Unternehmens organisieren läßt, wenn man seine Effektivität als Gesamtsystem nicht ruinieren will. Es hat sich ja inzwischen herumgesprochen, daß die klassischen Wissenschaftstheorien vom Wiener Kreis bis zu Carnap und Popper einfach nicht beschreiben, was in den Wissenschaften tatsächlich getan wird, und daß der Versuch, diese Theorien als normative Systeme durchzusetzen, ein ähnliches Desaster zur Folge haben würde wie der Marxismus-Leninismus als methodische Vorgabe für die Biologie in der Sowjetunion.

Um nicht mißverstanden zu werden: auch das sprichwörtliche «Anything goes!» Paul Feyerabends ist alles andere als eine handlungsleitende Maxime. Innerhalb der Wissenschaften geht es bekanntlich ziemlich dogmatisch zu, und das ist auch gar nicht so ganz schlecht. Dieser innerwissenschaftliche Dogmatismus ist nicht nur als eine Voraussetzung für die Verteilung knapper Ressourcen zu verstehen, sondern auch als ein gewisser Garant dafür, daß sich die Bandbreite dessen, was «geht», in Grenzen hält. Er garantiert zwar keineswegs Qualität, hält aber das Chaos übersichtlich, indem er es nach Theorien, Richtungen, Ansätzen, Seilschaften, Lehrer-Schüler-Verhältnissen, Graden der Zugangsmöglichkeiten zu Geldressourcen etc. gliedert. Um im Wissenschaftsbetrieb zu reüssieren, muß man bestimmte Theorien vertreten und andere nicht, man muß einer Richtung angehören und andere Richtungen bekämpfen, man sollte irgendwann einen neuen Ansatz vorstellen, sich Schüler eines anderen nennen und selber Schüler haben, ferner wissen, wen man als Gutachter zum Anzapfen welcher Geldquelle braucht, wann man sich als Rezensent zu revanchieren hat, wie man milde Formen der Korruption effektiv betreibt und so fort. Dieser für den Laien oft befremdliche und dem Image freier Forschung so widersprechende innerwissenschaftliche Extremkonventionalismus, die oft zu beobachtende Langweiligkeit eines Betriebes, der doch einzig dazu da ist, Neues und Interessantes zu produzieren, das große Maß an Feigheit beruflich und finanziell Gesicherter und Hochprivilegierter, die Neigung zur Korruption, die menschliche Kleinlichkeit so vieler seiner Angehöriger kann man verstehen als Mechanismen einer Binnensteuerung, die mit minimaler Außensteuerung auskommen muß.[10]

116

Daß ich weit davon entfernt bin, den Wissenschaftsbetrieb zu idealisieren, haben Sie bemerkt, ich bitte Sie aber auch zu bemerken, daß ich ihn keineswegs als besonders deprimierende Veranstaltung denunzieren will. Schließlich verdanken wir ihm den Komfort, in dem wir leben, und unser Wissen über die Welt – allerdings auch einige exquisite Scheußlichkeiten, womit ich wieder beim Thema wäre. Es läßt sich leider die Schuld an Hiroshima – oder sagen wir: Nagasaki, denn dort ging es wirklich nur mehr um einen wissenschaftlichen Menschenversuch –, die Schuld an den Unterdruck- und Kälteexperimenten in deutschen Konzentrationslagern, die Schuld an den Quälereien und Schlächtereien eines Mengele weder eindeutig der Instrumentalisierung der Wissenschaft noch der Diabolik freigelassener Forscherwillkür geben. Es lassen sich die Wissenschaften leicht instrumentalisieren, weil sie sich nicht dafür eignen, ein normatives Selbstbild aufzubauen, das viel mehr beinhaltet als die Idee ihrer Freiheit – mit der eben tatsächlich nicht viel anzufangen ist. Wer nur die Wahl hat zwischen Ja und Nein und keine Kriterien, das Wozu zu erörtern, wird nicht selten tun, was man ihm sagt, und sich das Gefühl bewahren, zu tun, was er schon immer gewollt habe.

Andererseits scheint eine tatsächliche Erfüllung des Freiheitsversprechens sich stets destruktiv auszuwirken. Die Menschenversuche in den Konzentrationslagern waren ja nicht nur moralisch verwerflich, sondern in einem erstaunlich großen Umfang sinnlos. Wenn Mengele Kindern Farbe in die Augäpfel injizierte, um zu sehen, was dann passierte, tat er das: gucken, was dann passiert. Die Möglichkeit, zu tun und zu lassen, was man wollte, führte dazu, daß man tat und ließ, was man wollte, und zuguckte, was dann passierte. Unbeschränkte Freiheit der Wissenschaft ist unbeschränkte Neugier, und die wird so infantil wie grausam.[11] Wenn wir sowohl im Falle der marxistisch-leninistisch überwachten Biologie wie bei den Biologen des NS von «Totalitarismus» sprechen wollen, müssen wir dies in doppeltem Sinne tun: wir müssen von totalitärer Instrumentalisierung im Sinne eines ideologischen gesellschaftlichen Auftrags sprechen, wie von totalitärer Freiheit der Wissenschaften in den Schlachthäusern der KZs. Wissenschaftlich unproduktiv sind beide, obwohl das im Falle der Mengeles nicht das Problem ist, das uns bewegt.

Zwischen totaler Gängelung und totaler Freiheit steht das Kuddelmuddel, das wir kennen, das Kuddelmuddel von Freiheit des Wissenschaftsbetriebs, der teilweisen Finanzierung durch Auftragsarbeit, den gesetzlichen Beschränkungen wissenschaftlicher Arbeit und den Ausnahmeregeln, die es immer wieder gibt, wenn etwas «Wissenschaft» heißt. Auch dieses Kuddelmuddel ist qua Kuddelmuddel kein Idyll. Es hat etwa die Splitterbomben ersonnen, die statt Metall- Plastikpartikel verschossen, die auf Röntgenschirmen nicht mehr zu erkennen waren, und die Rassentheorien des Nationalsozialismus hervorgebracht. Der angenehme Effekt, den das Reden vom Totalitarismus normalerweise mit sich bringt, will sich nicht einstellen. Es scheint keine Mittellage zwischen den Extremen oder jenseits ihrer zu geben, von der man sich *für sich genommen* etwas versprechen könnte. – Das ist gar nicht mal so schlimm, weil man einer Rede, die auf die Beschwörung eines Zustandes hinausläuft, der irgendwie aus sich selbst ohne aktives Zutun dies oder das mache oder garantiere, weshalb man guten Mutes sein könne, sowieso kein Wort glauben sollte.

Der Wissenschaftsbetrieb ist nicht so beschaffen, daß er eine Gruppe (die Wissenschaftler) produzierte, deren Selbstbild so beschaffen sein könnte, daß es sie befähigte, als Wissenschaftler kompetent mit den Problemen umzugehen, an die man heute unter dem Label «Wissenschaft in unserer Zeit» denkt. Hierzu bedarf es anderer Quellen – welcher auch immer.

Gut wäre nur, wenn sich dieses Bewußtsein im Wissenschaftsbetrieb verbreiten würde, und damit die Einsicht, daß man als Wissenschaftler keine besondere politische Verantwortung hat, und gerade darum als Wissenschaftler nicht aufhören sollte, stets alles das zu sein, was man sonst noch ist. Ferner, daß in allen Fragen gesellschaftlicher Relevanz nicht der Wissenschaftler als Wissenschaftler zur Verantwortung zu ziehen ist, sondern der Staatsbürger, der Vertragspartner, der Mitmensch – und daß ihm die Ausrede, er sei Wissenschaftler, nichts nützen soll. Schließlich, daß jedes moralische Raisonnement in Wissenschaftsangelegenheiten sich um die Frage der Beschränkung der wissenschaftlichen Freiheit dreht, und um nichts sonst. Daß also die Verantwortlichkeit des Wissenschaftlers für die Privilegien seiner Zunft immer in einem Spannungsverhältnis steht zu seiner Verantwortlichkeit als Bürger.[12] Es gibt keine Formel dafür, wann der Wissenschaftler den Vorrang vor dem Bürger haben sollte. Hier sind immer Entscheidungen zu treffen und, wenn solche Entscheidungen anstehen, immer prekäre. Sicher scheint mir nur, daß das Leugnen dieser Spannung, die Hoffnung, sie ließe sich doch irgendwie zu einer Harmonie mindern, der Scheu vor der permanenten Notwendigkeit, seine Entscheidungen zu rechtfertigen, argumentativ – wenn nötig vor Untersuchungsausschüssen oder vor Gericht – zu vertreten, entspringt und einer Praxis Tür und Tor öffnet, die den krassesten Voluntarismus mit der Aura einer Evidenz, aus der kein Entkommen möglich ist, umgibt. Da sich ein solches Verhalten mit dem regressiven Wunsch nach priesterlicher Leitung bestens verträgt, ist die Gefahr nicht klein, daß ein solches Verhalten immer wieder erfolgreich sein wird. Dieses gälte es zu behindern, seine intellektuellen Rechtfertigungsstrategien, wo immer es geht, kaputt oder wenigstens lächerlich zu machen.

1795/1995

Kants «*Zum ewigen Frieden*»

und die Idee des Zusammenhangs von Weltbürgertum und zivilisatorischem Minimum

Mai 1918: die Friedensschlüsse von Brest-Litowsk im März und Bukarest am 7. Mai erlauben Deutschland, das nach dem Wechsel der Obersten Heeresleitung von Falkenhayn zu Ludendorff und Hindenburg und der Entlassung des Reichskanzlers von Bethmann-Hollweg faktisch als Militärdiktatur verfaßt ist, eine letzte Offensive an der Westfront vorzutragen. Der Stellungskrieg soll mit allen Kräften aufgebrochen werden.

In Wien erscheint «Die Fackel» Nr. 474–483. Sie enthält einen Aufsatz über den österreichischen Außenminister Graf Czernin; in der Rubrik «Glossen» die Dokumentation deutscher und englischer Presseberichte über den Gaskrieg und über Bemühungen, Giftgas als Kampfmittel zu ächten. – Kraus zitiert: «Wir Deutschen begrüßen alle Versuche, dem Völkerrecht und der Menschlichkeit zum Siege zu verhelfen, wir lehnen es aber ab, uns übertölpeln zu lassen» und kommentiert: «Ich kann nur denken und bewahren. Nie wäre es mir gelungen, die welthistorische Physiognomie dieser verfolgenden Unschuld so herauszubringen.» Der Gaskrieg ist eine der Leitmetaphern nicht nur dieser Ausgabe der Fackel, in der auf die Glossen der Beitrag «Das technoromantische Abenteuer» über die Fortschritte der Tötungstechniken folgt – und der Artikel «Für Lammasch», der mit den Worten beginnt: «Die politisch-geistige Gaswelle, der wir uns überlassen haben ...»

Die Nummer schließt mit einem Gedicht, überschrieben «Zum ewigen Frieden». Ihm ist ein Zitat vorangestellt: «Bei dem traurigen Anblick nicht sowohl der Übel, die das menschliche Geschlecht aus Nebenursachen drücken, als vielmehr derjenigen, welche die Menschen sich untereinander anthun, erheitert sich doch das Gemuth durch die Aussicht, es könne künftig besser werden; und zwar mit uneigennützigem Wohlwollen, wenn wir längst im Grabe sein und die Früchte, die wir zum Teil selbst gesät haben, nicht einernten werden.» Dann beginnt das Gedicht: «Nie las ein Blick von Thränen übermannt, ein Wort wie dieses von Immanuel Kant. Bei Gott, kein Trost des Himmels übertrifft, die heilige Hoffnung dieser Grabesschrift. Dies Grab ist ein erhabener Verzicht: ‹Mir wird es finster, und es werde Licht!› ... Durchs Höllentor des Heute und Hienieden, vertrauend träumt er hin zum ewigen Frieden. Er sagt es, und die Welt wird wieder wahr, und Gottes Herz erschließt sich mit ‹und zwar›.»

Dies Zitat und dies Gedicht und das «und zwar» in beiden bietet Karl Kraus auf gegen die Greuel des Mai 1918, ja sogar gegen eine Rachephantasie, die in den voraufgehenden Seiten Text wird: «Eine allseitige Friedensbedingung wird den Tag festsetzen müssen, an welchem gleichzeitig in sämtlichen Staaten auf offenem Markt vor den auf den Tribünen sitzenden Invaliden die Kriegslyriker und alle, die mit dem Wort zur Tat geholfen haben, dadurch von ihr befreit waren und ihre schmähliche Rettung nicht allein mit dem Ruin anderer erkauft, sondern noch mit Gewinn belohnt sahen, zusammengetrieben und ausgepeitscht werden» -: «Sein Wort gebietet über Schwert und Macht, und seine Bürgschaft löst aus Schuld und Nacht.» Die Assonanzen sind Kraus nicht unterlaufen. Sie sind bewußt gesetzt. Wie später am Ende der «Letzten Tage der Menschheit» der Figur des Nörglers werden hier Immanuel Kant die Attribute eines Erlösers verliehen.

Kraus' Hymnus auf Kant ist eines der eindringlichsten Zeugnisse, wie eine Haltung, der im Kontext ihrer Zeit ein beinahe konventioneller Zug eigen war, in anderer Zeit so fremd wirken kann, daß sie nur lächerlich wirkt oder Ehrfurcht erzeugt. Wie sehr es zu letzterer Empfindung des Entschlusses bedarf, zeigen die Verse des Gedichtes gerade dort, wo sie sich bis zur Naivität hin immun machen gegen die mögliche lächerliche Wirkung, die sie haben können.

1795 erschien Kants Schrift «Zum ewigen Frieden» bei Nicolovius in Königsberg. Die Schrift soll durch den sogenannten Basler Frieden angeregt worden sein, in dem sich Preußen mit Frankreich arrangiert, indem es auf das linke Rheinufer verzichtet, um den Rücken frei zu haben für einen Beitritt zum österreichisch-russischen Teilungsvertrag, der zur dritten polnischen Teilung und damit zur Auflösung des polnisch-litauischen Reiches führt. Ob der erste «Präliminarartikel zum ewigen Frieden»: «Es soll kein Friedensschluß für einen solchen gelten, der mit dem geheimen Vorbehalt des Stoffs zu einem künftigen Kriege gemacht worden»[1] ein indirekter Kommentar zum Basler Frieden ist, weiß man nicht.

1795 – die Welt sah bekanntlich selbst in bezug auf das kriegerisch Gewohnte damals anders aus. «Kant dachte an räumlich begrenzte Konflikte zwischen einzelnen Staaten und Allianzen, noch nicht an Weltkriege. Er dachte an Kriege zwischen Kabinetten und Staaten, noch nicht an Bürgerkriege. Er dachte an technisch begrenzte Kriege, die die Unterscheidung zwischen kämpfender Truppe und Zivilbevölkerung erlauben, noch nicht an Partisanenkampf und Bombenterror. Er dachte an Kriege mit politisch begrenzten Zielen, noch nicht an ideologisch motivierte Vernichtungs- und Vertreibungskriege.»[2] So mißt Jürgen Habermas den historischen Abstand von 200 Jahren aus, der uns 1995 von Kants Schrift trennt. Und doch hätte Kant an mehr denken können, auch wenn der Zeitgenosse stets Mühe hat, die Zeichen der Zeit als Markierungen einer möglichen Zukunft zu erkennen.

Das Jahr 1795 gehört schon nicht mehr in die Epoche der Kabinettskriege. 1792 siegt die Französische Armee bei

Valmy, 1793 ist das Jahr der levée en masse, der erste Schritt hin zu jener Militarisierung der gesamten Bevölkerung, die mit den Massenheeren des Jahres 1914 ihren Höhepunkt erreicht. 1793 ist auch das Jahr der Französischen Bürgerkriege, der Massaker in der Vendée. Das meiste von dem, an das Kant laut Habermas «dachte», als er seine Schrift «Zum ewigen Frieden» verfaßte, ist tatsächlich schon zu Ende – oder doch wenigstens in Transformation begriffen, als diese Schrift in den Druck geht.

Daß Kant die Bedeutung dieser Veränderungen nicht bewußt sein konnte, bedarf, da sie sich erst der historischen Retrospektive erschließt, im Grunde der Erwähnung nicht, wäre da nicht eine seltsame Gebrochenheit im Tone der Friedensschrift, auf die sich einiges Ohrenmerk richten sollte. Für das erste Lesen steht allerdings eine Mischung aus nüchterner Bestandsaufnahme und ruhiger Zuversicht im Vordergrund, wobei man vielleicht gerade letztere als charakteristisch für sehr viele Schriften der deutschen Aufklärung seit Lessings «Erziehung des Menschengeschlechts» ansehen mag. Jedenfalls war sie es, die Kraus zu den zitierten Versen bewegte. Sicherlich ist Kants Friedensschrift ein zentrales Dokument der genuin modern-bürgerlichen Idee der Gewaltbegrenzung in der Politik, die aus den europäischen Krisen des 16. und 17. Jahrhunderts stammt.[3] Das die Zeit der Kabinettskriege bestimmende Bestreben, Kriege auf die Schlachtfelder zu verbannen, entstand aus der Furcht vor der Wiederholung eines selbstläufig weite Räume Mitteleuropas verheerenden Krieges wie des Dreißigjährigen. Kants Schrift betont die Notwendigkeit des nächsten Schrittes: Von der Beschränkung zur Abschaffung des Krieges.

Die Zuversicht, dieser Schritt könne getan werden, mindert dabei nicht die Einsicht in die Hindernisse, die ihm im Wege liegen. Kant hofft nicht auf einen Weltstaat, der qua Gewaltmonopol Friedensgarant sein könnte. Bei Kant hat diese aufgegebene Hoffnung noch einen durchaus resignativen Zug, den ein Leser des Jahres 1918 sehr wohl noch hätte mitempfinden können. Doch das Zwanzigste Jahrhundert ist nicht nur eines zwischenstaatlicher, sondern vor allem auch staatlicher Barbareien gewesen. Am Ende dieses Jahrhunderts möchte man den Abschied von der Idee eines Leviathan über den Leviathanen wohl nicht einmal mehr bedauern. Kant entwirft ein System zwischenstaatlicher Vereinbarungen – «seine Abhandlung», schreibt Arsenij Gulyga, «hat er wie einen Vertrag aufgebaut: Er parodiert entsprechende diplomatische Vorlagen.»[4] Zunächst finden sich sechs «Präliminarartikel»: Sie definieren bestimmte Verbote, die einzuhalten sind, soll es zu einem dauerhaften Frieden unter den Staaten kommen: Kein Friedensschluß, der den Vorbehalt des Stoffs zu einem künftigen Kriege enthält; kein Erwerb eines Staates durch einen anderen durch Erbe, Tausch oder Schenkung; Abschaffung stehender Heere, Verbot von staatlicher Verschuldung zur Finanzierung eines Krieges; keine gewalttätige Einmischung in Verfassung und Regierung eines anderen Staates; Verbot von Kriegshandlungen, die ein wechselseitiges Vertrauen im künftigen Frieden verhindern (Meuchelmord, Einsatz von Giften, Bruch einer Kapitulationserklärung, Anstiftung zum Verrat im bekriegten Staat u. ä. mehr). Dann drei «Definitivartikel»: Sie definieren die institutionellen Rahmenbedingungen, die gegeben sein müssen, soll der zwischenstaatliche Frieden erhalten werden: Die Verfassung der Einzelstaaten muß republikanisch sein (diese Bedingung zielt nicht auf eine Regierungsform, sondern auf zwei Prinzipien, die Staatsbürger müssen «als Menschen» frei und vor dem Gesetz gleich sein); die Einzelstaaten bilden einen gemeinsamen Staatenbund, dessen Ziel die Erhaltung der Souveränität der Einzelstaaten ist (Kant nennt eine solche Föderation ein «negatives Surrogat» des Weltstaates); schließlich die Definition des «Weltbürgerrechts» – eingeschränkt «auf die Bedingungen der allgemeinen Hospitalität».

Darauf, daß die Idee eines Völkerbundes, der «lediglich auf Erhaltung und Sicherung der Freiheit eines Staats für sich selbst und zugleich anderer verbündeter Staaten (gerichtet ist), ohne daß diese doch sich deshalb … Gesetzen und einem Zwange unter denselben unterwerfen dürfen»,[5] inkonsistent ist, hat Jürgen Habermas zurecht hingewiesen. «Die Völkergemeinschaft muß ihre Mitglieder unter Androhung von Sanktionen zu rechtmäßigem Verhalten mindestens anhalten können.»[6] Hier ist Habermas von der Sache her zuzustimmen, und auch darin, daß hier die Diskussion von der Textauslegung zur politischen Debatte überwechseln muß, «wenn sie den Kontakt mit einer gründlich veränderten Weltlage nicht verlieren soll …»; dies werde «dadurch erleichtert, daß sozusagen die Idee selbst nicht stehengeblieben ist. Seit der Initiative von Präsident Wilson und der Gründung des Genfer Völkerbundes ist sie von der Politik aufgenommen und implementiert worden. Nach der Beendigung des Zweiten Weltkrieges hat die Idee des Ewigen Friedens in den Institutionen, Erklärungen und Politiken der Vereinten Nationen … eine handfeste Gestalt gewonnen. Die herausfordernde Kraft der unvergleichlichen Katastrophen des 20. Jahrhunderts hat der Idee einen Schub gegeben. Vor diesem düsteren Hintergrund hat der Weltgeist, wie Hegel sich ausgedrückt hätte, einen Ruck getan.»[7]

Gleichwohl ist die Inkonsistenz einer wechselseitigen Rechtsgarantie ohne Sanktionsmöglichkeiten im Falle ihres Bruches von Kant selbst nicht unbemerkt geblieben, wenn er sie auch nicht direkt thematisiert hat. Die indirekte Thematisierung dieses Problems steckt im dritten «Definitivartikel». Habermas interpretiert ihn als Hinweis auf die gewachsene Weltöffentlichkeit – d. h. globale Informationsmöglichkeiten plus gewachsener politischer Sensibilität, auch Ereignissen «weit hinten in der Türkei» und anderswo gegenüber. Gewiß steckt auch das in diesem «Definitivartikel»: «Da es nun mit der unter den Völkern der Erde einmal durchgängig überhand genommenen (engeren oder weiteren) Gemeinschaft so weit gekommen ist, daß die Rechtsverletzung an einem Platz der Erde an allen gefühlt wird: So ist die Idee eines Weltbürgerrechts keine phantastische und überspannte Vorstellungsart des Rechts, sondern eine nothwendige Ergänzung des ungeschriebenen Codex sowohl des Staats = als Völkerrechts zum öffentlichen Menschenrechte überhaupt und so zum ewigen Frieden, zu dem man sich in der continuierlichen Annäherung zu befinden nur unter dieser Bedingung schmeicheln darf.»[8]

Nur unter dieser Bedingung – welche wäre es? Die Beispiele, an denen Kant seine Bedingung des Weltbürgerrechts erläutert, sagen allenfalls die Hälfte. Diese Hälfte ist die Verurteilung des Kolonialismus. Allenfalls ein Besuchsrecht genieße der, der an einer fremden Küste lande. «Inhospitales Betragen» nennt Kant das Wüten der europäischen Staaten in ihren Kolonien – oder auch: Sie machten «von der Frömmigkeit viel Werks .... indem sie Unrecht wie Wasser trinken».[9] Die Gegenseite, die Zugangsverweigerung, illustriert Kant nur an den «weislichen», wiewohl moralisch bedauerlichen Zugangsbeschränkungen, die China und Japan europäischen Handelsgesellschaften auferlegten. Die Art und Weise, wie Kant das Recht auf Hospitalität einführt, zeigt aber, worauf es ihm wenigstens ebensosehr ankam: «Es ist hier ... nicht von Philanthropie, sondern vom Recht die Rede, und da bedeutet Hospitalität ... das Recht des Fremdlings, seiner Ankunft auf dem Boden eines andern wegen von diesem nicht feindselig behandelt zu werden. Dieser kann ihn abweisen, wenn es ohne seinen Untergang geschehen kann, solange er auf seinem Platz sich friedlich verhält, ihm nicht feindlich begegnen. Es ist kein Gastrecht, worauf dieser Anspruch machen kann ..., sondern ein Besuchsrecht, welches allen Menschen zusteht, sich zur Gesellschaft anzubieten vermöge des Rechts des gemeinschaftlichen Besitzes der Oberfläche der Erde, auf der als Kugelfläche sie sich nicht ins Unendliche zerstreuen können, sondern endlich sich doch nebeneinander dulden müssen.»[10]

Es handelt sich um ein universales Asylrecht, und zwar ein Asylrecht, wie es in das Grundgesetz der Bundesrepublik aufgenommen worden und bis zum Zeitpunkt der Revisionen der Ausführungsbestimmungen in Kraft war: Wer das

Territorium des Staates betritt, hat das vor den Institutionen dieses Staates einklagbare Recht, nicht abgewiesen zu werden, wenn dieses zu «seinem Untergange», sprich: zu Verfolgung, Vertreibung, Folter und Mord anderswo führen würde. Von einem Einwanderungsrecht unterscheidet Kant das Hospitalitätsrecht sehr wohl, und auch von einem Gastrecht. Der asylgewährende Staat ist zu sehr wenig verpflichtet – nur zur Gewährung des Asyls und dem, dem es gewährt wurde, nicht feindselig zu begegnen.

Hier zeigt sich die Symmetrie der Begründung eines Weltbürgerrechts durch das Hospitalitätsrecht und der des Völkerrechts durch einen Staatenbund. Die Konstruktion legt sie klar zutage, doch Kant spricht sie nicht aus. Ist der Staatenbund das negative Surrogat eines Weltstaates, so ist das Hospitalitätsrecht das negative Surrogat des Staatsbürgerrechts in einem solchen Weltstaat. Da von Kant der Staatenbund als work in progress verstanden wird, so bedeutet das Hospitalitätsrecht die Bereitschaft der Staaten zur Selbstverpflichtung als Asylländer, und zwar nicht nur den Mitgliedern des Staatenbundes gegenüber – das zeigt der Hinweis auf den gemeinsamen Besitz der Erde.

Interessanterweise steckt in dieser Idee eines Asylrechts als Begründung eines Weltbürgerrechts sowie in dem so sympathischen wie scheinbar altfränkischen Hinweis auf die gemeinsame Erdkugel ein Argument gegen die Idee eines Weltstaates. Wir finden es in ähnlicher Form im zweiten Buche von Christoph Martin Wielands Roman «Aristipp und einige seiner Zeitgenossen», etwa geschrieben zu der Zeit, als Napoleon, den Wieland in einem Aufsatz wenige Jahre zuvor, als jener noch General in Italien war, zum Diktator Frankreichs empfohlen hatte, per Plebiszit zum Konsul (in der Verfassungswirklichkeit: Diktator) auf Lebenszeit erklärt wurde. In diesem, im dritten Jahrhundert v. u. Z. spielenden Roman kommt die Rede auf die Verdienste Dionys' I., des Tyrannen von Syrakus, verbunden mit einer in die Antike transponierten Idee eines modernen aufgeklärten Alleinherrschers: «Mache mir die Freude, Hippias, recht bald Nachricht von dir und dem schönen Syrakus zu erhalten, und von euerm Tyrannen, den ich ohne Bedenken zum Selbstherrscher aller euerer Demokratien und Oligarchien krönen würde.» Der Angeredete erwidert: «Du siehst, daß wir in der guten Meinung von Dionysius nahe zusammentreffen und daß ich kein Bedenken tragen würde, ihn, wenn es auf meine Stimme ankäme, zum Beherrscher des ganzen Siciliens zu machen. Wenn du ihn aber zum Autokrator aller Demokratien und Oligarchien in Griechenland zu erheben gedenkst, so möcht' ich dich wohl bitten, nur einen einzigen Freystaat von hinlänglicher Größe, um sich in der Unabhängigkeit erhalten zu können, übrig zu lassen ... wenn es unserm irdischen Jupiter etwa einfiele, den Tyrannen etwas derber mit uns zu spielen als unsrer persönlichen Freyheit zuträglich seyn möchte. Ich stehe dir nicht dafür, daß nicht auch einem Dionysius so etwas – tyrannisches – begegnen könnte.»[11]

In diesem Sinne – mit Blick auf die innenpolitischen Verhältnisse in vielen Staaten der Welt – ist das Hospitalitätsrecht das negative Surrogat einer als Weltbürgerrecht positiv gefaßten Verwirklichung der Menschenrechte auf diesem Planeten. Kant konstruiert die Hospitalität als eine zivilisatorische Minimalforderung – so kann man, wenigstens aus der Perspektive des Zwanzigsten Jahrhunderts, das Argument mit der Kugelgestalt der Erde recht gut verstehen: Man kann nicht *von* der Erde fliehen, also muß es Orte geben, *zu* denen man fliehen kann.

Und so wäre denn zwei Jahrhunderte nach Kant mit einer Wiederaufnahme des imitatorischen Sprachgestus, den Gulyga zu Recht behauptet hat, an eine wechselseitige Verpflichtung der Staaten zur Hospitalität und, ein halbes Jahrhundert nach den Nürnberger Prozessen, eine Einschränkung der Hospitalität gegenüber den Mördern und Folterern zu denken – weit ab von den zitierten Kraußschen Affekten, aber doch nicht vergessend, daß Normen kaum welche sind oder werden, wenn ihre Verletzung nicht geahndet werden kann. Eine wechselseitige Verpflichtung, die genügend Spielraum ließe, um der Politik zu geben, was das ihre immer auch ist, aber doch wenigstens Dokument werden ließe, daß ein Verbrechen nicht aufhört eines zu sein, wenn man es Politik nennt.

Abkommen über die Garantie multilateraler Hospitalität sowie die Verfolgung und Bestrafung von Verstößen gegen die Menschenrechte und Verbrechen gegen die Humanität.

Präambel
   Da, 50 Jahre nach Beginn der Nürnberger Prozesse, 50 Jahre nach Gründung der Vereinten Nationen, 47 Jahre nach der Allgemeinen Erklärung der Menschenrechte, die Nichtachtung der Menschenrechte und Verbrechen gegen die Humanität nach wie vor weltweit an der Tagesordnung sind, haben die vertragschließenden Parteien
— *im Wissen darum, daß die nationale Souveränität ein zu bewahrendes internationales Rechtsgut ist,*
— *in der gleichwohl fortdauernden Überzeugung, daß die Durchsetzung der Menschenrechte und die Ahndung von Verbrechen gegen die Humanität ihre Beschränkung nicht in den Grenzen einzelstaatlicher Souveränität finden dürfen,*
— *zur Bekräftigung der Haltung, daß eine jede Nichtachtung der Menschenrechte und ein jedes Verbrechen gegen die Humanität, gleich wo begangen, angesehen werden sollen, als wären sie überall begangen worden,*
— *in dem Wunsche schließlich, damit einen Schritt zu einem Weltbürgerrecht getan zu haben,*
das Folgende vereinbart und sind wechselseitig sowie den eigenen Staatsbürgern und aller Welt gegenüber die folgenden Verpflichtungen eingegangen:

Artikel 1
   Die vertragschließenden Parteien verpflichten sich, jedem Menschen, ungeachtet seiner Staatszugehörigkeit, seiner religiösen oder politischen Überzeugung, seines Geschlechtes,

seiner Hautfarbe und seiner ethnischen Zugehörigkeit, der sich auf ihrem jeweiligen Territorium aufhält, die Einhaltung der Menschenrechte zu garantieren und ihn gegen Verbrechen gegen die Humanität zu schützen, und beziehen sich hierbei auf folgende Dokumente und internationale Vereinbarungen: Nürnberger Prozesse (Anklageschrift und Urteilsbegründung); Allgemeine Erklärung der Menschenrechte (10. 12. 1948); Konvention über Verhütung und Bestrafung des Völkermordes (9. 12. 1949); Konvention zum Schutze der Menschenrechte und Grundfreiheiten (4. 11. 1950); Übereinkommen gegen Folter und andere grausame, unmenschliche oder erniedrigende Behandlung oder Strafe (10. 12. 1984).

Artikel 2

1. Die vertragschließenden Parteien verpflichten sich, wechselseitig sowie dritten Staaten gegenüber auf Einhaltung des Abkommens zu dringen und zu seiner Durchsetzung geeignete nichtmilitärische Maßnahmen zu ergreifen.

2. Die vertragschließenden Parteien arbeiten, soweit irgend möglich, zusammen, um die Verletzung der Menschenrechte zu verhindern und den Schutz von Menschen gegen inhumane Behandlung auch in Gebieten zu gewährleisten, die keiner staatlichen Hoheitsgewalt unterliegen.

Artikel 3

1. Die vertragschließenden Parteien verpflichten sich, Verstöße gegen dieses Abkommen, sowie Verstöße gegen die Menschenrechte und Verbrechen gegen die Humanität, begangen auf den Territorien der Vertragsstaaten, den Territorien dritter Staaten, sowie Gebieten, die keiner staatlichen Hoheitsgewalt unterliegen, begangen durch Bürger der vertragschließenden oder anderer Staaten, mit den ihnen zur Verfügung stehenden Rechtsmitteln zu verfolgen und zu bestrafen. Diese Verpflichtung bezieht sich auf einzelne Personen, denen schuldhafte Verletzung der Menschenrechte oder Verbrechen gegen die Humanität im Rahmen staatlicher oder nichtstaatlicher Organisationen oder Vereinigungen, Anstiftung zu, Befehl oder wissentliche Duldung solcher Handlungen, sowie Gründung oder Mitarbeit in und Arbeit für Vereinigungen und Organisationen, deren für jeden deutlich erkennbares Ziel die Verletzung der Menschenrechte und Verbrechen gegen die Humanität ist, oder die Ziele verfolgt, die für jeden deutlich erkennbar nur durch die Verletzung der Menschenrechte und Verbrechen gegen die Humanität erreichbar sind, nachgewiesen werden kann.

2. Die vertragschließenden Parteien kommen dieser Verpflichtung nach, indem sie Personen, gegen die dringender Verdacht besteht, i. o. Sinne Verstöße gegen die Menschenrechte oder Verbrechen gegen die Humanität begangen zu haben, ganz gleich, wo solche Handlungen begangen worden sind und gleich welcher Nationalität die Personen sind, denen solche Handlungen zur Last gelegt werden, wenn sie sich auf ihrem Territorium aufhalten, festzuhalten, gegen sie nach Maßstäben des innerstaatlich gültigen Rechts sowie nach den international anerkannten Rechtsnormen zu ermitteln und sie ggf. zu bestrafen.

3. Die vertragschließenden Parteien verpflichten sich, einander bei Ermittlungen gegen Verbrechen und Verstöße i. o. Sinne nach besten Kräften zu unterstützen.

4. Die vertragschließenden Parteien verpflichten sich, Menschen, gegen die wegen Verbrechen und Verstößen i. o. Sinne ermittelt wird, oder die wegen solcher Verbrechen und Verstöße rechtskräftig verurteilt sind, in kein Land, in dem ihnen keine Strafverfolgung drohen würde, auszuliefern oder ausreisen zu lassen.

Artikel 4
Richten die Vereinten Nationen einen internationalen Strafgerichtshof zur Verfolgung von Straftaten i. o. Sinne ein, verpflichten sich die vertragschließenden Parteien, diesem Gerichtshof nach besten Kräften zuzuarbeiten und dem Strafverfolgungsinteresse des internationalen Gerichtshofes im Zweifelsfalle Priorität einzuräumen.

Artikel 5

Den vertragschließenden Parteien ist es gestattet, im Einzelfall von den Bestimmungen dieses Vertrages abzuweichen, wenn anders andere hochwertige Rechtsgüter nicht geschützt werden können oder wenn die politische Opportunität es gebietet. Letzteres ist insbesondere der Fall, wenn ohne Abweichung von den Bestimmungen dieses Vertrages Verhandlungen über die Beendigung von kriegerischen und/oder anderen gewaltsamen Konflikten nicht geführt werden können.

Artikel 6

Kündigt eine der vertragschließenden Parteien das Vertragsverhältnis auf, entbindet dieser Umstand kein anderes Mitglied von den aus diesem Vertrag erwachsenen Verpflichtungen jenem Land gegenüber.

Die Institutionalisierbarkeit
von Menschenrechten

Menschenrechte
als naturrechtliche Basis positiven Rechts?

Das Grundgesetz der Bundesrepublik Deutschland beginnt mit einem semantischen Unfug: «Die Würde des Menschen ist unantastbar. Sie zu schützen ist Aufgabe aller staatlichen Gewalt.» Das ist etwa so plausibel wie der Satz: «Dieses Gebäude ist unzerstörbar. Es vor dem Einsturz zu bewahren, sei unser Ziel.»

Man wird mir sagen, ich wisse, was gemeint sei, und ich weiß es natürlich. Aber ich bestehe darauf, daß es interessant ist, sich Gedanken darüber zu machen, warum der Beginn des Grundgesetzes nicht plausibler formuliert ist, etwa so: «Das wichtigste Gut eines Menschen ist seine Würde. Sie zu schützen ...» Dieser Satz aber forderte Einreden geradezu heraus: Wieso ist meine Würde mein höchstes Gut und nicht ein gesichertes Einkommen und ein Dach über dem Kopf? Wieso ist nicht die Rede von meinem Leben – das ist doch schließlich die Voraussetzung meiner Würde? Verbirgt sich dahinter, daß sich der Staat das Recht vorbehält, über mein Leben (im Kriegsfall etwa) zu verfügen? Was ist das eigentlich, meine Würde? Wie kann jemand anderes über meine Würde wachen? Und so weiter. Was in der im Grunde paradoxen Formulierung als Evidenz daherkam, erweist sich, anders formuliert, als äußerst zweifelhaftes Philosophem.

Verfassungen fangen, könnte man dagegenhalten, nun mal gerne so an. Etwa die Erklärung der Menschenrechte oder das klassische: «All men are born free and equal» –

obwohl man weiß, daß das erstens nicht stimmt und zweitens in einem Land, in dem die Sklaverei legal war, ein grotesker Hohn war. Wie wäre es, wenn man so formuliert hätte: «Even though human beings are not born free and equal, they should live that way, and it's the most prominent mission of law, justice and the power of the state to make this dream a reality.»

Wenn wir wohlwollend sind, sagen wir, daß mit der Rede von der Unantastbarkeit der menschlichen Würde eine naturrechtliche Basis für bestimmte positive Grundrechte und die Bindung staatlicher Organe an die Wahrung dieser Grundrechte gegeben werde. Diese naturrechtliche Basis könne aber, weil sie einen anderen Status habe als ein positives Recht, nicht in ein solches umformuliert werden. Wenn die menschliche Würde als etwas äußerst Unklares, ja Dubioses erscheine, liege das allein daran, daß aus dem Blickwinkel des positiven Rechts das notwendigerweise so aussehen müsse, aber dieser Blickwinkel nicht der angemessene sei. Jeder Mensch sei des natürlichen Rechts auf Würde teilhaftig – die staatliche Gewalt habe dafür zu sorgen, daß die positiven Rechte und Freiheiten, in denen die Gesellschaft dieses Naturrecht ausdrücke, unangetastet blieben.

Die Debatte darüber, ob es so etwas wie ein Naturrecht tatsächlich gebe, ist bekanntlich alt und vielschichtig, und ich werde nicht den Versuch machen, sie nachzuzeichnen. Bestimmte Rechte, die Menschen haben sollten, als Rechte aufzufassen, die ihnen zukommen, weil sie Menschen sind und nicht Engländer, Spanier, Türken oder Irokesen, war der gedankliche Versuch, Rechte, die der politischen Willkür oder Debatte unterworfen sind, zu unterscheiden von solchen, die dies keineswegs sein sollen. Eine normative Unterscheidung führte zu der Idee eines Bereichs, der der Entscheidungsbildung über zu setzende Prioritäten nicht unterworfen sein sollte. Nun spricht nichts dagegen, auch *diese* Unterscheidung zur politischen Disposition zu stellen – es sei denn, man hat sie einmal getroffen, denn dann ist eben die Unterscheidung selbst das, was nicht mehr zur Disposition stehen soll. Ähnlich soll das Grundgesetz funktionieren: ist es einmal erlassen, legt es auch fest, welche seiner Artikel mit Mehrheit geändert werden dürfen und welche nicht, und dieses Regelsystem gehört zu den nichtänderbaren Vorschriften. Da nun aber faktisch natürlich alles Menschenwerk – und wie sehr bloß zugeschriebene, aber nur selten verwirklichte Rechte – zur politischen Disposition steht, lag es vielleicht nahe, für solche Rechte eine Basis außerhalb der Politik zu suchen, und zwar dort, wo man dergleichen sucht, wenn die Theologie sozialen Kredit verloren hat, bei der Philosophie.

Wenn man gedanklich von der Politik in die Philosophie schwenkt, läßt man Fragen nach Wünschbarkeit, Durchsetzbarkeit (und Art und Weise der Durchsetzbarkeit unter welchen Bedingungen) und Institutionalisierungsbedingungen hinter sich und wendet sich Fragen nach Geltung, Objektivität, Überzeitlichkeit zu, kurz, man fragt nicht mehr, was ich **unter** welchen Bedingungen mit welchem Aufwand ins Werk setzen will, sondern wie ich erkennen kann, was ich politisch wollen soll. Wer der Idee einer in diesem Sinne philosophischen Begründung anhängt, muß im Zweifelsfall einigen Aufwand treiben, wenn er durchsetzen möchte, daß seine Art des Räsonierens ein Privileg gegenüber anderen genießen soll – und wahrscheinlich wird er dies müssen, weil nur ein so beschaffenes und in Anspruch genommenes Privileg ein gutes Argument dafür ist, sich überhaupt auf solche Art der Problembetrachtung einzulassen. Da ich ein solches Privileg aber für gedanklich unproduktiv und außerdem für undemokratisch halte, ich aber andererseits keine Zulässigkeitsbedingungen für Argumente, die in der Debatte um die Menschenrechte eine Rolle spielen sollen, aufstellen möchte, lasse ich Argumente aus dieser Gedankenrichtung so lange unerörtert, als sie sich nicht zu Worte melden, und sehe keine Nötigung, sie gewissermaßen präventiv zu diskutieren, wenn ich mir davon keine Klärung meiner eigenen Gedanken verspreche.

Sich um diese Art philosophischer Rhetorik nicht sehr zu kümmern bedeutet aber nicht, sich aus der Tradition naturrechtlichen Argumentierens ganz zu verabschieden. Vor einiger Zeit hat Wolfgang Naucke in nachdrücklicher Weise darauf hingewiesen, wie sehr in manchen Fällen die juristische Praxis mit der Auslegung positiven Rechts nur dann zu Rande kommen kann, wenn sie sich auf einen anerkannten naturrechtlichen Konsens stützt.[1] Dann aber stellt sich besonders drängend die Anschlußfrage: Wenn natürliche Rechte einerseits unterschieden sein sollen von positiven Rechten, andererseits aber auf die Rhetorik verzichtet werden soll, in der sie eingeborene Rechte seien, die dem Menschen als solchem zukommen und die aus Prinzipien abgeleitet werden können oder selber solche sind, die keiner historischen Kontingenz noch politischen Disposition unterliegen – worüber *reden wir dann, wenn wir dennoch über Menschenrechte in der Tradition des Naturrechts reden wollen?*

Erstens über Rechte, die gelten *sollten*, und zwar überall und positiv. Wie immer naturrechtlich argumentiert wird – diese Emphase liegt stets zugrunde. Wer sich in die Tradition naturrechtlichen Argumentierens stellt, wird diese Art emphatischen Universalismus teilen. Daraus folgt *zweitens*, daß, wenn man «Menschenrechte» sagt, nicht alle Rechte gemeint sein dürfen, denen man selber, aus was für Gründen auch immer, Geltung wünscht. In der Vorstellung von der «Basis» positiven Rechts schwingt etwas mit wie die Vorstellung eines Minimums, auf dem ein Optimum ruhen kann, aber auch muß. *Drittens* ist mit der Vorstellung einer begrenzten Menge von Rechten, die überall gelten sollten, auch die Vorstellung verbunden, daß diese im Zweifelsfalle hermeneutische Richtlinien für die Aufstellung positiven Rechts bereitstellen sollten.

Universalität der Werte?

Hier sehen wir uns mit dem Universalismusproblem konfrontiert, dem denn doch einige Aufmerksamkeit geschenkt werden soll, obwohl auch hier der beste Weg, mit ihm zu Rande zu kommen, darin liegen dürfte, einen Weg zu finden, auf dem man sich mit ihm nicht mehr zu beschäftigen braucht. Die Haltung der Universalismuskritiker mit dem alten Anti-Relativismus-Argument zu beantworten, wäre letztlich witzlos. Ich bleibe bei dem, was ich anderswo schon ausgeführt habe[2]: Es gibt weder radikale Relativisten noch radikale Universalisten. Jedenfalls sehe ich keine, die für die Diskussion, wie wir sie führen, von irgendeiner Relevanz wären, weshalb wir, ohne auf irgendwelche unwahrscheinlichen und in meinen Augen wenig ernsthaften Argumente einzugehen, warten können, bis solche irgendwo auftauchen.

Es gibt keine radikalen Relativisten – das heißt, es gibt niemanden, der behaupten würde, alles, was sich auf dieser Welt abspielt und von irgendwem als lokale Besonderheit gerechtfertigt wird, soll eben darum auch schon erhaltenswert sein. Es gibt niemanden (unter uns), der ernsthaft die Meinung vertreten hätte, das Quälen politischer Oppositioneller in sowjetischen psychiatrischen Anstalten sei lokales Brauchtum, ebensowenig wie es jemanden gibt, der sagen würde, die genitale Verstümmelung von Frauen sei irgendwie zu rechtfertigen. Wir sind der Meinung, daß der Staatsmacht Grenzen gesetzt werden müssen, und wir sind der Meinung, daß die körperliche Unversehrtheit von Menschen wichtiger ist als die Pflege kollektiver Sexualneurosen. – Worüber wir lange streiten können und werden, ist, was wir bereit sind zu tun, um diese Meinungen durchzusetzen. So hat es in Frankreich den Streit darüber gegeben, ob in Einwandererfamilien die Klitorisbeschneidung verhindert werden solle, auch wenn die ganze Familie einschließlich der betroffenen Tochter einhellig für diese Verstümmelung sei[3] – aber sogar eine solche, für mein Empfinden skandalöse Haltung bedeutet keinen radikalen Relativismus, sondern eine Abwägung der gegen den Brauch der genitalen Verstümmelung zur Verfügung stehenden Mittel. Der Unterschied ist leicht zu sehen, wenn man daran denkt, daß man eine kulturelle Eigenart wie etwa einen bestimmten Dialekt durch die Finanzierung von Sprachkursen auch fördern könnte. Man macht also durchaus einen Unterschied zwischen begrüßenswerten Eigenarten und solchen, die man lieber nicht auf der Welt sähe.

In ebendiesem Sinne gibt es auch keine radikalen Universalisten: Niemand würde bedenkenlos alle anderen Rücksichten der Logistik einer militärischen Intervention im Sudan unterordnen, die unternommen werden müßte, um die betreffenden Gebräuche zu beenden. Der Streit geht nicht darum, ob Menschenrechte universelle Gültigkeit haben, sondern darum, welche Anstrengungen wir zu unternehmen bereit sind, um ihnen diese Gültigkeit zu verschaffen, und damit sind nicht nur die Rücksichten gemeint, die wir auf unsere außenpolitischen und ökonomischen Interessen nehmen.

Vorpolitische Rechte?

Ich spreche über eine unter uns vorherrschende Diskussionskultur. Ich beschreibe nicht irgendwelche transzendentalen Voraussetzungen rationalen Moralisierens, sondern die Art und Weise, in der wir tatsächlich über das Problem der Menschenrechte (und ihrer Durchsetzung) sprechen. Ich denke, daß dies der angemessene Weg ist, das Kulturalismus-Dilemma bzw. den diesbezüglichen Streit zwischen Liberalen und Kommunitaristen (jedenfalls soweit er sich auf diese Frage bezieht) links liegenzulassen. «Die Liberalen beschwören die Gefahr einer ‹Tyrannei der Mehrheit› und postulieren den Vorrang von Menschenrechten, die die vorpolitischen Freiheiten des Einzelnen gewährleisten und dem souveränen Willen des politischen Gesetzgebers Grenzen ziehen. Die Vertreter eines republikanischen Humanismus betonen hingegen den nicht-instrumentalisierbaren Eigenwert staatsbürgerlicher Selbstorganisation, so daß für eine von Haus aus politische Gemeinschaft die Menschenrechte nur als Elemente ihrer je eigenen, bewußt angeeigneten Tradition Verbindlichkeit gewinnen.»[4]

138

Auch hier ist es von nicht zu unterschätzender Bedeutung zu sehen, daß es zwar interessant ist, aber wenig nützt, dieses Problem philosophisch zu rekonstruieren und zu lösen – jedenfalls dann, wenn dabei vergessen wird, daß wir es hier mit einem Scheinproblem zu tun haben, das in der Form, in der es in einem Zitat wie dem obigen erscheint, nie praktisch wird. Tatsächlich haben wir es, wenn wir unsere Kultur ansehen, mit einer zu tun, in deren «eigener (mehr oder weniger), bewußt angeeigneter Tradition» eine liberale Auffassung der Menschenrechte Verbindlichkeit gewonnen hat. Das damit verbundene Auseinandertreten von Genesis und Geltungsanspruch führt zuweilen dazu, ein Entweder-Oder zu sehen (und mühsam wieder aus der Welt zu definieren), wo doch nur das *psychische Problem* vorliegt, sich die historisch kontingenten Umstände der Entstehung von Normen bewußt zu halten und gleichzeitig mit guten Gründen auf der Ausdehnung ihres Geltungsbereiches in zeitlicher wie räumlicher Hinsicht bestehen zu wollen.

Dieses psychische Problem, das darin besteht, daß wir uns selber als einzigen Garanten der faktischen Geltung von Normen ansehen und gleichzeitig Grund genug haben, unserer Beständigkeit und Durchsetzungsfähigkeit zu mißtrauen, zeigt sich sehr schön in der Korrektur, die Kant zufolge an der Hobbesschen Auffassung des Gesellschaftsvertrags nötig ist. Nach Hobbes schließen die Individuen im Naturzustand einen Vertrag, der es ihnen erlaubt, diesem zu entkommen. Dieser hypothetische Vertrag ist bei Hobbes nicht als ein besonderer Vertrag ausgezeichnet, und hier setzt Kants Kritik ein: «‹Der Vertrag der Errichtung einer bürgerlichen Verfassung (ist) von so eigentümlicher Art, daß (...) er sich im Prinzip seiner Stiftung von anderen (Verträgen) wesentlich unterscheidet.› Während üblicherweise die Parteien einen Vertrag ‹zu einem bestimmten Zweck› schließen, ist der Gesellschaftsvertrag ‹an sich selbst Zweck›. Er begründet nämlich ‹das Recht der Menschen, unter öffentlichen Zwangsgesetzen (zu leben), durch welche jedem das Seine bestimmt und gegen jedes anderen Eingriff gesichert werden kann›. Kant zufolge einigen sich die Parteien nicht auf die Einsetzung eines Souveräns, dem sie die Gesetzgebungskompetenz überlassen; der Gesellschaftsvertrag hat vielmehr die Eigentümlichkeit, daß er überhaupt keinen speziellen Inhalt hat, sondern sich als das Modell für eine Vergesellschaftung unter der Herrschaft des Rechtsprinzips darstellt.»[5] Diese Position soll vor allem vergessen machen, daß die menschlichen Grund- oder Freiheitsrechte faktisch alles andere als unveräußerlich sind. «Kant gewinnt das ‹allgemeine Prinzip des Rechts› aus der Anwendung des Moralprinzips auf ‹äußere Verhältnisse› und beginnt seine Rechtslehre mit jenem Recht auf gleiche, mit Zwangsbefugnissen ausgestattete subjektive Freiheiten, das jedem Menschen ‹kraft seiner Menschheit› zusteht. Dieses ursprüngliche Recht regelt das ‹innere Mein und Dein›; in Anwendung auf das ‹äußere Mein und Dein› ergeben sich daraus die subjektiven Privatrechte (...) Dieses System von Rechten, die jedem Menschen unverlierbar zukommen, und ‹die er nicht einmal aufgeben könnte, wenn er auch wollte›, legitimiert sich, vor seiner Ausdifferenzierung in der Gestalt öffentlicher Gesetze, aus moralischen Grundsätzen, also unabhängig von jener politischen Autonomie der Staatsbürger, die sich erst mit dem Gesellschaftsvertrag konstituiert. (...) Kant hat die Bindung der Volkssouveränität an die Menschenrechte freilich nicht als Einschränkung interpretiert, weil er davon ausging, daß niemand in Ausübung seiner staatsbürgerlichen Autonomie Gesetzen zustimmen *könne*, die gegen seine naturrechtlich verbürgte Privatautonomie verstoßen.»[6]

Man mag dazu stehen, wie man will, jedenfalls schützt diese Auffassung nicht davor, als Minderheit überstimmt zu werden oder durch einen Staatsstreich mehrheitlich aller Rechte verlustig zu gehen und nur noch des Trostes teilhaftig zu sein, man sei sub specie aeternitatis immer noch im Besitze jener Rechte, deren Ausübung einen gegenwärtig leider den Kopf koste. Genau betrachtet ist die Vorstellung eines Vertrags, der seinen Zweck in sich selbst habe, ebenso leer wie die Konstruktion des kategorischen Imperativs,[7] zu der sie analog gewonnen ist, und zwar nicht nur aus den erwähnten politisch-praktischen Gründen: denn entweder ist dieser Vertrag mit jeder Form rechtlicher Ausdifferenzierung verträglich – dann erfüllt er seinen Zweck nicht, die Richtung ihrer Ausgestaltung zu steuern. Oder er ist es nicht – dann ist er nur aus den Grenzfällen zulässiger positiv-rechtlicher Gestalt zu verstehen.

Ein erläuternder Rekurs auf die alte Formel, daß die Freiheit des Einzelnen ihre Grenze an der des anderen finde, ist als Rettungsunternehmen ebenso untauglich wie diese Formel, ob sie nun in der «Erklärung der Menschenrechte» als der Satz «Die Freiheit besteht darin, alles tun zu können, was einem anderen nicht schadet» daherkommt oder mit Rawls': «Jedermann soll gleiches Recht auf das umfangreichste System gleicher Grundfreiheiten haben, das mit dem gleichen System für alle anderen verträglich ist.»[8] Das liegt daran, daß solche Formeln zu simpel sind, um gesellschaftliche Konflikte, in denen die Vorteile von Wirtschaftsunternehmen und der Wunsch von bestimmten Bevölkerungsgruppen nach ästhetisch und hygienisch befriedigenden Landschaften kollidieren, zu erfassen. – Auch scheinbar einfachere Probleme, das Pro und Contra um die Todesstrafe, die Frage, ob unter bestimmten Umständen staatliche Organe die Folter anwenden dürfen, oder die Frage, ob das öffentliche Tragen von Schußwaffen ein ebenso schützenswertes Grundrecht sei wie das, sich öffentlich zu versammeln und seine Meinung zu sagen, lassen sich durch diese Formel nicht fassen.

Exkurs für Lady Diana

Gerade am Beispiel der Pressefreiheit läßt sich dieses gut demonstrieren. Selbstverständlich schadet die Ausübung der Pressefreiheit regelmäßig Menschen, denn zur Pressefreiheit gehört – in gewissen, sehr unterschiedlich gezogenen Grenzen –, Menschen zu beleidigen, Abträgliches über sie unter die Leute zu bringen und gezielt Regeln zu verletzen, die einzuhalten der Anstand gebietet. Was hier zunächst kollidiert, ist übrigens nicht das ominöse Recht der Öffentlichkeit auf Information (denn dieses ist mit dem Individualrecht auf freie Meinungsäußerung keineswegs garantiert) oder das Recht des Einzelnen auf Privatsphäre, auf Schutz vor Verleumdung etc., sondern es kollidiert das Recht des einen, alles sagen zu dürfen, was ihm in den Sinn kommt, und das Recht des anderen, sich vor übler Nachrede und Zudringlichkeiten zu schützen. Aus dieser Kollision läßt sich keineswegs ableiten, wie eine Grenze zwischen den beiden Rechtssphären verlaufen soll. Sie kann äußerst einseitig ausfallen, sie kann auch nur teilweise gezogen sein und einen diesbezüglich rechtsfreien Raum öffnen, wie dies etwa in Gesellschaften der Fall ist, die das Duell dulden.[9] – Gelöst werden solche Konflikte tatsächlich nicht durch Rekurs auf Basisformeln, sondern durch eine Folgenabschätzung einer so oder so beschaffenen Entscheidung.[10]

Menschenrechte als rationale Obsession

Es geht bei dem Streit, wer in welchen Fällen recht haben soll, nicht nur, ja gar nicht in erster Linie um die «ersten Prinzipien», auf denen unsere Moral und unsere Gesetzgebung aufgebaut sind, sondern darüber, in was für einer Gesellschaft wir leben wollen. Die hier verwendete erste Person Plural gilt weltweit. Eingeschränkt auf unsere westliche Zivilisation wäre zu sagen, daß «wir» die Chance haben, diesen Umstand besser zu begreifen (obwohl wir uns scheußlich schwer damit tun). Denn abgesehen von unserer immer wieder aufflammenden Liebe zur Philosophie haben wir uns sehr weit davon entfernt, uns auf kanonische Texte zur Rechtfertigung unserer Vorlieben zu berufen.[11] An die Stelle der Texte sind historische Erfahrungen getreten, mit denen wir begründen können, welche Art von Gesellschaft wir *nicht* anstreben. Das Vertragswerk von 1648, das den Dreißigjährigen Krieg beendete, hat dies vielleicht zum ersten Mal deutlich gemacht. Die Art der Restituierung der durch den Krieg zerstörten paritätischen Verfassungen, die zunächst eine weitgehende Immobilität der betroffenen Gemeinwesen in Kauf nahm,[12] lebte vom Schreckbild einer Katastrophe, deren Wiederholung vermieden werden sollte. In gewissem Sinne ähnlich steht am Beginn der Bundesrepublik der Vorsatz, daß «Bonn» nicht ein erneutes «Weimar» werden dürfe.[13] In der politischen Theorie ist es wieder Thomas Hobbes, der dies in wünschenswerter Weise deutlich macht: Die Negativerfahrung, auf die er rekurriert, ist der Verfall der Macht der Stuarts und der anschließende Bürgerkrieg.[14]

Die Unbeholfenheit der Menschenrechtserklärungen verschwindet, wenn man sie auf diese Weise versteht: als Versuch, darüber einen Konsens zu formulieren, welche Art von Gesellschaft auf jeden Fall *nicht* angestrebt werden soll. Unter diesem Blickwinkel verwandelt sich das philosophische *Problem*, daß etwas gleichzeitig historisch-kontingent *und* die Basis weiteren politischen Handelns und Räsonierens sein kann, in ein überzeugendes *Motiv*: Gerade weil man darum weiß, wie leicht die Menschenrechte außer Kraft gesetzt werden können und wie politische Zustände beschaffen sind, in denen das der Fall ist, wird das Festhalten an den Menschenrechten zum obersten und insofern unhinterfragbaren politischen Wert, als sein Infragestellen als unmittelbare politische Gefahr und Bekenntnis zu einem politischen Zustand, der als traumatisch erfahren worden ist, aufgefaßt wird.[15]

Überpositives Recht ...

Wir können sagen, daß alles positive Recht so etwas wie einen naturrechtlichen Überschuß hat, und zwar einfach darum, weil Rechtssetzung ein intentionaler Akt ist. Mit einer Rechtssetzung soll ein Stück eines intendierten Gesellschaftszustandes verwirklicht oder seiner Verwirklichung näher gebracht werden. Dieser Umstand verschwindet im

Wortlaut des Gesetzes, ist aber in einem Grundgesetz oder einer Verfassung aufbewahrt, weshalb die Verfassungsmäßigkeit eines Gesetzes auch immer angezweifelt und überprüft werden kann. Andererseits greift die Rechtsprechung immer wieder auf die Intentionen des Gesetzgebers zurück, auch wenn diese explizit nirgendwo niedergelegt sind. Es besteht bei jeder Gesetzesauslegung ein (nicht immer großer) hermeneutischer Spielraum, und in diesem sind die politischen Intentionen des Gesetzgebers relevant oder die eigenen politischen Überzeugungen,[16] die sich als sinnvolle Rekonstruktionen einer möglichen Gesetzgebungsintention darstellen.

Der andere Bereich, in dem der naturrechtliche Überschuß des positiven Rechts deutlich wird, ist die Kollision von Gesetzesnormen mit veränderten gesellschaftlichen Wertvorstellungen. So können sich etwa die gesellschaftlichen Vorstellungen von Sexualmoral ändern, ohne daß der Gesetzgebungsprozeß dem Rechnung trägt. In einem solchen Falle wird die Rechtsprechung bei Delikten, die nicht mehr als solche angesehen werden, an der unteren Schwelle der möglichen Sanktionen bleiben und Ermessensspielräume anders ausschöpfen als zuvor.[17] Ähnliches gilt für die Rechtsprechung in Bereichen der Sozialgesetzgebung, wo Urteile, die den Abstand von dem, was Gesetz ist, und dem, was öffentlich für recht und billig gehalten wird, deutlich machen, zum Vorreiter geänderter Gesetze werden können. Anders gesagt: Der naturrechtliche Überschuß des positiven Rechts ist der Spielraum, den jede Rechtsprechungspraxis der Urteilskraft der Rechtsprechenden einräumen muß.

Es macht also Sinn, unterschiedslos alle gesellschaftspolitische Intention, insofern sie sich in positivem Recht vergegenständlicht und in seinem Wortlaut verschwindet, doch in der Rechtsprechungspraxis als Ermessensspielraum wiederkehrt, als «Naturrecht» oder, weniger befremdlich, überpositives Recht zu bezeichnen. Wesentlich ist bei dieser Betrachtungsweise, daß zwar das überpositive Recht der Deutungsspielraum ist, den das positive Recht läßt, durch seinen Wortlaut aber die Grenze des überpositiven Rechts deutlich markiert. Auch hier muß auf das Verhältnis von Genesis und Geltung geachtet werden: Das positive Recht ruht insofern auf dem überpositiven, als es Ausdruck von gesellschaftspolitischen Intentionen ist, und dies bleibt deutlich in der Dimension der richterlichen Urteilskraft (in doppeltem Sinne). Andererseits aber begrenzt das positive Recht durch seinen Wortlaut das überpositive und durch seine faktische Geltung den Verwirklichungsspielraum gesellschaftspolitischer Intentionen.

Klassischerweise – wie auch gemäß der oben vorgestellten Interpretation – unterscheiden wir die Menschenrechte von beliebigen politischen Intentionen, und unsere Vorstellung von ihnen geht in diesem Modell nicht auf. Die Menschenrechte sollen sowohl den politischen Intentionen einen Rahmen geben, wie die oberste hermeneutische Maxime bei der Gesetzesauslegung sein – die Verfassung soll sie garantieren, und darum sollen sie der Probstein für die Gültigkeit eines jeden Gesetzes sein. Andererseits sind sie politische Intentionen wie andere auch.

... und Menschenrechte

Es ist – auch angesichts ihrer historischen Genese – nicht ganz einfach, ein wirklich einleuchtendes Differenzierungskriterium zu finden – ein Umstand, der sich in der politischen Resolutionspraxis spiegelt, die dazu neigt, die Menschenrechtserklärungen derart mit allen möglichen ehrenwerten gesellschaftspolitischen Zielen zu füllen, daß sie von kompletten Entwürfen gesellschaftspolitischer Utopien kaum noch zu unterscheiden sind – was wiederum die Einhaltung und Durchsetzbarkeit jedes einzelnen Teiles von ihnen gleich mit zur Utopie erklärt.

Hannah Arendt hat diese Entwicklung als Folge der Überforderung der Idee der Menschenrechte durch die Wirklichkeit des 20. Jahrhunderts angesehen. «Staatenlosigkeit in Massendimensionen hat die Welt faktisch vor die unausweichliche und höchst verwirrende Frage gestellt, ob es überhaupt so etwas wie unabdingbare Menschenrechte gibt, das heißt Rechte, die unabhängig sind von jedem besonderen politischen Status und einzig der bloßen Tatsache des Menschseins entspringen. Und diese Frage kann sich nur weiter verwirren (wie es in Nachkriegsversuchen, eine neue Charta der Menschenrechte zu definieren, immer wieder geschehen ist), wenn man alle nur erdenklichen Ansprüche, die in manchen Ländern zu Rechten geworden sind, wie Arbeitslosenversicherung oder Altersunterstützung, unter die Menschenrechte rechnet. Eine ordentliche Sozialgesetzgebung ist eine sehr schöne Sache; daraus folgt aber noch nicht, daß Pensionsberechtigung ein unveräußerliches Menschenrecht ist. Diese anscheinend humanitären Anstrengungen, wenigstens auf dem Papier jedem Menschen so viele Rechte wie nur möglich zuzusprechen, diskreditieren nicht nur die Idee der Menschenrechte als eine Utopie; sie sind selbst nur eines der vielen Symptome für die sich überall durchsetzende Tendenz, die wirkliche Situation der Staatenlosen, die Unmöglichkeit, ihnen die Menschenrechte innerhalb eines Systems souveräner Staaten zu sichern, zu ignorieren. Wenn es überhaupt so etwas wie ein eingeborenes Menschenrecht gibt, dann kann es nur ein Recht sein, das sich grundsätzlich von allen Staatsbürgerrechten unterscheidet. Um dieses Recht zu entdecken, mag es nützlich sein, sich erst einmal die legale Lage der Rechtlosen selbst anzusehen, um ausfindig zu machen, welche Rechte sie denn eigentlich verloren und warum gerade der Verlust solcher Rechte sie in eine Situation absoluter Rechtlosigkeit brachte.»[18] Nun ist es von vornherein nicht ausgemacht, ob das Recht auf freie Meinungsäußerung wirklich jedem teurer ist als das Recht auf eine Wohnung und ausreichende Versorgung mit Lebensmitteln. Arendt drückt sich mit ihrem Sarkasmus vom Pensionsanspruch als unveräußerlichem Menschenrecht um dieses Problem. Doch auch dann, wenn man es sich nicht ganz so einfach machen will, wie

Arendt an dieser Stelle, kommt man nicht darum herum, daß mit «Menschenrechten» Rechte bezeichnet werden *sollen*, die sich von anderen Rechten oder abgesicherten sozialpolitischen Ansprüchen unterscheiden.

Wenn Arendt auf ihre Weise die Frage der Menschenrechte historisiert, so weist sie (mit Edmund Burke) darauf hin, daß Menschenrechte von Anfang an als Bürgerrechte konzipiert worden sind und nur rhetorische Emphase und fragwürdige philosophische Konstruktionen glauben machten, sie wären etwas anderes. In dem Augenblick nun, in dem Nationalstaaten bestimmten Bevölkerungsgruppen sukzessive alle Bürgerrechte entzogen und deren Angehörige am Ende nichts mehr waren als Menschen, wurde dieser Zustand synonym mit Rechtlosigkeit und schließlich zum Todesurteil. Dazu komme, daß die Diskriminierung und, im schlimmsten Falle, Ermordung ganzer Bevölkerungsgruppen mit politischer Verfolgung im traditionellen Sinne nichts mehr zu tun habe. Der Status des Flüchtlings zeige das: «Die modernen Flüchtlinge sind nicht verfolgt, weil sie dies oder jenes getan oder gedacht hätten, sondern auf Grund dessen, was sie unabänderlicherweise von Geburt sind – hineingeboren in die falsche Rasse oder die falsche Klasse oder von der falschen Regierung zu den Fahnen geholt (...) Der moderne Flüchtling ist das, was ein Flüchtling seinem Wesen nach niemals sein darf: Er ist unschuldig selbst im Sinne der ihn verfolgenden Mächte. Diese ihnen unabweisbar anhaftende subjektive Unschuld war ihr größtes Unglück; in ihr bekundete sich verhängnisvoller als in jeder anderen Qualität oder in allen Verlusten, daß die Rechtlosen nicht mehr in der Menschenwelt zu Hause waren, in der absolute Unschuld nicht geduldet wird, weil die absolute Verantwortungslosigkeit, die mit ihr Hand in Hand geht, unerträglich ist.»[19]

Das Problem, das Arendt aufwirft, ist: können wir uns Menschenrechte vorstellen, die nicht bloße Staatsbürgerrechte sind – und etwas anderes als bloße Rhetorik, die durch sich selbst signalisiert, daß hier auf verlorenem Posten Lärm geschlagen wird: «Die Menschenrechte haben immer das Unglück gehabt, von politisch bedeutungslosen Individuen oder Vereinen repräsentiert zu werden, deren sentimental humanitäre Sprache sich oft nur um ein geringes von den Broschüren der Tierschutzvereine unterschied.»[20] – «Denn das Unglück des Rechtlosen liegt nicht darin, daß er des Rechtes auf Leben, auf Freiheit, auf Streben nach Glück, der Gleichheit vor dem Gesetz oder gar der Meinungsfreiheit beraubt ist; alle diese Formeln stehen deshalb in gar keiner Beziehung zu seiner Situation, weil sie entworfen wurden, um Rechte innerhalb gegebener Gemeinschaften sicherzustellen. (...) Der Verlust der Menschenrechte findet nicht statt, wenn dieses oder jenes Recht, das gewöhnlich unter die Menschenrechte gezählt wird, verlorengeht, sondern nur, wenn der Mensch den Standort in der Welt verliert, durch den allein er überhaupt Rechte haben kann.»[21] So argumentierend kommt Arendt auf das «Recht, Rechte zu haben». Die Menschheit, die für das 18. Jahrhundert – kantisch gesprochen – «nicht mehr als eine regulative Idee» gewesen sei, ist «für uns zu einer unausweichlichen Tatsache geworden. Diese neue Situation, in der die ‹Menschheit› faktisch die Rolle übernommen hat, die früher der Natur oder der Geschichte zugeschrieben wurde, würde in diesem Zusammenhang besagen, daß das Recht auf Rechte oder das Recht jedes Menschen, zur Menschheit zu gehören, von der Menschheit selbst garantiert werden müßte. Und ob dies möglich ist, ist durchaus nicht ausgemacht. Denn entgegen allen noch so gutwilligen humanitären Versuchen, neue Erklärungen der Menschenrechte von internationalen Körperschaften zu erlangen, muß man begreifen, daß das internationale Recht mit diesem Gedanken seine gegenwärtige Sphäre überschreitet, nämlich die Sphäre zwischenstaatlicher Abkommen und Verträge; und eine Sphäre, die über den Nationen stünde, gibt es vorläufig nicht.»[22] Und, wie sie hinzufügt, sei sie, jedenfalls in Form einer Weltregierung, durchaus nicht wünschenswert.

Tatsächlich ist Arendts Idee eines grundlegenden Rechts, Rechte zu haben, zwar eine gelungene Bezeichnung eines Problems, politisch aber ebenso belanglos wie die klassische Menschenrechtsrhetorik, mit der sie zurecht auf Kriegsfuß steht. Sie wirkt wie ein fernes Echo jenes Vertrags, der sein eigener Zweck ist und auf dem jedwede gesetzte Ordnung aufruht. Gerade der Umstand, daß Arendt dieses Recht auf Rechte nicht als bloßes philosophisches Postulat formuliert, sondern mit der Frage nach Durchsetzbarkeit verbindet, zeigt das deutlich. Warum sollte eine supranationale Autorität, die in der Lage wäre, weltweit eine rudimentäre Rechtsstaatlichkeit durchzusetzen, nicht ebenfalls ein weltweites Verbot der Folter, das in unserem Verständnis zu einer faktischen Rechtsstaatlichkeit gehört (theoretisch aber nicht gehören muß), durchsetzen?

Wer den Traum einer Weltregierung aufgegeben hat,[23] sollte auch aufhören, wünschbare überstaatliche Verhältnisse nach der Phantasie vom grundlegenden Vertrag zu konstruieren. Die Deklarationen der Menschenrechte sind keine mißglückten Gesellschaftsverträge auf höherer Ebene, sondern politische Willenserklärungen der Unterzeichnerstaaten, denen manchmal sogar halbherzige Versuche zur praktischen Durchsetzung folgen. Sie repräsentieren auf internationaler Ebene die Sphäre überpositiven Rechts. Aber wie im nationalen Rahmen ist überpositives Recht nur wirksam, das heißt nur dann von politischem Interesse, wenn es in einer institutionellen Beziehung zum positiven steht. International überpositives Recht ist nur dann mehr als bloße Willenserklärung, wenn es in die nationale Gesetzgebung hineinreicht.[24]

Internationales Recht ist nur dort mehr als bloße Deklamation, wo – sehen wir von den seltenen, vornehmlich machtgestützten Rechtsinterventionen wie etwa den Nürnberger Prozessen ab – das nationale Recht ihm entgegenkommt. Das bedeutet, das Territorium, in dem das betreffende nationale Recht gilt, zur Region zu machen, in dem das nationale Recht so beschaffen ist, wie ein international verbindliches Weltbürgerrecht auszusehen hätte. Wohl nur in diesem Rahmen haben die historischen Erfahrungen, auf die sich die Idee einer durch den Politikprozeß nicht antastbarer Rechtsgarantien stützt, die nötige Überzeugungskraft, und ohne Rekurs auf diese historischen Erfahrungen wird sich kaum ein Gefühl emotioneller Nähe zu jenen herstellen, die ähnliche Erfahrungen zu machen heute gezwungen sind – und ohne dieses emotionelle, meinethalben sentimentale Moment vermag eine Kampagne für Menschenrechte wenig.

Das bedeutet aber auch, diese Region zu einer zu machen, in der diese Weltbürgerrechte für jeden gelten, der in diese Welt hineingeboren ist. «Hospitalitätsrecht» als «negatives Surrogat» eines Weltstaates heißt das bei Kant[25] und darf keineswegs mit einem universellen Einbürgerungsversprechen verwechselt werden – nur mit der Freiheit des Flüchtlings vor dem Risiko, daß man ihm feindlich begegnet, solange er sich friedlich und gesetzeskonform bewegt. Auf diese Weise lassen sich die Menschenrechte einerseits als Weltbürgerrechte, andererseits als jene Minima bestimmen, die einzelne Nationen auf dem Weg international-öffentlicher Selbstverpflichtung bereit sind, Flüchtlingen auf ihrem Territorium zu gewähren. – Als Normverpflichtung gehört hierzu unabdingbar ein zwischenstaatliches Abkommen über die Verfolgung und Bestrafung von Verstößen gegen die Menschenrechte. Weniger das, was wir im Einzelfall gewähren wollen, scheint der Maßstab der Menschenrechte zu sein, als das, was wir in jedem Fall für intolerabel halten müssen, wollen wir nicht unsere Maßstäbe aufgeben. Hier ist Luhmann zuzustimmen. «Das Recht der Menschenrechte (scheint) kaum von der Klarheit der Rechtsgrundlagen und der Präzision entsprechender Texte zu profitieren, wohl aber von der Evidenz der Rechtsverletzungen. Angesichts von Horrorszenen der verschiedensten Art sind weitere Diskussionen überflüssig.»[26]

Abkehr vom Wunsch nach Verleugnung.
Über «Hitlers willige Vollstrecker» als Gegenstück zur «historischen Erklärung»

Von einem Buch und seiner Wirkung soll die Rede sein, nicht mehr von der Legende über ein Buch, vom angeblichen Vorwurf der Kollektivschuld und der Behauptung eines unabänderlichen Nationalcharakters – auch nicht von dem, lieber Daniel Goldhagen, was wir einander vor wenigen Wochen in New York versprochen haben: daß es doch endlich einmal zur Diskussion der Differenzen kommen möge. Die Rede sei von dem Erfolg eines Buches in Deutschland, und der ist ja nicht nur bemerkenswert, sondern auch merkwürdig. So albern es natürlich ist, ihn auf, wie zuweilen geschehen, den Charme seines Verfassers zurückzuführen (womit ich den allerdings auch nicht in Abrede stellen möchte), so gehört wenigstens zu einem *Bestseller* doch mehr als bloß ein lesenswertes Buch zu sein. Ein Bestseller ist ein Angebot, das eine bestehende Nachfrage befriedigt – worin bestand die?

Als «Schindlers Liste» ein Erfolg wurde, wollten die Kritiker dieses Films ihn als ein angenommenes Exkulpationsangebot verstehen. Sie hatten aber unrecht. Nicht der endlich einmal gefundene «gute Deutsche» war das, was diejenigen, die den Film sahen, beschäftigte, sondern das Thema der individuellen Verantwortung – anders gesagt, das der individuellen Freiheit. Als Daniel Goldhagens Buch ein Erfolg wurde, wurde es zuweilen in Nachbarschaft oder Nachfolge dieses Films gesehen, und manchmal war das als Einwand gemeint. Zu Unrecht, wie ich finde. Man mag es als eine der Folgen der Jahre 1933–45 ansehen, daß ein merkwürdiges Verständnis von Freiheit hierzulande populär wurde, das sich immer dann sehr deutlich zeigte, wenn jemandem vorgehalten wurde, er wisse wohl nicht, was es heiße, unter einem totalitären Regime zu leben. Individuelle Freiheit schien etwas zu sein, das in bestimmten Quantitäten vorhanden war, und derjenige, der Verantwortung einklagte, erschien als einer, der von einer unzutreffenden empirischen Annahme über ein bestimmtes Freiheitsquantum ausging. Mit der Freiheit verschwand die Moral. Die beunruhigende Popularität einer rhetorischen Figur wie der, man habe irgend etwas darum getan, weil es sonst ein anderer getan hätte, verkennt ja nicht nur, daß Moral mit der Frage beginnt, was denn *ich* tue, und daß sehr wohl ein ganz entscheidender Unterschied darin besteht, ob ich es tue oder ein anderer, sondern verwechselt auch Mittäterschaft und die mögliche Unfähigkeit, etwas zu verhindern. Das Bild einer Gesellschaft, in der es zwischen Mittäterschaft und selbstmörderischem Widerstand nichts gibt, ist dabei nicht nur ein falsches Bild der deutschen Gesellschaft zwischen 1933 und 45, sondern ein falsches Bild vom Menschen, in (ich will vorsichtig sein:) fast jeder Gesellschaft.

Nun gibt es etwas wie ein unfreiwilliges Einverständnis zwischen einer Mentalität, die auf Verleugnung von Freiheit und Moral besteht, und der Historiographie. Mag sein, daß das Ressentiment der Aufklärung gegen diese Disziplin ursprünglich damit zu tun hatte. Wenn auch natürlich Geschichtsschreibung nicht methodisch darauf verpflichtet ist, uns aufzuschreiben, warum alles so hat kommen *müssen*, wie es gekommen ist, so ist der Raum, den sie der Beschreibung eines Ereignisses als puren Zufalls einräumen kann, ebenso gering wie der, den sie rhetorischen Figuren, wie «es geschah darum, weil sie es eben so hatten haben wollen» geben darf. Es ist eine Frage des Genres. Historiographie ist für solche Art der Wirklichkeitswahrnehmung nicht zuständig. Das bedeutet aber, daß sie sich schwer tut mit einer

Darstellungsweise, die systematisch auf die Sichtbarmachung von Handlungsspielräumen gerichtet ist. Der Hinweis, jemand habe auch anders handeln können – vor Gericht etwa oder in der politischen Auseinandersetzung gang und gäbe – , wirkt in der Geschichtsschreibung leicht wie einer darauf, man habe noch nicht zureichend herausgearbeitet, warum er so habe handeln müssen, wie er es denn getan hat.

Es ist interessant zu sehen, wie bereits aus diesem Grund die Diskussion um Goldhagens Buch als *Historiker*debatte mißlingen mußte. Noch vor wenigen Wochen hörte ich einen bekannten Historiker öffentlich von Goldhagens These eines genetisch bedingten Antisemitismus der Deutschen sprechen, und er zeigte damit vor allem, wie fremd ihm der Gedanke blieb, um den es Goldhagen eigentlich gegangen war: Menschen nicht als willenlose Exekutoren ihrer Ansichten darzustellen, sondern zu betonen, daß Menschen auch für das verantwortlich sind, was sie für richtig halten. So hielten auf den Podien die Historiker Goldhagen vor, er erkläre nicht zureichend, während Goldhagen demonstrierte, daß das Genre «historische Erklärung» nicht die einzige Art und Weise sein muß, historisches Material aufzubereiten, und für manche Zwecke vielleicht sogar nicht besonders tauglich.

Bemerkenswert war ja, daß es immer ein Eingangsstatement gewesen ist, mit dem Goldhagen das Publikum gewann und seine Mitdiskutanten oft hinter sich ließ: bei jedem historischen Großverbrechen, bei jedem Massenmord oder Genozid gehen wir davon aus, daß die Mörder ihre Taten für gerechtfertigt oder geboten gehalten haben – nur beim Holocaust suchen wir nach Erklärungen, die plausibel machen sollen, warum die Deutschen einen Genozid begingen, duldeten oder geflissentlich übersahen, den sie im Grunde nicht wollten.[1] Tatsächlich findet sich diese Vorstellung gar nicht so sehr in den großen Theorien als vielmehr, in Rhetorik erstarrt, im Detail, wenn man etwa in einer Unternehmensgeschichte liest, die moralischen Barrieren gegen die Verwendung jüdischer Zwangsarbeiter seien nach dem Eintreten bestimmter Umstände gefallen, ohne daß eine Quelle angeführt wird, die etwa die moralischen Skrupel auch nur eines der Mitglieder der Geschäftsleitung belegte.

Nicht die scheinbare Einfachheit der These Goldhagens gegenüber den komplexeren Theorien der Historiker machten den Erfolg aus, sondern die Abkehr vom noch in die Rhetorik politisch vollkommen unverdächtiger Historiker eingegangenen Wunsch nach Verleugnung.[2] Ich weiß, daß es etwas altmodisch klingt, wenn ich vom komplementären Wunsch nach Wahrheit spreche, der sich gegen den nach Verleugnung doch durchzusetzen imstande ist. Aber psychologisch gesehen ist die Wahrheit ja gerade darum so oft das Objekt der Entstellung durch Wünsche, weil Wahrheit selbst ein kulturell so besetztes Gut ist. Wenige gesellschaftliche Sektoren, in denen die Unterscheidung von wahr und falsch und Wahrheit und Lüge belanglos ist. Wo Wahrheit selber moralisch besetzt ist, lebt es sich mit der Lüge tatsächlich nicht gut. Aber das nur nebenbei. Wichtiger noch, daß der Wunsch nach Verleugnung und der nach Wahrheit zu nahe beieinanderlagen. Das Entsetzen darüber, daß der Massenmord in einem Land, das sich selber für zivilisiert hielt, exekutiert werden konnte, und der Wunsch, zu verstehen, wie das hatte möglich werden können, konnte mit einer Geschichtsforschung, die den Denkweisen der Täter wenig Aufmerksamkeit schenkte, ebensowenig befriedigt werden wie durch deren Konzentration auf gesellschaftliche Eliten. Die Furcht vor der Betrachtung des Jedermann und der Möglichkeit, in ihm den eigenen Großvater, Vater oder Onkel (oder die Tante und die Mutter) wiederzuerkennen, ist schließlich durch die Bereitschaft ersetzt worden, sich diesem Erkenntnisrisiko auszusetzen.

Dieser Umstand machte drei unerwartete Erfolge möglich. Der eine ist der der Klemperer-Tagebücher, die sowohl näher am ganz normalen Alltag der deutschen Judenpolitik waren als je ein Text zuvor, als auch eine permanente Reflexion der Frage sind, wie tief der Konsens von Regime und Bevölkerung in der Exekution dieser Politik tatsächlich gewesen ist. Der zweite Erfolg ist die Ausstellung «Vernichtungskrieg. Verbrechen der Wehrmacht 1941–1944» des Hamburger Instituts für Sozialforschung – auch hier geht es um eine Schnittstelle von Regime und Bevölkerung, die Wehrmacht, und um den Jedermann. Drittens eben Daniel Goldhagens «Hitlers willige Vollstrecker» mit dem Untertitel «Ganz gewöhnliche Deutsche und der Holocaust». Der Erfolg der beiden Bücher und der einen Ausstellung zeigt, daß eine kollektive Bereitschaft vorhanden ist, sich dieser Frage zu stellen und die dreifach gegebene – jeweils unterschiedlich akzentuierte – Antwort zu akzeptieren: daß die Obsession, die jüdische Bevölkerung Europas als ein Problem zu sehen, das gelöst werden müsse, äußerst weit verbreitet gewesen ist und die Formulierung des Problemphantasmas sowie der möglichen Lösungen in einem zunehmend mörderischen Vokabular erfolgte – und daß der Kreis derjenigen, die zur Mittäterschaft bereit waren, weit größer war, als zuvor angenommen.

Die Belege für einen in Deutschland und Österreich weit verbreiteten und zu Recht eliminatorisch zu nennenden Antisemitismus haben sich nun allerdings nicht erst in Daniel Goldhagens Buch, den im Zusammenhang mit der Ausstellung publizierten Feldpostbriefen und Klemperers Mitschriften seiner Gespräche gefunden. In Karl Kraus' «Letzten Tagen der Menschheit» unterhalten sich zu Beginn des Vierten Aktes zwei Zeitungsleser: «‹Wenn jetzt die Offensive kommt, dann paß auf – rrtsch obidraht!› – ‹Und nachher mit die Juden – ramatama!›»[3] – 1920 schreibt Kurt Tucholsky über die Inschriften auf den Toiletten der Universität Rostock: «Juden raus!» «Haut die Juden tot!» «Man mache ein Pogrom!»: «Die Inschriftenmacher sind unsere künftigen Richter, Beamten, Staatsanwälte, Priester ...»[4] Die Frage, warum solche Belege aus dem Bewußtsein der Geschichtsschreibung vielleicht nicht verschwunden, aber doch mit erstaunlicher Einmütigkeit als für die Erklärung, «wie es denn dazu kommen könnte», vernachlässigenswert behandelt worden sind, führt auf eine weitere Gemeinsamkeit der drei genannten unvorhergesehenen Erfolge der Jahre 1995/96, den Umstand, daß alle drei den Teil des Genozids thematisieren, der «vor» Auschwitz liegt – einerseits zeitlich gesehen, andererseits von der Eskalationsdynamik her. Klemperer schreibt über Ressentiment und Haß, das Verordnungssystem und den ebenso systematischen wie sich auf persönliche Initiative und sadistische Kreativität des Einzelnen stützenden Terror der Gestapo, die Wehrmachtsausstellung und «Hitlers willige Vollstrecker» zeigen auf Sektoren der Vernichtungspolitik außerhalb der Vernichtungslager.

Eine der wichtigsten Voraussetzungen in Daniel Goldhagens Buch ist die Überlegung, daß die Fixierung auf das «eigentliche» Verstehensproblem, die Massentötungen, vor allem jene mit einer ebenso populären wie problematischen Metapher als «industriell» bezeichneten in den Vernichtungslagern, das Verstehen im Grunde behindere. Es findet hier, so möchte ich es formulieren, eine *Entlastung durch das Extrem* statt. Es gab sie nicht von Anfang an, sie ist ein Resultat der spezifisch deutschen Verleugnungsdynamik.

In ihrer Speer-Biographie schreibt Gitta Sereny über die Familie des Speerschen Verbindungsoffiziers zum Generalstab: «Als ich die Posers kennenlernte, war mir bereits klar, daß Wehrmachtsangehörige, die den Rußlandkrieg mitgemacht hatten, von den Massakern dort unweigerlich erfahren haben mußten. Nicht nur, weil der Kommissarbefehl und die folgenden, mündlich übermittelten Befehle offen zum Mord aufriefen, sondern auch, weil es unmöglich war, nicht zu sehen, was geschah, oder nicht wenigstens (wie viele Offiziere des Generalstabs) davon zu hören»[5], und Speers Anwalt Flächsner macht ihr gegenüber dieses bemerkenswerte Statement: «es wurde mir ja schließlich in den dreißiger Jahren klar, daß es den Juden schlecht ging, daß sie nicht mehr Richter oder Anwälte sein durften. Und, glauben Sie mir, ich habe Gott oft gedankt, daß ich nicht Jude war. Ich hatte jüdische Freunde und versuchte, ihnen zu helfen; manchmal war das möglich. Man wußte, daß es gefährlich war, in Hitlerdeutschland Jude zu sein, aber man wußte nicht, daß es eine Katastrophe war. Ich wußte absolut nichts, bis eines Tages 1943 einer meiner Mandanten, der als Sanitäter in Rußland tätig war, mit Fotografien zurückkam, die Erschießungen von Juden zeigten. Ich riet ihm, sie zu verbrennen oder zu vergraben und niemandem zu sagen, was er gesehen hatte. Auch ich habe niemandem davon erzählt, nicht einmal meiner Frau. (...) Ich glaube nicht, daß es ein Geheimnis war, daß Menschen hingerichtet wurden. Was wir nicht wußten, war, daß ein systematischer Massenmord stattfand.» Und später, über den Nürnberger Prozeß: «Seltsamerweise (...) lag der Schatten der Judenvernichtung zwar von Anfang bis Ende über dem Prozeß, doch kam das Thema nur selten zur Sprache. (...) Sehen Sie, man hatte alle diese Zeugen, die (...) von den Schlägen und vom Hunger in den Zwangsarbeiter- und Konzentrationslagern berichteten. Doch irgendwie, ja, erwartete man solche Greuel geradezu. (...) Haben Sie bemerkt, daß sogar Dr. Gilbert in seinem Buch die Gaskammern kaum erwähnt? Als ob er nicht einmal das Wort hätte aussprechen können.»[6]

Solche Greuel – die Fotos aus Rußland, die Berichte aus den Arbeits- und Konzentrationslagern – erwartete man geradezu – nicht den systematischen Massenmord in eigens dazu errichteten Lagern, oder, im Falle von Auschwitz, einer eigens dazu errichteten Stadt. Heute werden die Gaskammern und der systematische Massenmord nur von einer für teils pathologisch, teils kriminell angesehenen Minderheit geleugnet, aber die Rede von jenen Greueln, von denen man kurz nach 1945 ohnehin erwartet hatte, daß sie zur Sprache kommen würden, kann durchaus den einen oder anderen Skandal hervorrufen.[7]

Die Figur Speers ist übrigens ein Schlüssel zu dieser Verkehrung. Für Auschwitz nahm er in Nürnberg die Mitverantwortung, später die Mitschuld auf sich – bei gleichzeitiger Leugnung, jemals etwas Genaues gewußt zu haben. Er hätte, so gab er zu, wissen müssen, und dies mache ihn zum Mitschuldigen. Hiermit hatte Speer eine nahezu geniale Formel gefunden. Es war das – von ihm wie von der deutschen Bevölkerung – verlangte Bekenntnis zur Mitverantwortung, es war mehr, ein Schuldbekenntnis – ganz individuell, aber jeder konnte einstimmen – zudem auf so hohem Niveau, daß es ihn beinahe adelte. Eine, wie gesagt, nahezu geniale Formel, man kann – angesichts der bewußten und nachweisbaren Lügen über das Ausmaß dessen, was er tatsächlich nicht nur gewußt, sondern gesehen hatte – sagen, eine Formel von ebenso atemberaubender Dreistigkeit[8] wie durchschlagendem Erfolg.

Hatte die Spaltung des Holocaust in zwei säuberlich voneinander geschiedene Vorgänge – das Töten in den Vernichtungslagern durch eine mörderische Elite und das Töten als scheinbar kriegsförmiger Akt, durch unterschiedlich uniformierte Einheiten exekutiert – dazu geführt, zunächst die historische Einmaligkeit der Vernichtungslager zu übersehen, dann nur noch diese in den Blick zu nehmen, so ist das Resultat ein bis heute nicht zureichendes Verständnis der Gewaltdynamik selbst. Denn für beide Teile gilt: «Der Holocaust hat sich letzten Endes deshalb ereignet, weil auf einfachster Ebene gesehen einzelne Menschen über einen längeren Zeitraum hinweg andere Menschen zu Abertausenden umgebracht haben.»[9] Das systematische Unterbewerten des Antisemitismus ist von diesem Umstand nicht zu trennen.

Wenn man Daniel Goldhagen vorwirft, er falle in Erklärungsmuster der 50er Jahre zurück, unterstellt man ihm fälschlicherweise, er fasse den Antisemitismus als entscheidenden Faktor einer Eskalationsdynamik in Kategorien von Propaganda und Indoktrination. Bei Goldhagen erscheint aber der Antisemitismus als ein Verständigungssystem, ein Code, mit dem sich eine Majorität der Deutschen sehr schnell über richtig und falsch verständigen kann. Es war gerade die weite Verbreitung und selbstverständliche Verwendung dieses Codes, die ihn oft unterhalb der Wahr-

nehmungsschwelle hielt. Telford Taylor berichtet rückblik-
kend, wie die Richter von Nürnberg Dönitz' Satz, er sei
selbstverständlich der Meinung gewesen, die Ausschaltung
der Juden aus der deutschen Volksgemeinschaft sei die unabdingbare Voraussetzung für Deutschlands militärische
Stärke gewesen, darum nicht bemerkt hätten, weil Dönitz,
der von sich natürlich behauptete, niemals Antisemit gewesen zu sein, selber nicht bemerkt habe, daß seinen Richtern
an dieser Aussage etwas hätte auffallen können.[10] – Der
Prozeß gegen das von Christopher Browning wie von Daniel Goldhagen untersuchte Polizeibataillon 101 zeigt, daß
in den 60er und 70er Jahren[11] die Frage nach einem antisemitischen Konsens nicht mehr gestellt wurde, weshalb
dieses Thema in den Gerichtsakten nicht mehr und in Folge
dessen bei Browning nicht vorkommt. Nachdem das Gericht dieses Thema ausschließt, können die Mörder über
ihre Tat nur noch fragmentarische Auskunft geben: «Ein
paar der Täter machten den Versuch, sich der Frage nach
der eigenen Entscheidungsfreiheit zu stellen, fanden aber
nicht die entsprechenden Worte – so als wären sie früher
politisch auf einem fernen Planeten gewesen und nun an
einen anderen Ort und in eine ganz andere Zeit – die der
sechziger Jahre – verschlagen worden, deren politische
Wertvorstellungen und dessen Vokabular sich nicht zur Erklärung jener Lage gebrauchen ließen, in der sie sich 1942
befunden hatten.»[12] Nur indirekt läßt sich, wie Goldhagen
zeigt, nachweisen, wie sich die Truppe über ein antisemiti-
sches Phantasma vor dem ersten Mordeinsatz über dessen
Notwendigkeit verständigt.[13]

Mit dem Wegfall des Vokabulars, in dem über Gründe
und Handlungspräferenzen gesprochen werden kann, fällt
auch die Vorstellung einer freien Entscheidung, die, wie die
Akten zweifelsfrei belegen, gegeben gewesen ist, weg: «Die
meisten der vernommenen Polizisten bestritten, überhaupt
eine Wahl gehabt zu haben.»[14] Die Wörter, mit denen sie
hätten beschreiben können, warum sie gehandelt hatten,
wie sie gehandelt hatten, warum sie für richtig gehalten

hatten, was sie getan hatten, standen nicht mehr zur Verfügung. Das Gericht hatte kein Interesse daran, sie wieder zur Sprache zu bringen, und die Angeklagten dürften gewußt haben, daß ihnen ihre Verwendung alles andere als nützlich gewesen wäre. Hier mag die Überlegung, was vor Gericht opportun ist, die Historiographie belehren: ein Bekenntnis dazu, man habe sich darum an den Judenmorden beteiligt, weil man die Juden für minderwertig und gefährlich gehalten habe, hätte ja nicht zu einem Freispruch wegen Zurechnungsunfähigkeit auf Grund von Indoktrination und Propaganda, sondern zu einer Verurteilung bei Zuerkennung niederer Beweggründe geführt.

Es wäre ungerecht, wenn ich Daniel Goldhagens Buch nur als Indikator dafür anführen würde, daß sich etwas geändert hat hierzulande. Ein Buch wird ja nicht nur angenommen, sondern es dient zur Bewußtmachung und zur Neuformulierung der Bereitschaft, das, wovon es handelt, zu akzeptieren, denn das bloß diffuse Gefühl reicht ja nicht aus. Ich denke, daß die «Blätter für deutsche und internationale Politik» mit ihrem Demokratiepreis ihren Dank dafür aussprechen wollten, daß er mit seinem Buch einen – das läßt sich wohl auch aus der großen zeitlichen Nähe heraus sagen – nicht mehr wegzudenkenden Beitrag zu jener Diskussion des historischen Faktenmaterials leistet, die allein – und ich sage das angesichts jener politischen Sektoren, die gegenwärtig dabei sind, jeden Fortschritt in dieser Diskussion lauthals zu dementieren – in der Lage ist, den von Hannah Arendt bei ihrem Deutschlandbesuch 1950 konstatierten «allgemeine(n) Gefühlsmangel» und jene «offensichtliche Herzlosigkeit, die manchmal mit billiger Rührseligkeit kaschiert wird», zu überwinden, «die nur das auffälligste äußerliche Symptom einer tief verwurzelten, hartnäckigen und gelegentlich brutalen Weigerung» seien, «sich dem tatsächlich Geschehenen zu stellen und sich damit abzufinden.»[15]

Eine ins Lob gekleidete deutliche Mahnung.
Daniel Goldhagens «Modell Bundesrepublik» und das Echo

Man wunderte sich sehr. *Mitunter traute man seinen Ohren nicht* («Das Parlament»), ein *Geschichtswunder* vermeldete die «Frankfurter Rundschau», und Lob, Lob, Lob registrierten die Tageszeitungen reihum für *Deutschland als Modell* («Kölner Stadtanzeiger») – *Lob von Goldhagen* («Stuttgarter Nachrichten»), *Goldhagen lobt Deutsche* («Der Tagesspiegel»), *Man muß die Deutschen loben* («die tageszeitung»). Was war passiert? Daniel Goldhagen hatte den Demokratiepreis der «Blätter für deutsche und internationale Politik» bekommen und in seiner Dankesrede die Vergangenheitspolitik der Bundesrepublik Deutschland gelobt, dem Land und seinen Bürgern demokratische Reife bescheinigt, ja mehr noch, Deutschland in dieser Hinsicht zu einem für andere Nationen nachahmenswerten Vorbild erklärt. *Ein Lob, das ratlos machte,* titelte der «Rheinische Merkur»: *Ein derartiges Kompliment hatte an diesem Abend wohl niemand erwartet. Schon gar nicht vom Autor des Bestsellers «Hitlers willige Vollstrecker».*

Es war wohl so. Aber warum eigentlich? Daniel Goldhagen hatte, und zwar nicht erst auf seiner letztjährigen Tournee durch mehrere deutsche Städte, sondern bereits zuvor, zwischen dem Deutschland, von dem sein Buch handelt, und dem Zustand der heutigen Bundesrepublik strikt unterschieden. Er spreche, wenn er über «Hitlers willige Vollstrecker» spreche, über die politische Kultur vor 1945 und ihre Vorgeschichte im 19. Jahrhundert, nicht aber über das nach-45er-(West)Deutschland. Dort habe sich ein radikaler Wandel der politischen Kultur vollzogen.

Goldhagen hatte das so pointiert gesagt, daß es Rudolf Augstein während des gemeinsamen «Spiegel»-Gesprächs (12. 8. 1996) zuviel wurde. Zwar drückte er sich, was Goldhagens «Willige Vollstrecker» anging, gemäßigter aus als ein paar Wochen zuvor in einem Kommentar, aber er machte aus seiner Abneigung keinen Hehl. Daß Goldhagen mit Gegenwartsdeutschland so sanft umging, gefiel ihm noch weniger. Zwar seien die Deutschen keineswegs solche Antisemiten gewesen, wie Goldhagen behaupte, aber dafür seien sie gegenwärtig auch keineswegs so antirassistisch geläutert, wie dieser annehme.

Auch Michel Friedman wurde von Goldhagen überspielt. Waren sich in einem Fernsehgespräch beide über den grundlegenden Wandel der politischen Kultur nach 1945 einig, so nahm Goldhagen diese Feststellung zum Anlaß, mehr Selbstbewußtsein einzufordern. Man möge doch auf Paragraphen wie den, der Volksverhetzung unter Strafe stellt, verzichten. Wegen rassistischer Tiraden irgendwelcher einzelner stürze die Welt nicht ein, eine selbstbewußte Demokratie müsse das ver- und ertragen können – oder glaubten die Deutschen, sich selber nicht über den Weg trauen zu können?

Na ja, mögen sich manche gedacht haben, das macht er, um mit seinem Buch in Deutschland überhaupt Gehör zu finden. Wenn er sich nach seiner Abrechnung mit den Deutschen vor 1945 auch noch mit deren Söhnen und Enkeln anlegt, kann er sein Buch vergessen. Daß er diesen demokratische Tugenden attestierte, sahen sie als Teil einer gekonnten PR-Kampagne. Andere führten den Erfolg des Buches insgesamt darauf zurück: es sei das Entlastungsgeschenk für die Deutschen. *Das* Angebot, alles in der Vergangenheit zu deponieren und diese als von der Gegenwart endgültig getrennt zu verstehen. Was sollen uns Gedanken über immer noch nicht aufgehobene NS-Urteile? Was wollen wir uns beunruhigen, wenn CSU-Politiker reden, als habe ihnen die NPD souffliert? Wozu Gedanken an immer noch ausstehende Entschädigungszahlungen an Zwangsarbeiter und immer noch an KZ-Wächter gezahlte Renten verschwenden – es ist alles bestens. Die Deutschen sind die Musterknaben der Vergangenheitspolitik, und wenn historische Werke wie die von Brochhagen und Frei etwas anderes zeigen, folgen wir doch lieber diesem grundsympathischen Amerikaner, der so nett an uns glaubt.

Und nun eben die Dankadresse anläßlich der Verleihung des Demokratiepreises. Da setzte, so schien es, Goldhagen auf einen Schelmen anderthalbe. Die Deutschen nicht nur Musterknaben, sondern in der Tat Vorbilder für den Rest der Welt? Dem Auditorium ging es tatsächlich zu weit. Wäre Goldhagen nicht der zu Ehrende gewesen, einige hätten ihrem Unmut Luft gemacht. Der schon zitierte «Rheinische Merkur» schrieb, ein wenig süffisant, aber durchaus zu Recht: «Die meisten der zweitausend Zuschauer, die bei der Verleihung des Demokratiepreises der ‹Blätter für deutsche und internationale Politik› in Bonn dabeisein wollten, mußte dieses Lob ratlos machen. Hatten sie nicht vorher in Jürgen Habermas' Laudatio gehört, daß Goldhagen das notwendige Gegenstück zu einer konservativen Geschichtsverharmlosung geschrieben habe? Hatte ihnen nicht Jan Philipp Reemtsma in seiner Rede erklärt, daß die kollektive Bereitschaft, sich der Vergangenheit zu stellen, erst mit Goldhagens Buch, der Wehrmachts-Ausstellung und den Klemperer-Tagebüchern ‹unerwartete Erfolge› aufzuweisen habe? Für die Kritik am deutschen Umgang mit der Vergangenheit gab es Beifall, bei Goldhagens Lob auf ebendiesen Umgang malte sich eher verlegene Ratlosigkeit auf den Gesichtern ab. Und gerade deshalb liegt der Verdacht nahe, daß viele nicht nur gekommen waren, um den Preisträger zu ehren, sondern auch, um sich selbst als aufrechte Minderheit inmitten der geschichtsvergessenen Mehrheit zu feiern. Den Thesen von den ‹willigen Vollstreckern› zuzustimmen, heißt für sie, Widerstand gegen einen neokonservativen Zeitgeist zu leisten. Goldhagens Dankesrede ließ –

möglicherweise unbeabsichtigt – diese Haltung als einen Widerstand erscheinen, der nichts kostet, weil die berechtigte Forderung nach einem schuldbewußten und schuldzuweisenden Blick auf die deutsche Geschichte längst in der wissenschaftlichen und öffentlichen Diskussion eingelöst wurde.» Ja, da hat der «Rheinische Merkur» den Nagel zwar nicht auf den Kopf, aber doch ziemlich genau getroffen. Der ist dabei etwas krumm geworden, und also muß man, will man mit ihm noch etwas anfangen, ihn wieder herausziehen und geradeklopfen.

Was eigentlich hatte der Demokratiepreisträger gesagt? Goldhagen geht von der Feststellung aus, wenig spreche dafür, daß es dem nach-45er Deutschland[1] aus eigener Kraft gelungen wäre, seine politische Kultur umzugestalten. Der Umbau seiner politischen Institutionen wurde von den Siegermächten verordnet und kontrolliert. Seine Nationalgeschichte geriet von Anfang an – d. h. nach den Nürnberger Prozessen – zu einer Angelegenheit von internationalem Interesse, und auch hier fand und findet so etwas wie eine Kontrolle statt. So hat es eine pro-nationalsozialistische Geschichtsschreibung nur im politischen Untergrund gegeben. «Druck von außen, direkte Beteiligung Außenstehender, der intellektuelle Einfluß nichtdeutscher Sichtweisen – diese drei Aspekte der Internationalisierung deutscher Nationalgeschichtsschreibung haben im Kern ein gemeinsames Merkmal: die Integration kritischer Perspektiven Außenstehender in das Verständnis der deutschen Nationalgeschichte (...) Es ist kein Zufall, daß das Land, dem es am besten gelungen ist, ehrlich mit den weniger angenehmen Kapiteln seiner Vergangenheit umzugehen, zugleich das Land ist, das die geringste Kontrolle über die Konstruktion seiner Nationalgeschichte gehabt hat.» Auch das politische Leben in der Bundesrepublik sei ähnlich «internationalisiert» worden, wie der Goldhagensche Terminus lautet: «Dem Westteil Deutschlands blieb anfangs keine andere Wahl, als die demokratischen Institutionen zu übernehmen. (...) Zweitens, die Bundesrepublik wurde durch das Fehlen voller Souveränität bis 1955, danach von der Präsenz vor allem amerikanischer Truppen sowie von der Konkretisierung der europäischen Integration eingehegt und geprägt. Schließlich gingen wichtige Impulse für das entstehende bundesrepublikanische Selbstbewußtsein von der Verinnerlichung der Wertvorstellungen der Siegermächte aus, die später zu Verbündeten wurden.» Folge: «In keinem anderen bedeutenden Land scheint sich die politische Elite so viel daraus zu machen, wie man im Ausland über sie denkt.» Das Nämliche gilt für die Historikerdebatten, sie finden gleichsam immer auf internationaler Bühne statt. Hieraus nun habe sich, so Goldhagen, eine politische Kultur entwickelt, die «in mancher Hinsicht beispielhaft» sei. Die Deutschen hätten nolens volens Tugenden herausbilden müssen, die andere Nationen sich nicht im selben Maße anzueignen brauchten. Diese Tugenden gelte es nun zu bewahren und gerade in Zeiten zu kultivieren, wo das politische Gewicht Deutschlands zunehme. Die Frage, was bloß das Ausland dazu sagen werde, sollten sich die Deutschen bitte nicht wieder abgewöhnen.

Das war eine ins Lob gekleidete deutliche Ermahnung. «Ist die Zeit gekommen, die Internationalisierung der deutschen Nationalgeschichte und der deutschen Demokratie zu beenden – jetzt, da die Bundesrepublik Deutschland ‹erwachsen› geworden ist? Nein. Die Grundlagen der Bonner Republik und ihres Erfolgs, darunter ihr außergewöhnliches Selbstverständnis und ihre außergewöhnliche politische Praxis, müssen auf die Berliner Republik übertragen werden. Deshalb sollte sich nicht die Bundesrepublik, sondern sollten andere Länder sich wandeln. Es ist an der Zeit, dieses deutsche Modell zu internationalisieren.» – «Externe Sichtweisen korrigieren zumindest zwei der größten Fehler des Nationalstaates: zum einen seine Tendenz zur Selbstverherrlichung, wobei viel von der Nationalgeschichte abhängt; zum anderen den Drang, dem zu folgen, was er als die eigenen Interessen begreift, auch wenn anderen daraus erhebliche Nachteile erwachsen. Die Nationalgeschichte eines jeden Landes sollte internationalisiert werden. Und alle Demokratien, vor allem deren Eliten, sollten dazu bewegt werden, sich öfter zu fragen, wie andere Nationen ihr Handeln bewerten.»

Das Goldhagensche Lob war ein sehr schöner pädagogischer Trick. Daß der, wenigstens bei seinen Zuhörern und den meisten Journalisten, auch verfing, zeigt sich darin, daß man bereit war, den gedanklichen Hintergrund, vor dem es ausgesprochen wurde, zu überhören und sich wunderte, daß ausgerechnet Goldhagen hier die Bundesrepublik Deutschland zum internationalen Modell deklariere.

Hier setzt meine persönliche Skepsis ein. Man kommt in der Regel mit Tricks nicht sehr weit, und das Problem dieser in ein Lob verkleideten Mahnung ist zudem, daß der Gegenstand des Goldhagenschen Lobes in sich durchaus ambivalent ist. Goldhagen hat recht, wenn er eine Mentalität, die gewohnheitsmäßig das (mögliche) Urteil anderer in die eigene Entscheidungsfindung einbezieht, als in spezifischem Sinne reif ansieht. Die Fähigkeit, sich mit den Augen anderer zu sehen, muß – individuell wie kollektiv – gelernt werden und setzt im Grunde ein hohes Maß an Selbstsicherheit voraus. Wer sich mit den Augen anderer sieht, wird dieses nur tun können, wenn er nicht die Sorge hat, in der Multiperspektivik selber diffus zu werden, sich in den Augen der anderen zu verlieren.

Andererseits kann ein verwechselbar ähnliches Verhalten auch Indiz für mangelnde Reife und Selbstkontrolle sein. Jemand kann auch nach dem Urteil anderer fragen, weil er selber keine Kriterien für richtiges Verhalten hat oder weil er einfach ein Heuchler ist. Der Familienvater, der nichts dagegen hat, seine Kinder zu prügeln, aber sich Sorgen macht, daß die Nachbarn etwas davon mitbekommen und auf ihn herabsehen werden etwa. Es ist auch im Individualfall oft nicht ohne weiteres zu entscheiden, ob jemand einfach darauf verzichtet, rücksichtslos zu sein, oder ob er ein Duckmäuser ist. Man verstehe mich nicht falsch: ich frage nicht nach inneren Werten oder nach Authentizität. Glücklicherweise ist es sehr oft überhaupt nicht wichtig, aus was für Motiven jemand handelt, wenn es akzeptabel ist, *wie* er handelt. Aber für die Berechenbarkeit eines Menschen wie der Politik eines Landes spielt es schon eine gewisse Rolle.

Die ubiquitär erste Reaktion nach den Mordanschlägen von Rostock und Mölln war die Sorge um das deutsche Ansehen im Ausland, und diese Reaktion geht in Goldhagens Interpretation nicht auf. Sie zeigte nur, daß vor aller Empörung über Tat und Täter, vor aller Empathie, gar Solidarität mit den Opfern, das Bedürfnis stand, nicht an Ansehen zu verlieren. Das ist, politisch betrachtet, nicht darum ein Problem, weil es moralisch irgendwie unschön wirkt, sondern weil einer solchen Haltung das Vertuschen eines Problems ebenso naheliegen kann wie seine Behebung, und die Kriterien der Problemlösung, wenn denn eine angestrebt wird, sich weder nach den Bedürfnissen der Opfer richten noch nach irgendwelchen Rechtsmaßstäben. So folgte den Angriffen auf das Wohnheim in Hoyerswerda die Willfährigkeit gegenüber den Zielen der Angreifer: man suchte das Problem zu beheben, indem man die Bewohner in einer anderen Stadt unterbrachte. Rhetorisch gestützt wurde dieses Vorgehen von seiten der damaligen Bundesregierung.

Man muß diese Art und Weise, sich um das eigene Erscheinungsbild «im Ausland» Sorgen zu machen, strikt unterscheiden von der Funktion, die ganz ähnlich klingende Argumente zum Beispiel in der Debatte um Auslandseinsätze der Bundeswehr haben würden. Im Einzelfall mag das verwechselbar sein, langfristig macht es sehr wohl einen Unterschied, ob ich nur um meinen guten Ruf besorgt bin, oder ob mich die Meinungen meiner Nachbarn deshalb interessieren, weil ihre Kenntnisnahme mir helfen soll, richtige Entscheidungen zu treffen. Ich denke, daß Goldhagen einen Prozeß beschreiben wollte: von der oktroyierten Rücksichtnahme der ersten Nachkriegsjahrzehnte zu einer aufgeklärten und differenzierten Haltung der Gegenwart. Vielleicht wollte er auch praktischerweise unterstellen, daß es diesen Fortschritt gegeben habe, um ihn durch die Unterstellung zu festigen. Tatsächlich ist das Bild der Bundesrepublik Deutschland in dieser Hinsicht keineswegs eindeutig. Das wiederum macht das, was an Goldhagens Lob *Appell* gewesen ist, um so nötiger.

Ein anderes Problem schien Goldhagens Demokratiepreisrede noch aufzuwerfen. Auch das war schon vorher zur Sprache gekommen. Es bleibe, schrieb die «Frankfurter Rundschau», «die zentrale Frage offen, worin der Wandel dieser doch so tief verwurzelten Mentalität» gründe – denn wenn Goldhagen in seinem Buch recht habe, und ein eliminatorischer Antisemitismus durch das ganze 19. Jahrhundert hindurch bis zur Kapitulation des Deutschen Reiches die politische Kultur geprägt und zuweilen dominiert habe, dann könne der doch wohl durch ein wenig *re-education*, institutionelle Kontrolle, Lehrstühle für deutsche Geschichte im Ausland und die Präsenz der Auslandspresse im «Internationalen Frühschoppen» (mit oder ohne Werner Höfer) nicht verschwinden. Daniel Goldhagens Antwort wäre: doch, das kann er sehr wohl. Goldhagen beschreibt den Antisemitismus nicht als ein «Etwas», das da ist oder fehlt, nicht als eine Eigenschaft, die jemanden, der sie hat, zum Antisemiten macht, sondern als einen Code, mit dem sich eine Gesellschaft über Präferenzen verständigt. In harmloseren Zeiten sind das Präferenzen, die Eltern bezüglich der Auswahl des geeigneten Ehepartners für ihre Kinder haben, in mörderischen bestimmen sie über Leben und Tod. In Deutschland nach 1945 war dieser Code geächtet. Daß es immer mal wieder skandalöse antisemitische Ausfälle in der Öffentlichkeit gab, spricht nicht dagegen, im Gegenteil spricht dafür, daß es Skandale wurden.

Viktor Klemperer mochte sich lange Zeit einbilden, erst spät mit antisemitischen Ressentiments konfrontiert gewesen zu sein. Anläßlich einer «Stürmer»-Schautafel besinnt er sich auf ein Kindheitserlebnis. Mit dem Spruch, nun seien die Deutschen endlich unter sich, kommentiert diese Schautafel die Verordnung, Juden dürften keine öffentlichen Bäder mehr benutzen – genauso hatte sich einst ein Lehrer vor Mitschülern geäußert, als die jüdischen Schüler wegen eines

Feiertages schulfrei hatten. Es war die Selbstverständlichkeit des Codes, die ihn der Wahrnehmung entzog. So betonte Albert Speer mehrfach, nie Antisemit gewesen zu sein – in einem Brief an seine Tochter mit dem Argument, er habe nur jene Form von Abneigung gegen Juden verspürt, die eben jeder verspüre. Man muß Goldhagen nicht unterstellen, er habe die Deutschen von vor 1933 als eine Ansammlung von Menschen beschrieben, die gleichsam nur auf den Startschuß eines radikal-antisemitischen Regimes gewartet hätten, um endlich loszuschlagen. Es ist wieder die Selbstverständlichkeit eines solchen gemeinsamen Codes, die seine Gewalt in Zeiten ausmacht, wo er Mord sanktioniert. Das Morden zu akzeptieren mochte für sehr viele äußerst schwierig sein. Daß es aber – als denn akzeptiert wurde, die Zeiten seien mörderisch – gegen die Juden ging, erschien als das geringere Problem.

Ein solcher Code kann verschwinden, wenn man seine Selbstverständlichkeit unterbindet. Wenn man ihn ächtet. Einer meiner Lehrer sagte, auf Klassenfahrt, in leicht alkoholisiertem Zustand: «Meine Herren, Hitler hatte die Juden überall angeboten, keiner wollte sie haben, was sollte er machen?» Wir alle fanden die Bemerkung ekelhaft, wir teilten diesen Code nicht mehr, waren in ihn nicht mehr hineingewachsen, aber es war auch noch nicht so weit, daß er wirklich geächtet war. Keiner von uns kam auf die Idee, aus diesem Vorfall einen Skandal zu machen. Heute, meine ich, wäre es für einen Lehrer zu riskant, eine solche Bemerkung zu machen, auch wenn sie ihm auf der Zunge läge.

Andererseits – und ich fürchte, daß Goldhagen diese Dimension unterschätzt – gibt es kollektive Phantasmen, die unabhängig davon existieren, ob ein solcher Code in Gebrauch ist oder nicht. Sie sind besonders im Falle des Antisemitismus ein Problem, weil in ihnen die antijüdische Tradition des christlichen Abendlandes – die in den Evangelien ebenso aufbewahrt ist wie in Musik (wir reden nicht nur von Wagner) und Literatur – fortwirkt, die besondere Verfolgungsgeschichte des Judentums zwischen Ausrottungsdrohung, Assimilationszwang und Integrationsversprechen. Mir erzählte neulich ein Mitglied der «Jüdischen Organisation Norddeutscher Studenten» (JONS), daß sie bei Informationsbesuchen in norddeutschen Schulen als erstes immer die Frage stellten, wie viele Juden es nach Meinung der Schüler in Deutschland gebe. Die Schätzungen schwankten zwischen 10 und 20%. Die zweite Frage, ob man persönlich einen Juden kenne, wurde in der Regel verneint. Es mag nun eine solche Meinung sehr wohl koexistieren mit Haltungen, die keine signifikante antisemitische Tendenz zeigen – gleichwohl enthält sie den paranoiden Kern des modernen Antisemitismus: Erstens gibt es ganz viele Juden, und zweitens (er)kennt man sie nicht.

Ein solches Phantasma ist nicht in demselben Sinne Teil einer politischen Kultur wie ein Code, der gesprochen werden muß, um erhalten zu bleiben, und der also Sanktionen zugänglich ist. Es wird auch nicht durch «Aufklärung» irgendeiner Art erreicht. Sein Verschwinden kann nur die langfristige Folge des Verschwindens antisemitischer Praxis und Symbolik sein. Die Ächtung eines Codes ist der erste Schritt und vielleicht der entscheidende. Denn Phantasmen werden nicht unmittelbar politisch virulent. Sie müssen gewissermaßen durch die Politik hindurch, um wirksam zu werden; zu einem Code werden, der gesprochen wird.

In der Debatte um Goldhagens Buch gab es Momente, in denen das Phantasma des rächenden, unversöhnlichen Juden, der der eigentlich Schuldige an den antisemitischen Affekten der Deutschen sei, öffentliches Gehör suchte. Es war wahrnehmbar, aber es hat die Debatte nicht bestimmt. Sein Echo ist das Erstaunen über Daniel Goldhagens Lob der Bundesrepublik.

Laudatio für Saul Friedländer
anläßlich der Verleihung
des Geschwister-Scholl-Preises

Was wollen wir wissen? Von welchen Zeiten das Geschichtsbuch auch handelt: wie es gewesen ist. Aber warum? Thukydides sagt uns: um das zu erkennen, was hinter den Kulissen der bloßen Erscheinung steckt. Warum ist etwas geschehen? Man kann auf die Tatsachen verweisen, die Abläufe, die Oberfläche des Geschehens – «di ho ti» sagt Thukydides –, aber das reicht nicht, man muß dem wahren Grund auf die Spur kommen – «alethestate prophasis». Thukydides erfindet diese für die Geschichtsschreibung so folgenreiche Unterscheidung zu derselben Zeit, in der Platon seine Ideenlehre erfindet. Es geht in beiden Fällen im Grunde um dasselbe: die Unterscheidung von Erscheinung und Wesen. Jene hat man verstanden, wenn man dieses erkannt hat.

Wie kommt man darauf, die Welt verdoppeln zu müssen, um sie erkennen zu können? Beide Theoretiker haben auf dasselbe Ereignis reagiert, ein Ereignis, das beide als katastrophal erlebten: den Peloponnesischen Krieg und den Zusammenbruch Athens. Dies sei, so Thukydides, der größte Krieg gewesen, den die Menschen geführt hätten, darum habe er über ihn und wie es zu ihm kommen konnte, geschrieben, und er beginnt sein Buch mit dem Nachweis, daß er den bisher für den größten gehaltenen, den Trojanischen, in jeder Hinsicht überboten hätte.

Sowohl die Erfindung der Erkenntnistheorie durch Platon wie die so weitreichende Unterscheidung zwischen Anlaß und wahrer Ursache durch Thukydides dienen der Beruhigung angesichts einer Katastrophe. Katastrophen sind für ihre Zeitgenossen Erfahrungen der Instabilität der Welt. Sie überfordern das Sensorium der Betroffenen, sie vermitteln ein Gefühl des Entgleitens der Welt. Erkenntnistheorie in der Nachfolge Platons und Geschichtsschreibung in der Nachfolge des Thukydides aber sagen, daß die Welt an sich selbst nicht unstabil sein, unserem Begreifen nicht entgleiten kann, zwar mag sie sich unserem Handeln nicht fügen – zwar mögen wir in ihr auch untergehen –, aber an sich ist sie ein gefügter Ort.

Dieser Grundgedanke – daß es, wie immer es gekommen ist, doch immerhin hat so kommen müssen und nicht der schiere Zufall gewesen ist –, die Götter würfeln nicht, und die Willkür derjenigen, die die Macht haben, ist nicht grenzenlos –, dieser Grundgedanke, der aus der psychischen Verfassung des Menschen rührt, den Gedanken an einen bösen Dämon für erträglicher zu halten als den, daß Gott ein spielendes Kind sei, hat eine große abendländische Karriere hinter sich, die ich hier nicht nachzeichnen kann. Erwähnt sei nur so viel, daß er in seiner imponierendsten Form – als Geschichtsphilosophie – nicht nur mithalf, stattgehabte Greuel der Weltgeschichte zu ertragen, sondern auch noch diejenigen schönzureden, die anzurichten man sich erst anschickte.

Eine solche Denkweise ist aber auf die Dauer nur akzeptabel, wenn sie mit einem Versprechen verbunden ist: dem, daß es irgendwie besser werde. Daß die Erkenntnis, die hinter die Kulissen schaut, dort irgendwann und -wie etwas erblickt, was erfreulicher ist als die Kulisse. Geschichtsschreibung und Erkenntnistheorie können für sich ohne ein solches Versprechen auskommen, ihre Kombination kann es nicht. Der, mit Hegel, notwendige Gedanke, der entstehe, nicht auch, sondern gerade wenn «wir die Geschichte als Schlachtbank betrachten, auf welcher das Glück der Völker, die Weisheit der Staaten, und die Tugend der Individuen zum Opfer gebracht werden», der Gedanke, daß «diese ungeheuersten Opfer» einem Endzweck zum Opfer gebracht worden sind, ist in der zweiten Hälfte des Zwanzigsten Jahrhunderts um seinen Kredit gebracht. Geschichtsphilosophie, dieser große Versuch der europäischen Moderne, sich selber einzureden, sie befinde sich auf dem ebenso richtigen wie erfolgreichen Weg aus einer Welt der Gewalt in eine Zukunft der Gewaltarmut, wenn nicht -freiheit, hat die Erschütterung durch den Ersten Weltkrieg und ihre Widerlegung durch Auschwitz nicht überlebt. Wir sollten, wir können ihr nicht einmal nachtrauern.

Aber gerade angesichts ihrer Widerlegung hinterläßt sie uns ein Problem: wie ist es denn zu dieser ungeheuren Destruktivität dieses Jahrhunderts gekommen? Was machen wir denn angesichts der Tatsache, daß nicht nur mißlang, was das eingeborene Versprechen unserer Moderne war, sondern – im Gegenteil – unser Jahrhundert Greuel an den historischen Tag gelegt hat, von denen andere Jahrhunderte – man vergleiche seine Realitäten mit den düstersten Phantasien der Pessimisten des 18. Jahrhunderts – sich nichts haben träumen lassen? Wir delegieren diese Beunruhigung an die Fachleute, an Historiker und andere Sozialwissenschaftler. Wir wollen wissen, wie es gewesen ist, und wir wollen wissen, wie es hat kommen können, wie es möglich gewesen ist und warum es so hat kommen müssen.

Gewalt entsetzt uns, aber nur eine bestimmte Sorte von Gewalt beunruhigt uns in unserem Weltverständnis. Daß es Bosheit und Grausamkeit gibt, wissen wir, wir sind Realisten. Wenn aber Gewalt und Destruktivität ein bestimmtes Maß überschreiten, fragen wir uns, ob das Bild, das wir von der Welt entwerfen, noch stimmt. Wir sind nicht nur entsetzt, sondern in unserer Weltwahrnehmung verstört, wenn wir auf «sinnlose Grausamkeit» stoßen. Wir wissen – wir sind moralisch empört, aber nicht in unserer Weltwahrnehmung verstört –, daß Menschen um ihres Vorteils willen andere quälen und zerstören. Aber wenn die Grausamkeit, der Mord nicht in der Zwecksetzung aufgeht? Wenn der Sklave nicht nur ausgebeutet wird, sondern man ihn im Straßengraben verrecken läßt, auch dann, wenn mit ein wenig besserer Verpflegung die Straße hätte zu Ende gebaut werden können? Wenn der Güterwagen, den man hätte anderweitig im Rahmen der Selbstverteidigung nötig brauchen können, dazu verwendet wird, Menschen, von denen man nichts zu fürchten hat, an einen Ort zu fahren, an dem sie ermordet werden? Wenn ein Möchtegernweltreich endlich, nachdem vier Armeen gegen es aufgeboten worden sind, kapitulieren muß, sein Diktator vor dem Selbstmord, der ihm den Galgen erspart, zu Papier bringt, man habe der Welt sonst nichts hinterlassen, aber dies eine habe alle Anstrengungen gelohnt: einen apokalyptischen Massenmord um seiner selbst willen? Hier sind wir nicht nur moralisch entsetzt, sondern wir fühlen, daß unser Entsetzen irgendwie inadäquat ist. Es ist für andere Fälle vorgesehen, weniger monströse, und deshalb möchten wir Erklärungen. Erklärungen, die es erlauben, mit unserer Verstörung umzugehen.

Wo wie im Falle so extremer Destruktivität unsere Zuordnung von Zwecken und für möglich gehaltenen Mitteln nicht mehr funktioniert, und wir um Erklärungen bitten, gibt es zwei Möglichkeiten. Die eine ist, die Täter zu pathologisieren. Wer verrückt ist, dem ist alles zuzutrauen, und dessen Taten, seien sie noch so entsetzlich, bringen mein Weltbild nicht in Schwierigkeiten. Die zweite ist, einen Zweck zu finden, dem diese entsetzlichen Taten doch in einsehbarer Weise gedient haben. Beide Versuche sind im Falle des Nationalsozialismus gemacht worden, und beide sind nicht erfolgreich gewesen.

Die Pathologisierung der Täter hat sich spätestens seit Arendts Eichmann-Buch als untauglicher Erklärungsversuch erwiesen. Die Suche nach einem verborgenen Zweck hat zwar für die Historiographie des Nationalsozialismus zu sehr interessanten Einsichten in die Komplexität dieses Vorgangs, aber nicht zu einem besseren Verständnis des Vorganges selbst geführt – denn am Ende jeder Einzeluntersuchung stand das Anfangsproblem: auch wenn ich die

Rolle der Bevölkerungspolitik, der Wirtschaft, der Raumplanung etc. betrachte und für entscheidend erachte, steht am Ende die Frage, die am Anfang stand. Es bleibt dann nichts, als den angenommen Zweck selber zu pathologisieren – eine Art Verstörungstransfer: ich frage zum Beispiel nicht mehr nach den Ärzten in Auschwitz, sondern sage, so sei die Medizin eben, wenn man sie lasse. Das ist sicherlich nicht in toto beruhigend, aber ein wenig doch, denn ich weiß nun den Ort, an dem ich – psychoanalytisch gesprochen – meine Beunruhigung agieren kann.

Das Scheitern beider Möglichkeiten der Erklärung an der Wirklichkeit und an dem neben dem Wunsch nach Erklärung und Beruhigung eben auch vorhandenen Wunsch, *nicht* ganz beruhigt zu werden, hat die Geschichtsschreibung des Nationalsozialismus in spezifische Probleme gebracht. Man kann sie an dem Umstand erkennen, daß sich Versuche, den Holocaust zu erklären, immer mit dem stets möglichen und oft ja auch erhobenen Einwand auseinandersetzen müssen, sie verharmlosten das Geschehen. Nun kann man aber sagen, daß das Bedürfnis nach Erklärung historischer Ereignisse eben genau in dem Wunsch besteht, Geschichte weniger beunruhigend, harmloser aussehen zu lassen. Im Falle des Nationalsozialismus kollidiert dieser in der Regel unbewußte Wunsch aber mit der meistens ebenso unbewußten oder doch allenfalls diffusen Einsicht, wir könnten uns die Befriedigung dieses Wunsches nicht leisten. Zwar ist, wer vergißt, durchaus nicht verurteilt zu wiederholen – das ist Unsinn –, aber in dieser oft wiederholten Maxime steckt in diesem Falle die Einsicht, daß eine erfolgreiche Strategie der historiographischen Beruhigung die Katastrophe verlängern könnte. Die Zerstörung der Ideale der Moderne könnte zur Billigung ihrer Zerstörung werden, wenn wir den historiographischen Dreh fänden, uns über die zu beruhigen.

Dieses Dilemma hat zu den bekannten Debatten geführt, die stets aporetischen Ausgang hatten: Intentionalisten versus Funktionalisten, monokausale versus multikausale Erklärungen, Erklärungen, die die Rationalität, und solche, die die Irrationalität des Massenmords hervorhoben und so weiter. Man kann in Analysen dieser aporetischen Debatten zeigen, wie sich in ihnen das Dilemma des widersprüchlichen kollektiven, zwar nirgendwo niedergelegten, aber nichtsdestoweniger nachdrücklichen Auftrags an die Geschichtsschreibung zeigt.

Dieses Problem zeigt sich aber nicht nur in den großen Kontroversen, sondern vor allem in einem spezifischen Problem, das sozialwissenschaftliche Erklärungsmodelle immer haben, das aber im Falle der Analyse der nationalsozialistischen Vernichtungspolitik besonders ins Gewicht fällt. Erklärungen haben ein Problem mit den Kategorien Zufall und Willkür. Wo jemand sagt, dies sei geschehen, weil es eben zufällig so gekommen sei, oder diese Tat sei geschehen, weil der, der sie begangen hat, sie eben so gewollt habe, kann man ihm entgegenhalten, er lasse etwas unerklärt. Erklärungen, ob sie nun nach Thukydideischer Manier nach Wirkkräften im Rücken der Akteure suchen, oder ob sie sich nur bemühen, möglichst vollständige Geschichten zu erzählen, scheinen dazu verurteilt zu sein, das, was sie darstellen, gleichsam abzudichten gegen Zufall und Willkür. Diese sind Lücken in der Darstellung, die es zu schließen gilt.

Zufall und Willkür markieren die Stellen, an denen es auch hätte anders kommen können. Eine Erklärung ist um so überzeugender, scheint es, je deutlicher sie zeigt, daß es nicht hat anders kommen können. Wo ich aber darüber rede, daß es auch hätte anders kommen können, rede ich über Freiheit. Und wo ich über Freiheit rede, rede ich über Verantwortung. Thukydides hat mit seinem Buch über den Peloponnesischen Krieg auch eine Sicht der Katastrophe angeboten, in der man Perikles von der Verantwortung für die Katastrophe freisprechen kann. Eine plausible Erklärung (und, wie gesagt, auch eine von anderem Typus als die in der Tradition des Thukydides) steht also immer in einer Spannung zur politisch moralischen Kategorie der Verantwortung.

Daß es immer eine gewisse Spannung zwischen Erklärungen und Fragen nach Verantwortlichkeiten gibt, ist nicht aus der Welt zu schaffen, aber ich habe eine lange Zeit gedacht, dieses Problem sei dilemmatisch und im Grunde könne man sich mit seiner Existenz nur abfinden. Seit der Lektüre von Saul Friedländers «Das Dritte Reich und die Juden» glaube ich das nicht mehr. Es ist kein theoretisches Argument gewesen, das ich in diesem Buch gefunden und das mich dazu gebracht hätte, die Sache anders zu sehen. Es ist die gelingende historiographische Praxis dieses Werks gewesen – sein Stil. Wenn Saul Friedländer heute der Geschwister-Scholl-Preis für dieses Buch verliehen wird, so wird er ihm für ein Buch verliehen, das zeigt, wie durch eine bestimmte *Form* der Darstellung Geschichte so geschrieben werden kann, daß in ihr die Dimension der Freiheit, damit der Verantwortung und damit die der Moral, nicht verschwindet.

Ein moralisch engagiertes Buch zu schreiben, ist leicht, und es gibt wenige Bücher über den Nationalsozialismus, die nicht auch moralisch engagiert wären. Aber es geht nicht darum, moralische Maßstäbe an das Geschehen anzulegen und zu der wenig überraschenden Erkenntnis zu kommen, daß ein Massenmord unmoralisch sei. Das Läppische dieser Feststellung – und damit so vieler Stellungnahmen zu den deutschen Verbrechen zwischen 1933 und 1945 – liegt unmittelbar zutage und produziert immer wieder Gegenreaktionen. Es geht darum, Geschichte so zu schreiben, daß verständlich ist, wie es dazu hat kommen können, wie die Voraussetzungen bestimmter Ereignisse beschaffen gewesen sind, die sein Zustandekommen möglich und damit bis zu einem gewissen Grade wahrscheinlich gemacht haben, aber gleichzeitig auch so, daß sichtbar bleibt – oder erst wird –, daß die Ereignisse Taten gewesen sind, die hätten unterbleiben können, wenn die, die sie begangen haben, es anders gewollt hätten. Dieses zusammenzubringen ist das Ziel Saul Friedländers gewesen – er zeigt es durch das Motto, das er seinem Buch vorangestellt hat, den Satz, den Hermann Göring vor fast genau sechzig Jahren gesagt hat: «Ich möchte kein Jude in Deutschland sein», ein Satz, in dem sich das Bewußtsein der Freiheit, etwas zu tun, was man, wollte man es anders, auch hätte unterlassen können, ausspricht. Ein Satz, in dem einer der Akteure inmitten dessen, was in der späteren Darstellung gerne zum Katarakt der Ereignisse gerät, in dem alle – Täter, Opfer, Zuschauer – von Stufe zu Stufe geschwemmt werden, festhält, daß hier Menschen am Werk waren, die von ihrer Freiheit zu handeln bewußten Gebrauch gemacht hatten.

Und doch beschreibt Saul Friedländer sehr genau, wie die Umstände beschaffen waren, unter denen dieses mörderische Handeln für die Handelnden und für so grauenhaft viele, die un- oder nur wenig beteiligte Zeugen waren, plausibel und gerechtfertigt (und in diesem Sinne notwendig) erschien. Ich meine vor allem das Kapitel über jene Form, in der traditioneller religiös fundierter Antijudaismus und moderner Antisemitismus – beides für sich genommen keine deutschen Eigenarten – sich zum spezifisch deutschen «Erlösungsantisemitismus» verbanden, welche seine Träger waren und unter welchen Umständen er zu einem Massenphänomen wurde, das auch explizite Gegner des Nationalsozialismus teilten. Die Behauptung, daß es einen besonderen deutschen Antisemitismus gegeben habe und die Rekonstruktion seiner Entstehung, die Behauptung also, daß es *kein* Zufall gewesen sei, daß es in Deutschland *und in keinem anderen Land* zum Holocaust gekommen ist, ist nicht identisch mit der Behauptung, in Deutschland habe es *zwangsläufig* zum Holocaust kommen *müssen*.

Das sollte, obwohl in öffentlichen Debatten das eine mit dem andern leidenschaftlich gern verwechselt wird, nicht besonders schwierig einzusehen sein. Ganz etwas anderes ist es, eine Schreibweise zu finden, die es erlaubt, diese Einsicht auch zu *zeigen*, das heißt, nicht thesenhaft hinzustellen, sondern als Ergebnis der Darstellung im Leser zu evozieren. Das ist ein Kunststück. Wir sollten nicht vergessen, daß große Geschichtsschreibung immer auch eine Form der Kunst ist.

Saul Friedländer gelingt sein Vorhaben vor allem durch den stetigen Wechsel der Analyseebenen. Er schreibt nicht «von oben nach unten», das heißt von der Ebene der unpersönlichen Strukturen hinunter auf die der politischen Hauptakteure und von dort hinab auf die der vielen Rädchen im Getriebe und schließlich zu den Opfern, sondern es ist immer gleichzeitig alles im Spiel. Friedländer wechselt beständig zwischen Reflexion und Detaildarstellung, Analyse der Entscheidungen und programmatischen Erklärungen der politischen Führung und der der Lokalgrößen, er zeigt, wie sich die Verfolgung der deutschen Juden als Prozeß darstellt und was er im Einzelnen bedeutet – und für die Einzelnen, Täter wie Opfer. Friedländer erfaßt das Unpersönliche und das Persönliche dieser Katastrophe und er läßt dadurch den Leser nicht vergessen, worüber er hier informiert wird: über unendliches Leid. Daß dieses Leid, das wir so gerne und so verdächtig schnell «namenlos» und «unvorstellbar» nennen, namhaft gemacht werden kann und vorstellbar, wie anderes menschliches Leid eben auch vorstellbar gemacht werden kann. Natürlich kommt jede Darstellung menschlichen Leides an ihre Grenzen, aber sie sind weiter gesteckt, als man oft wahrhaben möchte. Aber Friedländer hält auch, und dadurch bekommt die Darstellung von Leid ihre Bedeutung, im Bewußtsein des Lesers die Erkenntnis, daß dieses Leid über Menschen gekommen ist, weil sich andere Menschen auf eine bestimmte Weise verhalten haben und nicht anders. Nicht, weil sie Getriebene gewesen sind, sondern weil sie Menschen gewesen sind, die von ihrer Freiheit Gebrauch gemacht haben.

Es ist darum im Grunde nicht verwunderlich – wenn auch die Leichtigkeit, mit der dies geschieht, erstaunen macht –, daß die scheinbaren Dilemmata, die die Historiographie des Nationalsozialismus bisher geprägt haben, in Friedländers Buch einfach verschwinden. Er argumentiert sie nicht vom Tisch, sondern man vergißt sie. Die Frage nach der Rolle Hitlers geht in der Darstellung auf, *in welcher Weise* Hitler ein Klima schuf, das geeignet war, die Ressentiments, diffusen Befürchtungen und Abneigungen unterer Partei- und Staatsfunktionäre virulent werden zu lassen, und zwar je nach individueller Neigung mit der Vorstellung verbunden, ein besonders aktiver Nationalsozialist zu sein, der heldenhaft und freiwillig sein Übersoll erfüllt, oder ein bloß gehorsamer Vollstrecker dessen, was Die-da-oben, die den Überblick haben, für richtig erkennen. Es gehört zur Beschreibung der Freiheit eben auch, zu beschreiben, wie es Menschen gelingt, erfolgreich zu vergessen, daß sie frei sind.

Lassen Sie mich am Ende auf ein Beispiel eingehen. Saul Friedländer hat in seine Darstellung der «Jahre der Verfolgung» die Geschichte eines gewissen Karl Berthold eingewoben. Karl Berthold taucht das erste Mal in Friedländers Buch auf, als es um die Darstellung der Folgen der antijüdischen Gesetze vom April 1933 geht. «Die Aprilgesetze und die Ergänzungsverordnungen, die nun folgten, zwangen mindestens zwei Millionen Staatsbedienstete und Zehntausende von Rechtsanwälten, Ärzten, Studenten und vielen anderen, nach angemessenen Beweisen für ihre arische Abstammung zu suchen; derselbe Prozeß verwandelte Zehntausende von Priestern, Pastoren, Gemeindebeamten und Archivaren in Menschen, die lebenswichtige Zeugnisse einwandfreier Blutsreinheit recherchierten und lieferten; wohl oder übel wurden diese Menschen zum Teil einer völkischen bürokratischen Maschinerie, die mit dem Nachforschen, Überprüfen und Aussondern begonnen hatte.» Wohlgemerkt, sie wurden es, denn eine Bürokratie ist – das weiß jeder, der weiß, welche Anstrengungen es zuweilen kosten kann, von Bürokratien zu bekommen, worauf man im Grunde einen Anspruch hat – per se keine Maschine. «Nicht selten kamen die unwahrscheinlichsten Fälle zum Vorschein, und die Menschen, um die es dabei ging, verfingen sich in dem bizarren, aber unerbittlichen bürokratischen Prozeß, der von der neuen Gesetzgebung ausgelöst wurde. So stiftete in den nun folgenden sechs Jahren das Gesetz vom 7. April Unheil im Leben eines gewissen Karl Berthold, der am Versorgungsamt in Chemnitz angestellt war.» Die Perspektive wird gewechselt. Die Bürokratie bekommt eine kafkasche Hermetik – für den, der ihr Objekt wird. «Nach einem Brief des Amtes in Chemnitz vom 17. Juni 1933, der an das Hauptversorgungsamt in Dresden gerichtet war, wurde festgestellt, daß bei dem Kanzleiangestellten Karl Berthold der Verdacht besteht, daß er *möglicherweise* von Vaters Seite *nicht* arischer Abstammung ist.» Es geht darum, daß hier Nachbarschaftsklatsch Politik wird. Bertholds Mutter, vor sechzehn Jahren verstorben, soll ein Verhältnis mit einem jüdischen Zirkuskünstler gehabt haben. Aus diesem Klatsch wird eine rege, ebenso gewissenhafte wie vollkommen wahnsinnige gutachterliche Tätigkeit, in der es darum geht, was für und was gegen die Wahrscheinlichkeit, Karl Berthold habe einen jüdischen Vater gehabt, spreche. Die Erziehung durch den Vater der Mutter spreche für ihn, da sie in nationalem Geiste erfolgt sei und gegen die eventuelle jüdische Abstammung aufzurechnen sei (1933 – nach den Nürnberger Gesetzen wäre das kein zugelassenes Argument mehr gewesen), auch sehe Berthold eigentlich nichtjüdisch aus. Aber der Verdacht besteht, die Sache muß geklärt werden, das Innenministerium wird mit der Sache befaßt, es gibt das Gutachten eines Rasseforschers, der sich unter anderem mit der Frage befaßt, ob man annehmen könne, Karl Berthold sei der Sohn eines Vaters, der zur Zeit der Zeugung erst 13 Jahre alt gewesen sei. Der Gutachter weist auf die seiner Ansicht nach bei Juden besonders früh einsetzende Geschlechtsreife hin. Schon haben wir das nächste Element: die Möglichkeiten, die das Regime Menschen gibt, ihren pornographischen Phantasien einen öffentlichen Raum zu geben. Was im Falle eines Julius Streicher bizarr und fremd wirkt, bekommt hier sein alltägliches Gesicht. Auch der Hinweis, jener angebliche Vater Bertholds sei zum Zeitpunkt der Zeugung gar nicht 13, sondern erst 11 Jahre alt gewesen (die Mutter 14 Jahre älter) ändert nichts. Dieses Politikwerden privater Bosheit ist seinerseits ein Massenphänomen. Und eines, das auf allen Ebenen ein Echo findet, das den Grundton verstärkt. An diesbezüglichen Gutachten ist u. a. die von Otmar von Verschuer geleitete Abteilung für Erblehre im Kaiser-Wilhelm-Institut beteiligt.

Karl Berthold beginnt einen Kampf gegen die nationalsozialistische Bürokratie, den ich hier nicht im einzelnen darstellen kann – Berthold widerspricht, macht Eingaben, entfaltet eine (wir würden in anderen Fällen sagen:) hohe querulatorische Energie, und schließlich landet im Jahre 1939 eine seiner Eingaben auf dem Schreibtisch von Rudolf Heß, Hitlers Stellvertreter. Zunächst sieht es so aus, als würde die Entscheidung gegen Berthold fallen, dann entschließt sich Heß anders: Berthold darf seine Stelle in Chemnitz behalten. «Die Geschichte Karl Bertholds», schreibt Saul Friedländer, «in den ersten sechs Jahren des Regimes zeigt im Kleinen, wie eine moderne Bürokratie der effiziente Lieferant von Ausschließung und Verfolgung sein konnte und sich zugleich dadurch bremsen ließ, daß ein Individuum die Schlupflöcher des Systems, die Mehrdeutigkeit der Verfügungen und die unendliche Vielfalt individueller Situationen ausnutzte. Wären Partei und Staat in den dreißiger Jahren nicht entschlossen gewesen, alle mit Juden zusammenhängenden Fragen bis ins kleinste Detail zu behandeln und insbesondere alle juristischen oder verwaltungsmäßigen Ausnahmefälle zu lösen, dann hätte die gesamte Politik schon allein infolge der Komplexität der Aufgabe zum Erliegen kommen können. Das ist vielleicht der bezeichnendste Beweis für die erbarmungslose Hartnäckigkeit der antijüdischen Bemühung, eine Art von Entschlossenheit, die durch bloße bürokratische Routine allein nicht zu mobilisieren gewesen wäre.» Am Fall Berthold zeigt Friedländer nicht nur, daß es eben keine bürokratische Maschine gewesen ist, und auch nicht nur, daß es Spielräume individueller Entscheidungen gegeben hat. Sondern er demonstriert an den grotesken Wegen, die die Bertholdschen Eingaben und Demonstrationen nehmen, daß diese Bürokratie gerade dort, wo sie ihrem Opfer hermetisch erschien, eine mit abertausendfachem individuellen Engagement betriebene Sache war. Hätte die Bürokratie der Erfassung tatsächlich wie eine Maschine funktioniert, sie hätte nicht funktioniert.

Saul Friedländers Buch hat das Kunststück vollbracht, beides zu sein: Erklärung lege artis und Demonstration menschlicher Freiheit und Verantwortlichkeit. Wenn ich erklaren will, muß ich nicht nach Ursachen hinter den Tatsachen suchen, sondern ernst nehmen, daß historische Tatsachen Ergebnisse von Handlungen sind und daß jede Handlung auch hätte anders ausfallen können. Das ist die Beunruhigung, die Geschichtsschreibung nicht ruhigstellen soll, aber in Erkenntnis transformieren kann. Das ist hier gelungen.

Erlauben Sie mir eine kurze Nachbemerkung. Ich bin gestern mehrfach mit der Erwartung konfrontiert worden, ich werde die Gelegenheit des heutigen Abends nutzen, um die Debatte um die Rede Martin Walsers anläßlich der Verleihung des Friedenspreises des deutschen Buchhandels fortzusetzen oder um zu ergänzen. Saul Friedländer wird in seiner anschließenden Dankadresse, wie ich weiß, etwas dazu sagen. Das Genre «Laudatio» aber ist begrenzt – es ist dazu da, einen Preisträger und sein Werk zu würdigen, nicht dazu, Aktualitäten zu bedienen. Auch sollte jeder Eindruck vermieden werden, es handele sich bei Friedländers Buch vor allem um einen Beitrag zu dem, was hierzulande neuerdings «Gedächtniskultur» genannt wird (und womit meist die besonders kurzlebigen Statements bezeichnet werden), und nicht vielmehr um ein bedeutendes Werk der Geschichtsschreibung. Gleichwohl gibt es einen Satz in der sogenannten Walser-Debatte, der von dem hier Verhandelten so sehr berührt wird, daß ich meine, ihn ansprechen zu können, ohne meinem eigentlichen Auftrag untreu zu werden. Ich meine Klaus von Dohnanyis Satz, die jüdischen Bürger in Deutschland müßten sich natürlich fragen, ob sie sich so viel tapferer als die meisten anderen Deutschen verhalten hätten, wenn nach 1933 «nur» die Behinderten, die Homosexuellen oder die Roma in die Vernichtungslager geschleppt worden wären.

Erstens kommt es darauf an, was der Fall gewesen ist, und nicht auf die Phantasien von jemandem, wer es auch sei, darüber, was gewesen wäre, wenn alles anders gekommen wäre, als es gekommen ist.

Zweitens würde es alle zivilen Maßstäbe auf den Kopf stellen, wenn jemand, der Opfer eines Verbrechens geworden ist, zunächst glaubhaft versichern müßte, er selber sei konstitutionell unfähig dazu, Verbrechen zu begehen – genauer am Beispiel: sei jederzeit bereit und in der Lage, Verbrechen zu verhindern oder sich doch für ihre Verhinderung Risiken auszusetzen, bevor ihm das Recht eingeräumt wird, über Strafe, Entschädigung und seinen Wunsch zu reden, das Verbrechen möge nicht vergessen werden.

Drittens verkürzt von Dohnanyis Satz die Frage, um die es geht, auf ein Modell, das zu simpel ist, das der Wirklichkeit nicht entspricht und darum zum moralischen Raisonnement nicht taugt: hier die Schergen des Regimes, dort eine Bevölkerung, die keinen Heldenmut aufbringt. – Helden sind stets nur wenige. Niemand kann von einem anderen verlangen, ein Held zu sein. Wohl aber kann von jedem verlangt werden, daß er kein Schurke und kein Lump sei. Seit 1945 sind im Zusammenhang mit dem Nationalsozialismus moralische Fragen unzulässig auf die Alternative: dulden oder widerstehen unter Einsatz des Lebens (oft sogar: Mittäter oder Selbstmörder) verkürzt worden. – Ab und zu ist es Menschen gelungen, aus Konzentrationslagern zu fliehen. Vielleicht ist über den Bauern, der sich nicht traute, einen Flüchtling vor SS-Suchtrupps zu verstecken, nicht viel mehr zu sagen, als daß er eben ein Feigling war, wie es die meisten von uns eben sind (und, gewiß, es möge jeder, der nicht das Gegenteil von sich bewiesen hat, sich einrechnen – das ist der Grund, warum wir die, die es nicht sind, bewundern, zuweilen verehren und warum zum Beispiel ein Preis nach zwei solchen Menschen benannt ist). Aber zu reden ist über die Bauern, die auf die Nachricht von Ausbrüchen hin auf eigene patriotische Faust Treibjagden veranstaltet haben; wenig auch über den, der sich nicht traute, Feindsender zu hören, aber viel über seine Nachbarn, deren Anzeige er zu fürchten hatte; einiges über den Professor, der nicht gegen die Maßnahmen gegen seine Kollegen protestierte, aber weit mehr über die, die beflissen ihren jüdischen Kollegen den Handschlag verweigerten und ihren Bibliothekszugang behinderten; wenig über die Beamten, die, weil sie um ihre Arbeit fürchteten, den Vorschriften gehorchten, aber eine Menge über die, die in der Rassenfrage Dienst nach Vorschrift für Verrat am deutschen Volke hielten und so die Maschinerie, die, wie Saul Friedländer zeigt, keine war, sondern eine mit Engagement betriebene Veranstaltung, am Laufen hielten; und so viel über die, denen es straflos freigestanden hätte, sich nicht daran zu beteiligen, Männer, Frauen und Kinder zu erschießen und zu erschlagen, aber das denn doch dem Spott der Kameraden, Weichlinge zu sein, vorzogen. Es geht schließlich nicht um diejenigen, die den Mut nicht hatten, gegen die antisemitische Politik des Regimes zu protestieren, sondern vor allem um die, die – sogar wenn sie Gegner des Regimes waren – die Überzeugung hatten, es gebe ein Judenproblem, das (irgendwie) zu lösen sei.

Das Bild einer nur passiven Bevölkerung zu zeichnen, der es allein an dem Heldenmut gefehlt habe, der im Zweifelsfalle jeder Mehrheit fehlt, ist historisch falsch. Die Verkürzung der moralischen Dimension auf die Alternative Held oder Märtyrer ist ethisch falsch. Ignatz Bubis hat die Kombination beider Fehler zu einer Vorhaltung an die Adresse der Überlebenden der Shoah und ihre Nachkommen in Deutschland «bösartig» genannt, denn sie verweigert den Opfern eine Differenzierung, die auch anderen Verbrechensopfern zu verweigern nicht nur ein Akt der Verletzung, sondern vor allem der Verweigerung eines selbstverständlichen zivilen Rechtes wäre. Wie sehr erst in diesem Falle. Mag sein, hier lag eine Gedankenlosigkeit vor. Dann wäre dokumentiert, was geschieht, wenn Menschen sich weniger Gedanken machen, als in ihrer Macht und Freiheit steht.

«Mein Gewissen, mein Gewissen, sag ich!»
Nachgeholte Lektüre einer Sonntagsrede

1.

Was würden Sie von jemandem halten, der Sie in regelmäßigen Abständen beiseite nähme und Ihnen eingehend versicherte, er sei inzwischen ganz normal? Soviel zu Walsers Frage: «In welchen Verdacht gerät man, wenn man sagt, die Deutschen seien jetzt ein ganz normales Volk?»

2.

Walser zitiert Kleist, «Prinz von Homburg», so: «Es kann keiner vom anderen verlangen, was er gern hätte, der aber nicht geben will. Und das ist nicht nur deutsche idealistische Philosophie. In der Literatur, zum Beispiel, Praxis. Bei Kleist. Und jetzt kann ich doch noch etwas Schönes bringen. Herrliche Aktionen bei Kleist, in denen das Gewissen als das schlechthin Persönliche geachtet, wenn nicht sogar gefeiert wird. Der Reitergeneral Prinz von Homburg hat sich in der Schlacht befehlswidrig verhalten, der Kurfürst verurteilt ihn zum Tode, dann, plötzlich: ‹Er ist begnadigt!› Natalie kann es kaum glauben: ‹Ihm soll vergeben sein? Er stirbt jetzt nicht?› fragt sie. Und der Kurfürst: ‹Die höchste Achtung, wie Dir wohl bekannt / Trag ich im Innersten für sein Gefühl / Wenn er den Spruch für ungerecht kann halten / Kassier’ ich die Artikel; er ist frei!› Also, es wird ganz vom Gefühl des Verurteilten abhängig gemacht, ob das Todesurteil vollzogen wird. Wenn der Verurteilte das Urteil für ungerecht halten kann, ist er frei.»

Natalie kann es kaum glauben. Ich auch nicht. Bei Walser wird der Prinz von Homburg begnadigt, weil er das Urteil für ungerecht hält, bei Kleist allerdings erst, nachdem er sich schuldig bekennt. Der Weg dahin ist gewunden, auch mancherlei Interpretationen offen, aber das «Gefühl», dem im Stücke Achtung bezeugt werden soll, ist nicht das Gewissen des Zivilisten, sondern das des untergebenen Militärs: «Er handle, wie er darf; / Mir ziemt's hier zu verfahren, wie ich soll!»

3.

Dabei klingt es wie eine Definition von Gewissen – nicht, was ein anderer (vielleicht) darf, sondern was ich muß –, jedenfalls protestantisch. Nun ist das protestantische Gewissen verdammt innerlich, aber mit sich allein ist es nicht. Aus der protestantischen Ansicht, es sei nicht moralisch, was nicht unter Gewissenszwang zustande komme, folgt keineswegs, daß das Gewissen autonom entscheide, was gut oder böse sei. Tatsächlich entscheidet natürlich jeder für sich, was gut, böse, richtig und falsch ist, und darum braucht es Außenkorrektive, ob diese sich nun als Forderung, an Bräuchen teilzunehmen, oder verinnerlicht als Gewissenszwang melden. Könnte das Gewissen sich selbst freisprechen, es gäbe kein schlechtes. – «Ein gutes Gewissen ist keins», sagt Walser und hat auch recht. Ergebnis: Gewissen wegdefiniert.

Gewissensentscheidungen nennt man solche, bei denen aufgrund von Wertekonflikten jemand nicht der einen oder anderen Normvorgabe folgen mag. Er entscheidet sich so oder so oder so, und wenn er sich dabei auf sein Gewissen beruft, sagt er damit, die Entscheidung sei bedeutsam, er habe sie wohl erwogen und sie sei für ihn von hoher Verbindlichkeit. Er behauptet nicht, sie sei unanfechtbar. Die Entscheidungen, die «nur mich etwas angehen», gehen nur mich etwas an, wenn sie und ihre Konsequenzen tatsächlich nur mich etwas angehen.

4.

«Wenn ein Denker ‹das ganze Ausmaß der moralisch-poli-
tischen Verwahrlosung› der Regierung, des Staatsapparates
und der Führung der Parteien kritisiert, dann» – hat er
vielleicht unrecht. Oder er spinnt. Aber daß «der Eindruck
nicht zu vermeiden (sei), sein Gewissen sei reiner als das
der politisch-moralisch Verwahrlosten», ist Unsinn. Es kann
so sein, muß aber keineswegs. – «Den Anschein vermeiden,
man wisse etwas besser», was für eine skurrile Maxime.
Etwas besser wissen und Besserwisserei ist ebensowenig
dasselbe wie moralische Kritik und moralische Überhebung.
Wer *etwas* besser weiß, weiß nicht *alles* besser; wer *Handlungen* als moralisch falsch kritisiert, behauptet damit nicht,
ein besserer *Mensch* zu sein. Kritik als Besserwisserei abzu-
wehren ist ebenso dumm, wie es amoralisch ist zu fordern,
jemand müsse entweder ein nachweislich besserer Mensch
sein, um über Moral reden zu dürfen, oder stille schweigen.
All das heißt nur, eine Mauer ziehen gegen unliebsame Einrede. Die Rhetorik dieser Grenzziehung: scheinbare Selbstverständlichkeiten so ungenau formulieren, daß sie absurd
werden, aber ihren Zweck erfüllen – Gemeinschaft stiften.
Denn so ganz allein ist denn doch niemand gerne mit sich
und seiner «durchgängigen Zurückgezogenheit in sich
selbst».

5.

Mit Siebzig sollte man nicht mehr von allen gemocht werden. Wo einer sich der Öffentlichkeit verweigern und Inti-
mität herstellen will, muß er sich eingeschränkten Öffent-
lichkeiten zur Schau stellen oder sein Publikum in einen
Haufen Gleichgesinnte verwandeln. Walser ist das gelungen, indem er in der Paulskirche geredet hat, als wäre er im
Gasthof. Mit Augenzwinkern: «Sie wissen schon», mit:
«Warum bietet sich mir das so dar?», und – «Was fehlt
meiner Wahrnehmungsfähigkeit?» – da schmunzeln sie

schon – «Oder liegt es an meinem zu leicht einzuschläfern-
den Gewissen?» – und lachen bereits (Walser! und einzu-
schläferndes Gewissen!) – «In welchen Verdacht gerät man,
wenn man sagt, die Deutschen seien jetzt ein ganz normales
Volk, eine ganz gewöhnliche Gesellschaft?» – und da werden sie endlich laut (Genau! In welchen Verdacht geraten
wir! 50 Jahre! Ein ganz gewöhnliches Volk sind wir!).

Die 1000 Zustimmungsbriefe, die Walser, wie er sagte,
bekommen hat, möchte ich nicht lesen. Nach seiner Aussage steht folgendes drin: «Was wir bis jetzt hinter vorgehal-
tener Hand sagten oder unter Freunden sagten, das haben
Sie öffentlich ausgesprochen, und dafür sind wir Ihnen
dankbar. So, und ich denke: Das müssen wir jetzt ernst
nehmen.» Vermutlich.

6.

Walser hat sich klar ausgedrückt, und seine Rede ist nicht
mißverständlich gewesen: die Klarheit, die für eine Debatte
nötig gewesen wäre, hat er nicht herstellen wollen, weil er
keine Debatte wollte. Aber die Klarheit, zwischen denen zu
unterscheiden, die mit ihm diese Debatte nicht wollten, und
den anderen, hat er hergestellt. Er hat zwischen Wir und
Sie unterschieden, und er hat es so gemacht, daß die, die
ins Wir sich eingeschlossen fühlen, wissen, was er meint. Er
hat geeint. Es ist sein Beitrag zur inneren Einheit gewesen:
«‹Wir dürften, sage ich vor Kühnheit zitternd, die BRD so
wenig anerkennen wie die DDR. Wir müssen die Wunde
namens Deutschland offenhalten.› Das fällt mir ein, weil ich
jetzt wieder vor Kühnheit zittere, wenn ich sage: Auschwitz
eignet sich nicht dafür, Drohroutine zu werden, jederzeit
einsetzbares Einschüchterungsmittel oder Moralkeule oder
auch nur Pflichtübung. Was durch Ritualisierung zustande
kommt, ist von der Qualität des Lippengebets. Aber in
welchen Verdacht gerät man, wenn man sagt, die Deutschen seien jetzt ein ganz normales Volk, eine ganz gewöhnliche Gesellschaft?» – Die einen (draußen) zucken

die Achseln: «Gewiß, das stimmt irgendwie, wir könnten ihm zustimmen, wenn er es doch klarer sagte, und was er meint mit ‹Moralkeule› und für wen ist Auschwitz ‹Drohroutine›, und warum eigentlich zittert Walser?» Die anderen (innen) sagen: «Genauso isses.» – Walser wollte keine «Schlußstrich*debatte*» beginnen, sondern eine Grenze *markieren*.

7.

«Die Instrumentalisierung unserer Schande», immer wieder «Schande»: «Jeder kennt unsere geschichtliche Last, die unvergängliche Schande, kein Tag, an dem sie uns nicht vorgehalten wird» – «diese Dauerrepräsentation unserer Schande» – «die Vorhaltung unserer Schande» – «die Monumentalisierung unserer Schande». Er hätte vom Verbrechen sprechen sollen, hatte Ignatz Bubis eingewandt, und Walser nahm es für den Beleg dessen, woran er Ärgernis genommen hatte: daß man vorschreibe, wie zu reden sei. «Wenn Herr Bubis mir vorschreibt, ich darf nicht Schande sagen, sondern ich soll Verbrechen sagen, dann bemerke ich darin eine Vorschrift, Herr Bubis. Dann wollen Sie mir sagen, wie ich mit meinem Gewissen umgehen soll. Und dann wehre ich mich dagegen.» Bubis hatte Einwände gemacht, Einwände gehören zu einer Debatte. Walser hatte keine Debatte gewollt, sondern eine Grenze markieren wollen. Für ihn war Bubis' Einrede die Verletzung dieser Grenze und gleichzeitig nach innen Beleg, wie notwendig diese Grenze sei. – Schande, so weiß jeder, der sich «der Sprache ausliefert», wie jeder, der ein Wörterbuch zu benutzen weiß, ist «Ehrverminderung». («O Schand' und ew'ge Schande, nichts als Schande!» ruft Shakespeares Herzog von Bourbon auf dem Feld von Agincourt, als er die Niederlage erkennt, und Fontanes Frau Hulen sagt in «Vor dem Sturm» und denkt dabei auch an eine verlorene Schlacht: «Aber nichts für ungut, Herr Feldwebel Klemm, davon dürfen wir nicht sprechen, denn das ist ein schlechter

Vogel, der sein eigenes Nest beschmutzt, und das Unglück von damals oder die Schande von damals, ich weiß nicht, was richtig ist, das muß nun begraben und vergessen sein.»)

Dem Verbrechen folgt die Empfindung der Schande ebensowenig automatisch, wie ihr Vorhandensein auf ein voraufgegangenes Verbrechen schließen läßt. Aber trotzdem ist Walsers Wort nicht einfach das falsche Wort. Für Schande gilt (anders als für Schuld etwa oder Verantwortung), daß man ihrer ledig ist, wenn man sich ihrer ledig fühlt, und wer darauf besteht, sie existiere fort, wer nicht abläßt, sie vorzuhalten, der tut unrecht. Mit der Wahl des Wortes «Schande» konstituiert Walser ein Wir, das nur aus Selbstzuschreibungen besteht, ein eben darum dummes, aber, das ist der Ertrag so beschaffener Dummheit, seiner selbst gewisses Wir.

8.

«Wissen Sie», sagte Martin Walser im Gespräch zu Ignatz Bubis, «was Sie einmal gesagt haben, Sie haben gesagt, der Walser will seinen Seelenfrieden. Hätten seine Vorfahren dafür gesorgt, daß die Juden nicht umgebracht wurden, hätte er seinen. Herr Bubis, das sage ich Ihnen: Ich will meinen Seelenfrieden, verstehen Sie. Und wie ich ihn kriege, das ist in mir, das ist mein Gewissenshaushalt. Und da lasse ich mir von niemandem, auch nicht von Ihnen, dreinreden. Oder ich pfeife drauf, dann schenke ich es Ihnen.» Seine Rede habe befreiend gewirkt – «Befreiende Wirkung heißt, unser Gewissen ist unser Gewissen, das lassen wir uns nicht von anderen vorschreiben.» Keine Spekulationen von anderen darüber, wer «wir» wohl sind: «Ich lasse mir die tausend Briefe nicht schlecht machen», und: «Ich habe noch nie in diesen Jahren so etwas Volksabstimmungshaftes erlebt. (...) Das kann nicht nur ein Mißverständnis meiner Rede sein.» Bubis: «Zum großen Teil schon.» Walser: «Meine Briefschreiber sind in der Mehrzahl ehrenwerte Leute. Also bleibt es dabei.»

9.

Es ist nicht inkonsequent, wenn Walser dem deutschen Staatsbürger Bubis untersagen möchte, zu deutschen Angelegenheiten Stellung zu nehmen: «Ich glaube, ich habe Sie im Fernsehen gesehen in Lichtenhagen bei Rostock. Jetzt frage ich Sie, als was waren Sie dort?» Bubis: «Ich stand vor dem Haus mit den verrußten Fenstern und habe mir vorgestellt, es waren Menschen drin und es wurden Molotowcocktails dort reingeschmissen. Das hat bei mir schlimmste Erinnerungen wachgerufen. Nur, das habe ich auch gesagt, (...) das war in Lichtenhagen der Mob. Und das, woran ich mich erinnert habe, das war der Staat, der das organisiert durchgeführt hat.» Walser: «Ja, aber verstehen Sie, wenn Sie auftauchen, dann ist das sofort rückgebunden an 1933. (...) Und das können die Leute nicht mehr ertragen, und das wollen sie nicht andauernd hören, und darauf haben sie ein Recht, denn sie haben mit diesem Spuk nichts mehr zu tun.»

Auf die Frage der «Bunten Illustrierten», was er seinem Mitbürger Ignatz Bubis zu Weihnachten wünsche, antwortete der Deutsche Martin Walser: «Einen so guten Rotwein, wie ich ihn trinken werde. Chateaux Margaux, Premier Cru. Der ist völkerverbindend.»

10.

Walser: «Und, Herr Bubis, da muß ich Ihnen sagen, ich war in diesem Feld beschäftigt, da waren Sie noch mit ganz anderen Dingen beschäftigt. Sie haben sich diesen Problemen später zugewendet als ich.» Bubis: «Ich hätte nicht leben können. Ich hätte nicht weiterleben können, wenn ich mich damit früher beschäftigt hätte.» Walser: «Und ich mußte, um weiterleben zu können, mich damit beschäftigen.» – «Weiter leben» – aber so heißt ein anderes Buch, nicht: «Ein springender Brunnen».

ANHANG

Anmerkungen

«Wie hätte ich mich verhalten?» –
Gedanken über eine populäre Frage

1 Jürgen Habermas, Heidegger – Werk und Weltanschauung, in: Victor Farias, Heidegger und der Nationalsozialismus, Frankfurt am Main 1989, S. 12 (Hervorhebung im Original).

2 Rolf Hochhuth, Recht auf Nachsicht?, in: Konkret 5/89, S. 67 (Hervorhebungen im Original).

3 Hochhuth, a. a. O., S. 67 f. (Hervorhebungen im Original).

4 Tzvetan Todorov, Zehn Jahre ohne Primo Levi, in: Mittelweg 36, H. 5/98, S. 11 f.

(Brief von Klaus von Dohnanyi an Jan Philipp Reemtsma vom 8. Juni 2000)

Lieber Herr Reemtsma,
nun bin ich endlich dazu gekommen, Ihren Essay „Wie hätte ich mich verhalten?" zu lesen. Meine Reaktion erfolgt auf zwei Ebenen:

Erstens finde ich die Systematik bewundernswert, mit der Sie eine Vielzahl unsinniger Argumente widerlegen, die gegen das Recht der Nachgeborenen vorgebracht werden könnten, vorangegangene Generationen und deren Verhalten moralisch zu beurteilen. Und zweitens komme ich zu dem Ergebnis, dass gerade deswegen Ihre Überlegungen ebenso haarscharf wie vollständig an der sehr viel einfacheren Fragestellung vorbeigehen. Lassen Sie mich das nur kurz – wir sollten darüber diskutieren – begründen.

Ihre zentrale These – wenn ich Sie recht verstanden habe – geht davon aus, dass nicht nur unser Rechtssystem, sondern auch seine ethischen Fundamente, die Beurteilung und das Urteil über ein Verhalten in einer bestimmten Situation, an allgemeinen Maßstäben orientiert sind, die nicht voraussetzen, dass der Urteilende sich schon selbst in einer vergleichbaren Situation befunden habe. Sie deklinieren diese „Achse" des Rechtsstaates sehr überzeugend durch alle Variationen der Frage „wie hätte ich mich verhalten?" und man kann dabei Ihren Konsequenzen selbstverständlich nicht widersprechen. Allerdings geht Ihre Systematik von einer Voraussetzung aus, die der „Frage" gar nicht innewohnt: Sie gehen nämlich davon aus, dass die „Frage" sich auch auf *alle* möglichen Ebenen „unmoralischen" Verhaltens bezieht. Nur so können Sie dann der Frage schließlich ihre Substanz nehmen und folgern: „Wir müssen voneinander – ohne jede Nachsicht – verlangen, dass wir keine Mörder werden, dass wir uns nicht freiwillig an Verbrechen beteiligen …". So enden Sie bei Selbstverständlichkeiten, wie zum Beispiel jener Antwort auf die „Frage", die zu einer „moralische[n] Unbedenklichkeitserklärung" führen könnte.

Wäre die „Frage" so – also falsch – gestellt worden, dann wäre sie natürlich von Ihnen richtig beantwortet. Aber die „Frage", wie sie von mir – und anderen – gestellt wird, ist viel einfacher, viel weniger akademisch und im Kern eine ganz andere. Es geht natürlich nicht darum, ob jemand die Ausrede erlaubt werden könne, „weil man von mir nicht verlangen könne, ein Held zu sein, so müsse man mir auch verstatten, ein Mörder zu sein." Natürlich ist das „monströs". Ich hatte damals gefragt: „*Allerdings müßten sich natürlich auch die jüdischen Bürger in Deutschland fragen, ob sie sich so sehr viel tapferer als die meisten anderen Deutschen verhalten hätten, wenn nach 1933 „nur" die Behinderten, die Homosexuellen oder die Roma in die Vernichtungslager geschleppt worden wären. Ein jeder sollte versuchen diese Frage für sich selbst ehrlich zu beantworten.*" Schon damals war Ihre Reaktion – und ich erwiderte ja auch sofort klärend in der FAZ – so, als hätte ich den Juden eine potenzielle Täterexistenz zugeschrieben. Aber mein Text damals war, und meine wiederholte Frage bleibt einfach und eindeutig: Wie hätten Sie sich – wie hätte ich mich – verhalten, wenn andere vor unseren Augen mit den Methoden und Bedrohungen der Nazis Behinderte und Roma verschleppt hätten? Es geht also selbstverständlich nur um Zuschauer und Wegschauer, nicht um Täter und auch nicht um außergewöhnliche Situationen, wie Sie eine solche im Falle Elisabeth Langgässer beschrieben haben. Schon das Wort „tapfer" macht deutlich, dass ich nicht nach „Tätern" oder „Helfershelfern", sondern nach den „Zuschauern" frage.

Die „Frage" hat doch offenkundig auch nur *einen* Sinn: Sie will nicht wissen, ob ich in Nazi- oder DDR-Jahren ohne moralisch vertretbaren Grund zu einem unanständigen Menschen geworden wäre; auch das kann individual- und sozial-psychologisch interessant und wichtig sein. Aber meine, „die" Frage will erkunden, ob jemand, der heute über die untätigen Zuschauer damals, über die Mitläufer und privaten Dulder des Systems urteilt, sich selbst darüber im Klaren ist, was von ihm gefordert worden wäre, hätte er sich nicht wie diese „Zuschauer" verhalten. Entscheidend ist nun, dass ich im Unterschied zu Ihnen nicht glaube, dass „die Zivilisationskatastrophe der Jahre 1933 bis 1945 [] nicht darin bestanden [hat], dass so viele Menschen der Gewalt gewichen sind, und darum das Böse geduldet haben. Sie hat in dem hohen Grad an Freiwilligkeit bei der Beteiligung an Taten bestanden, deren Amoralität ganz außer Frage stand." Das Gegenteil scheint mir richtig.

Vielleicht unterscheidet uns hier auch unser Alter, unsere Erfahrungen. Aber man muss kein Zyniker sein, um anthropologische Gegebenheiten zu akzeptieren: Ich bin sicher, dass der Anteil krimineller oder gleichgültiger Mittäter im Deutschland des Nazi-Regimes nicht höher war, als dieser Anteil unter vergleichbaren äußeren Bedingungen, Chancen und Bedrohungen auch in anderen Völkern gewesen wäre. Goldhagen beziffert, wenn ich richtig erinnere, die Zahl der Täter und Helfershelfer (bis zu den Eisenbahnbeamten) mit etwa 1 Mio. Unterstellt man einmal diese Zahl (mir scheint sie übertrieben) und, dass alle nur Deutsche waren (was gewiss nicht richtig ist) und nimmt man die deutsche erwachsene (über 18) Bevölkerung in den entsprechenden Jahren einmal mit 2/3 von 80 Mio. an, so kommt man auf rund 53 Mio. Menschen; 1 Mio. davon wären knapp 2%. Wenn ich nun z. B. überlege, wie hoch der Anteil der Sklavenhändler, Sklavenhalter und Sklavenschinder an der britischen Marine oder der US-Südstaaten-Bevölkerung war; wie hoch der Anteil der am Gulag-System Beteiligten; wie hoch der Anteil der gewalttätigen chinesischen „Kulturrevolutionäre" oder der Roten Khmer Täter bei der Vernichtung ihrer Bevölkerung; oder gar wie hoch der Anteil der französichen Intellektuellen, die den Terreur nicht nur opportunistisch ertrugen, sondern aktiv unterstützten – dann scheint mir leider offenbar, dass ein gewisser Anteil gewissenloser Menschen conditio humana ist – und unser aller Schicksal, mit und unter solchen Menschen zu leben. Ob nun ein, zwei oder fünf Prozent.

Wenn dem aber so ist – dann wird natürlich entscheidend „wie viele Menschen der Gewalt [weichen]". Niemals können wir uns darauf verlassen, dass es keine kriminellen Potenziale gibt! Sie tun ja so, als ob es auch ohne Polizei und Gerichte Sicherheit in unserer Gesellschaft gäbe! Es sind die „normalen" Menschen, die im politischen System durch ihren rechtzeitigen Widerstand gegen

Gewalttäter dafür sorgen müssen – vergleichbar Polizei und Gerichten im Rechtssystem –, dass die Gewalt „weicht", und nicht die Vielen den Gewalttätigen. Mit gutem Grund beendet die kürzlich in London eröffnete Holocaust-Ausstellung den Gang durch die Hölle mit der Ermahnung Edmund Burkes: „Damit das Böse siegt, genügt es, dass gute Menschen nichts unternehmen."

Insofern ist die Frage, „wie hätte ich mich verhalten?" auch keine Frage, mit der man einen moralischen Vorwurf gegenüber ziviler Feigheit neutralisieren kann oder will. Die Frage dient vielmehr im Gegenteil einer Stärkung der Zivilcourage heute, weil sie dem sich selbst Fragenden klar macht, dass es zivile Sicherheit ohne Zivilcourage niemals geben wird. Praktizierte Zivilcourage des Bürgers ist sozusagen die „Polizei" des politischen Systems und diese Zivilcourage lernt man nur, indem man sich den Gefahren stellt: in der Gegenwart real und in der Vergangenheit hypothetisch! Wer der „Frage" also ausweicht, bringt sich selbst um den essenziellen Lerneffekt unserer Vergangenheit. Und insofern gilt meine Aufforderung an alle – denn alle, Juden und Nichtjuden gleichermaßen, sind als Bürger verantwortlich für unsere demokratische Zukunft.

Mit freundlichen Grüßen
Ihr Klaus von Dohnanyi

Der Leser möge urteilen, ob die Kontrahenten aneinander vorbeireden oder nicht. Mir will nicht einleuchten, was der Satz „Allerdings müßten sich natürlich auch die jüdischen Bürger in Deutschland fragen, ob sie sich so viel tapferer ..." anderes bedeuten soll, als eine Rahmenbedingung festzulegen, unter der allein retrospektive Kritik statthaft sein soll. Und wenn das so ist, dann kann das doch nur heißen: Wer die Frage mit Nein beantwortet, soll bitteschön mit Kritik zurückhaltend sein. Klaus von Dohnanyi bestreitet, daß sein Satz so gelesen werden kann, oder möchte doch wenigstens, daß sein Satz so nicht gelesen wird. Nur hat er dann eben keinen Sinn mehr. Hätte die Antwort auf Dohnanyis Frage keinerlei Auswirkungen darauf, ob jemand zur Kritik berechtigt ist oder nicht, sondern wäre allein ein privates Exerzitium, so wäre sie als Einrede – „allerdings müßten sich natürlich auch die jüdischen Bürger ..." funktionslos.

Mir scheinen Dohnanyis Einreden nur auf eines hinauszulaufen: zu betonen, daß der Mensch nicht gut sei. Das ist er zweifellos nicht, aber das ändert nun einmal nichts an der Tatsache, daß bestimmte Taten nicht immer und überall und von jedem, sondern zu einem bestimmten Ort und zu einer bestimmten Zeit und von benennbaren Tätern begangen worden sind. Hätten andere unter anderen Umständen vielleicht –? Nunja, vielleicht, allein, sie haben nicht, und wir sollten uns mit dem befassen, was tatsächlich geschehen ist. Das gilt auch für die von Dohnanyi angeführte Sklavenschinderei in den Südstaaten der USA. Wenn man über die reden will, sollte man das tun, und nicht den Hinweis auf die Zwangsarbeiter in Deutschland hinterher schicken.

Ich bin der Meinung, daß der Maßstab, an dem man das Verhalten der Deutschen in den Jahren 1933 bis 1945 messen sollte, nicht das Verhalten irgendeiner anderen Bevölkerung sein darf, die sich auf ihre Weise als barbarisch erwiesen hat, sondern das einer Bevölkerung, die sich signifikant anders verhalten hat, etwa die dänische Bevölkerung während der deutschen Besatzung. Sonst ruiniert man die Standards.

Was heißt: aus der Geschichte lernen?

1 Niccolò Machiavelli, Der Fürst, in: Ders., Politische Schriften, hrsg. v. Herfried Münkler, Frankfurt am Main 1996, S. 59.

2 Ebd., S. 33.

3 Zitiert aus: Karl Löwith, Vom Sinn der Geschichte, in: Ders., Der Mensch inmitten der Geschichte. Philosophische Bilanz des 20. Jahrhunderts, Stuttgart 1990, S. 309.

4 Karl Löwith, Weltgeschichte und Heilsgeschehen, a. a. O., S. 125 f.

5 Ebd., S. 128.

6 Georg Friedrich Wilhelm Hegel, Encyclopädie der philosophischen Wissenschaften im Grundrisse, § 551.

7 Achatz von Müller, «Mittelalterliche Geschichtsschreibung», in: Manfred Asendorf et al., Geschichte. Lexikon der wissenschaftlichen Grundbegriffe, Reinbek 1994.

8 Karl Löwith, a. a. O., S. 136. f.

9 Vgl. auch Theodor W. Adorno, Minima Moralia, letztes Stück.

10 Achatz von Müller, «Geschichtsschreibung der Renaissance und des Humanismus», in: Achatz v. Müller a. a.O.

11 Niccolò Machiavelli, Geschichte von Florenz, a. a. O., S. 318.

12 Ebd., S. 319.

13 Niccolò Machiavelli, Der Fürst, a. a. O., S. 118. ff.

14 Hayden White, Metahistory. Die historische Einbildungskraft im 19. Jahrhundert in Europa, Frankfurt am Main 1991, S. 78.

15 Ebd., S. 79.

16 Christoph Martin Wieland: Der goldne Spiegel oder Die Geschichte der Könige von Scheschian, in: Ders., Sämmtliche Werke, Bd. 6, Leipzig 1794, S. 296.

17 Michel de Montaigne, Die Essais, ausgewählt, übertragen und ein-
geleitet von Arthur Franz, Stuttgart 1989, S. 204.

18 Jan Kott, Shakespeare heute, München 1980, S. 351.

19 *Vgl. Anm. 23.*

20 Jan Kott, a. a. O., S. 20 f. – Übersetzung:
Königin Margareta:
Mein war ein Eduard, doch ein Richard schlug ihn;
Mein war ein Heinrich, doch ein Richard schlug ihn;
Dein war ein Eduard, doch ein Richard schlug ihn.
Dein war ein Richard, doch ein Richard schlug ihn.
Herzogin von York:
Mein war ein Richard auch, und du erschlugst ihn;
Mein war ein Rutland auch, du halfst ihn schlagen ...
Königin Margareta:
Tot ist dein Eduard, Mörder meines Eduards;
Ein andrer Eduard tot für meinen Eduard;
Der junge York war Zutat ...
Tot ist dein Clarence, Meuchler meines Eduards;
Und die Zuschauer dieses Trauerspiels,
Der falsche Hastings, Rivers, Vaughan, Grey,
Sind vor der Zeit versenkt ins dumpfe Grab.

21 Hayden White, a. a. O., S. 90.

22 Johann Karl Wezel, Belphegor oder die wahrscheinlichste Geschichte unter der Sonne, Nördlingen 1986, S. 222.

23 Zitiert nach: Theodor Lessing, Geschichte als Sinngebung des
Sinnlosen, München 1983, S. 138.

24 Johann Gottfried Herder, Ideen zur Philosophie der Geschichte der
Menschheit, in: Herders Sämmtliche Werke, Bd. 13, hrsg. v. Bern-
hard Suphan, Berlin 1887, S. 197.

25 Ebd., Bd. 14, S. 249 f.

26 Georg Friedrich Wilhelm Hegel, zitiert aus: Karl Löwith, Weltgeschichte und Heilsgeschehen, a. a. O., S. 142 f.

27 Tzvetan Todorov, Angesichts des Äußersten, München 1993.

Was ist so interessant an der historischen Wahrheit?
Überlegungen anläßlich der Debatte um die Ausstellung
«Vernichtungskrieg. Verbrechen der Wehrmacht 1941 bis 1944»

1 Sigmund Freud, Gesammelte Werke, Bd. IV, S. 247.

2 A. a. O. Bd. X, S. 312.

3 A. a. O. Bd. XVI, S. 94.

4 A. a. O. Bd. IV, S. 247.

5 Donald Davidson, Die Methode der Wahrheit in der Metaphysik,

in: Ders., Wahrheit und Interpretation, Frankfurt am Main 1986, S. 284. – Davidsons Argument, mit dem er begründen möchte, warum dieses gemeinsame Weltbild auch «in groben Zügen wahr» sein müsse, erscheint mir erkünstelt und nicht überzeugend.

6 Richard Rorty, Is Truth a Goal to Enquiry?, zitiert aus: Jürgen Habermas, Wahrheit und Rechtfertigung. Zu Richard Rortys pragmatischer Wende, in: Ders., Wahrheit und Rechtfertigung. Philosophische Aufsätze Frankfurt am Main 1999, S. 165 f.

7 Ebda.

8 Ebd., S. 255.

9 Dies ist übrigens kein ontologisches Argument, wohl aber die Stelle, an der im Alltag das Bedürfnis nach Ontologie entsteht – ein Bedürfnis, dem wir übrigens nicht nachkommen müssen. Für einen in der Wolle gefärbten Pragmatiker dürfte eine zureichend befriedigende Formulierung sein, daß es sich bei Ontologie um ein elaboriertes Vokabular handelt, die Implikationen der Unterscheidung zwischen meinen und wissen zu prüfen.

10 Michel des Montaigne, Essais, Frankfurt am Main 1998, S. 333.

11 Immanuel Kant, Metaphysische Anfangsgründe der Tugendlehre, in: Ders., Gesammelte Schriften, hrsg. v. der Königlich Preußischen Akademie der Wissenschaften, Bd. I, 6, Berlin 1907, S. 429.

12 Habermas a. a. O., Ebd., S. 255.

13 Um einem verbreiteten Mißverständnis zu begegnen: dieser Beschreibung widerspricht nicht, daß jemand zum Beispiel einen Richter besticht. Nur muß sich das Ergebnis, um den Intentionen des Bestechenden gerecht zu werden, rechtsförmig darstellen. Gerade der Versuch der Außensteuerung muß, um erfolgreich zu sein, sich der Binnensteuerung unterwerfen, zumindest in Form der Mimikry.

14 Niklas Luhmann, Ethik als Reflexionstheorie der Moral, in: Ders., Gesellschaftsstruktur und Semantik. Studien zur Wissenssoziologie der modernen Gesellschaft, Bd. 3, Frankfurt am Main 1989, S. 431. Vgl. in diesem Band „Theorie der Moral nach Todorov und Luhmann".

15 Ebd., S. 432.

16 Wenn Sie die verrutschte Metapher verzeihen.

17 Friedrich Nietzsche, Vom Nutzen und Nachteil der Historie für das Leben, Frankfurt am Main 1989, S. 33 f.

18 Vgl. Jan Philipp Reemtsma, Was man plant, und was daraus wird. Gedanken über ein prognostisches Versagen, in: Michael Th. Greven/Oliver von Wrochem (Hg.), Der Krieg in der Nachkriegszeit. Der Zweite Weltkrieg in Politik und Gesellschaft der Bundesrepublik, Opladen 2000, S. 273–290.

19 Das Rußlandbild des deutschen Soldaten. Berlin 1941.

20 Zitiert aus: Petra Bopp: «Wo sind die Augenzeugen, wo ihre Fotos?», in: Hamburger Institut für Sozialforschung (Hg.), Eine Ausstellung und ihre Folgen. Zur Rezeption der Ausstellung «Vernichtungskrieg. Verbrechen der Wehrmacht 1941 bis 1944», Hamburg 1999, S. 198–229.

21 Interviewpassagen aus: Hamburger Institut für Sozialforschung (Hg.), Besucher einer Ausstellung. Die Ausstellung «Vernichtungskrieg. Verbrechen der Wehrmacht 1941 bis 1944» in Interview und Gespräch, Hamburg 1998.

22 Zitiert aus Bopp, a. a. O.

Theorie der Moral nach Todorov und Luhmann

1 Jürgen Habermas, Moralität und Sittlichkeit. Treffen Hegels Einwände gegen Kant auch auf die Diskursethik zu? in: Wolfgang Kuhlmann (Hrsg.), Moralität und Sittlichkeit. Das Problem Hegels und die Diskursethik, Frankfurt am Main, S. 18.

2 Taufe, manchmal gestaffelt: Taufe, Konfirmation.

3 Luhmann kritisiert, zugegebenermaßen etwas zu süffisant, das diskursethische Konzept folgendermaßen: «Aufgrund älterer dialogischer Kunstlehren ist von Jürgen Habermas die Idee des Diskurses formuliert worden, auf die man sich nach Habermas immer schon eingelassen habe, sofern man überhaupt kommuniziere. Der Diskurs verlangt, daß man Gründe für Meinungen oder Normierungen so vorträgt, daß sie die ungehinderte, unverzerrte, gewaltlose, herrschafts- und ermüdungsfreie Teilnahme anderer an der Begründung selbst voraussetzen. Nun ist das ja wirklich selbstverständlich.» Im Normal- resp. absehbaren Erfolgsfall. Was aber ist, wenn auf diese Weise keine Positionen erreicht werden, die allen Beteiligten als Wahrheit erscheinen? Das Rezept des Diskurses ist dann: weitermachen. Daß es Gründe dafür geben kann, den Diskurs selbst abzubrechen und das Scheitern in der eigenen Theorie zu rekonstruieren, wird nicht anerkannt und kann auch nicht anerkannt werden, weil die Gründe des Anerkennens, wie immer rational sie sein mögen, jedenfalls nicht diskursfähig sind. Wer sich auf Diskurse aus vorweggenommener Einsicht gar nicht erst einläßt oder sie abbricht, ist der eigentliche Gegner. In bezug auf ihn bleibt der Diskurstheorie nun selbst gar nichts anderes übrig als zu totalisieren. Die dafür geltende Kategorie ist der ‹Monolog›. Wer sich dem Diskurs nicht stellt, führt einen Monolog und scheidet damit aus der Gesellschaft von Anwärtern auf intersubjektiv haltbare Vernunft aus.» Niklas Luhmann, Soziologie der Moral,

in: Ders./Stephan H. Pfürtner (Hg.), Theorietechnik und Moral, Frankfurt a. M. 1978, S. 21 f. Eine in der Stoßrichtung verwandte, aber aus ganz anderem Kontext stammende Kritik findet sich in: Jan Philipp Reemtsma, Das Buch vom Ich. Christoph Martin Wielands «Aristipp und einige seiner Zeitgenossen», Zürich 1993, S. 303 ff.

4 Über die nicht geringen Schwierigkeiten, die dieses Gedankenmodell macht, wenn man es sehr ernst nimmt, vgl. Ernst Tugendhat, Bemerkungen zu einigen methodischen Aspekten von Rawls' «Eine Theorie der Gerechtigkeit» in: Ders., Probleme der Ethik, Stuttgart 1987, S. 10 ff.

5 «Ein konservativer», denn man kann natürlich behaupten, die aristotelische Ethik lasse sich von bestimmten historischen Schlacken befreien.

6 Arthur Schopenhauer, Preisschrift über die Grundlage der Moral, in: Ders., Werke in fünf Bänden, nach den Ausgaben letzter Hand hrsg. v. Ludger Lütkehaus, Bd. 3, Zürich 1988, S. 477.

7 Gotthold Ephraim Lessing, Nathan der Weise, Vers 505 ff., in: Ders., Werke und Briefe, hrsg. v. Wilfried Barner et al., Bd. 9, Frankfurt am Main 1993, S. 559.

8 Heinrich von Kleist, Dramen 1808–1811, Frankfurt am Main 1987, S. 535 f.

9 Ebd. S. 514 f.

10 Frantz Fanon, Die Verdammten dieser Erde, Reinbek 1969, S. 33.

11 Theodor W. Adorno, Negative Dialektik, in: Ders., Gesammelte Schriften, hrsg. v. Rolf Tiedemann, Bd. 6, Frankfurt am Main 1984, S. 358. – Er fügt hinzu: «Dieser Imperativ ist so widerspenstig gegen seine Begründung wie einst die Gegebenheit des Kantischen. Ihn diskursiv zu behandeln, wäre Frevel: an ihm läßt leibhaft das Moment des Hinzutretenden am Sittlichen sich fühlen. Leibhaft, weil es der praktisch gewordene Abscheu vor dem unerträglichen physischen Schmerz ist, dem die Individuen ausgesetzt sind, auch nachdem Individualität, als geistige Reflexionsform, zu verschwinden sich anschickt. Nur im ungeschminkt materialistischen Motiv überlebt Moral.»

12 Hannah Arendt, Gedanken zu Lessing. Von der Menschlichkeit in finsteren Zeiten, in: Dies., Menschen in finsteren Zeiten, hrsg. v. Ursula Ludz, München 1989, S. 33. – Man kann an diesem Zitat übrigens sehen, um wieviel klüger die Aufklärer, manche wenigstens, waren, als ihr Ruf es wahrhaben will, und zweitens, wie hartnäckig auch in diesem Fall die Legende, die das Stück «Nathan der Weise» umgibt. Lessings Nathan hätte selbstverständlich das «tritt näher Jude!» des Saladin mit einem Ausbruch von Mensch-

heitsemphase beantwortet. Überall dort, wo das Macht- und Achtungsgefälle ihn zum Juden macht, besteht er darauf, einer zu sein, auch wenn der andere das scheinbar vergißt: «Sultan, ich bin ein Jud!» Erst wenn etwas wie eine kommunikative Vorklärung stattgefunden hat, tritt der Mensch wechselseitig an die Stelle von Jude und Christ, wie als (Zwischen-)Resultat der Unterredung mit dem Tempelherrn.

13 Ebd., S. 39 f.

14 Tzvetan Todorov, Angesichts des Äußersten, München 1993, S. 45. (das sollte man mit Améry [und vielleicht Sartre] noch etwas anders formulieren.)

15 Ebd., S. 42. f.

16 Ebd., S. 311.

17 Ebd., S. 312.

18 Ebd., S. 312.

19 Ebd., S. 315.

20 Ebd., S. 315.

21 Die letzte diskutierte Tugend, die der «Tätigkeit des Geistes», kann in unserem Zusammenhang undiskutiert bleiben.

22 Ebd., S. 13.

23 Ebd., S. 66.

24 Ebd., S. 13 ff., 17.

25 Ebd., S. 16.

26 Der sein Ziel n. b. nicht erreicht, vgl. Todorov, S. 16.

27 Ebd., S. 31.

28 Ebd., S. 63. – «Eine Handlung sagt er (Kant, jpr), habe erst dann ächten moralischen Werth, wenn sie lediglich aus Pflicht, und bloß um der Pflicht willen geschehe, ohne irgend eine Neigung zu ihr. Der Werth des Charakters hebe erst da an, wenn Jemand, ohne Sympathie des Herzens, kalt und gleichgültig gegen die Leiden Anderer und nicht eigentlich zum Menschenfreunde geboren, doch bloß der leidigen Pflicht halber Wohlthaten erzeigte. (...) ‹Die Gesinnung, die dem Menschen, das moralische Gesetz zu befolgen, obliegt, ist, aus Pflicht, nicht aus freiwilliger Zuneigung und auch allenfalls unbefohlener, von selbst gern unternommener Bestrebung zu befolgen.› Befohlen muß seyn! Welche Sklavenmoral!» Arthur Schopenhauer, a. a. O., S. 490.

29 Todorov, a. a. O., S. 79.

30 Ebd., S. 94 f.

31 Ebd., S. 94.

32 Ebd., S. 329.

33 Ebd., S. 322.

34 Ebd., S. 328.

35 Niklas Luhmann, Ethik als Reflexionstheorie der Moral, in: Ders., Gesellschaftsstruktur und Semantik. Studien zur Wissenssoziologie der modernen Gesellschaft, Bd. 3, Frankfurt am Main 1989, S. 371.

36 Niklas Luhmann, Paradigm lost: Über die ethische Reflexion der Moral, Frankfurt am Main 1990, S. 41 f.

37 Ebd., S. 41 f.

38 Luhmann, Ethik als Reflexionstheorie der Moral, a. a O , S. 435.

39 Ebd., S. 436.

40 Ebd., S. 431.

41 Ebd., S. 432.

42 Und er muß «als Unternehmer» Mäzen sein – wenn er gleichzeitig Kunstexperte sein will ... (vgl. die unterschiedlich gelagerten Fälle Ludwig und Reemtsma).

43 Zum Beispiel ist der Konvergenzgrad bei der ärztlichen Moral hoch, bei der Moral der Wissenschaftler gering.

44 Eva Folgelman, «Wir waren keine Helden». Lebensretter im Angesicht des Holocaust, Frankfurt am Main/New York 1995, S. 189.

45 Ebd., S. 193.

46 Ebd. S. 202.

Gibt es eine besondere politische Verantwortung der Wissenschaften?

1 Erich Bagge: ab 1957 Direktor des Instituts für reine und angewandte Kernphysik der Universität Kiel; Kurt Diebner: ab 1957 Dozent an der staatlichen Schiffsingenieurschule in Flensburg; Walter Gerlach: ab 1948 Professor für Experimentalphysik und Direktor des Physikalischen Instituts in München; Otto Hahn: von 1946–1960 Präsident der Max-Planck-Gesellschaft; Paul Harteck: 1951 Professor am Rensselaer Polytechnical Institute in Troy/NY; Werner Heisenberg: 1946 Direktor des Max-Planck-Instituts für Physik; Horst Korsching: Mitarbeiter des Max-Planck-Instituts für Physik; Max von Laue: ab 1951 Direktor des Fritz-Haber-Instituts der Max-Planck-Gesellschaft in Berlin; Carl Friedrich von Weizsäcker: 1957–69 Professor der Philosophie in Hamburg, 1970 Direktor des Max-Planck-Instituts zur Erforschung der Lebensbedingungen der wissenschaftlich-technischen Welt; Karl Witz: 1957 Direktor des Instituts für Neutronenphysik und Reaktortechnik und Professor an der TH Karlsruhe (vgl. Dieter Hoffmann (Hrsg.), Operation Epsilon, Berlin 1993).

2 Etwa: «Nehmen wir an, Sie sind der Präsident der Bank von Amerika. Würden Sie einen Mann anstellen, der mit Geldschrankknak-

kern und Bankräubern intim befreundet war?» (Heiner Kipphardt, In Sachen J. Robert Oppenheimer, Frankfurt am Main 1964, S. 62.)

3 Hier sei ein kleiner Exkurs eingeschaltet. Moralische Fragen sind zunächst immer individuell. Es geht darum, ob *ich* etwas tue oder unterlasse. Der Satz «Du willst dir ja nur nicht die Hände schmutzig machen!» trifft ins Schwarze: «Nein, in der Tat möchte ich mir die Hände nicht schmutzig machen.» Daß es, wenn ich es nicht tue, ein anderer macht, ist alles andere als eine Legitimation fürs Mitmachen. Es kommt zunächst darauf an, daß *ich* etwas nicht tue. Wenn ich darüber hinaus verhindern kann, daß es überhaupt getan wird, um so besser. Aber meine persönliche Unterlassung wird nicht erst dadurch moralisch, daß ich über sie hinausgehe. Wer die moralische Latte zu hoch legt, erreicht dadurch nichts anderes, als daß die meisten bequem darunter weg spazieren. Die Kinder der Nazi-Eltern, die immer gleich Widerstand forderten, hatten ein Bündnis mit ihren Eltern geschlossen, das darauf hinauslief, die Frage, warum diese denn nicht wenigstens *nichts* getan hatten, zu vermeiden. Wenn genügend Leute sich nicht die Finger schmutzig machen wollen würden, würde die Drecksarbeit liegen bleiben.

4 Ein wichtiger Schritt zur Entmystifizierung der Wissenschaften wäre, radikal auf jede Metaphorik von Oberfläche und Tiefe oder davor/dahinter zu verzichten. Wissenschaften, die das nicht können, sollte man nicht betreiben.

5 Treitschke argumentierte meistens kulturalistisch, er redete vom «christlichen Germanentum».

6 Ich bin aber nicht bereit, das zweite dem ersteren umstandslos vorzuziehen. Es ist verteufelt nahe dem «Wir wollen nicht richten, denn vielleicht hätten wir ähnlich gehandelt» – was meistens eine Präventivexkulpation darstellt.

7 Ich will hier nicht diskutieren, wie notwendig ein solches Gruppenbewußtsein ist, ob ein Kosmopolitismus, also die Geisteshaltung eines Menschen, dem es genügt, Mensch zu sein, nicht erstrebenswert sei (gar ein Kreatur-Bewußtsein?); auch nicht, ob eine solche kosmopolitische Moral unterscheidbar wäre von einem individuell geschaffenen Selbstbild. Für meine Zwecke reicht es, zu konstatieren, daß es vorläufig ist, wie es ist.

8 «Gray: Meinen sie nicht, Doktor Oppenheimer, daß in dieser Haltung so etwas stecken könnte wie eine geteilte Loyalität? / Oppenheimer: Zwischen wem geteilt? / Gray: Loyalität einer Regierung gegenüber Loyalität der Menschheit gegenüber? / Oppenheimer: Lassen Sie mich nachdenken. – Ich will das so sagen: Indem sich

die Regierungen den neuen Ergebnissen der Naturwissenschaften nicht oder nur ungenügend gewachsen zeigen, gibt es für den Wissenschaftler einen solchen Loyalitätskonflikt.» (Kipphardt, a. a. O., S. 73 f.)

«... begann ich mich zu fragen, ob nicht tatsächlich so etwas stattgefunden hat wie Gedankenverrat (...). Wenn ich denke, daß es uns eine geläufige Tatsache geworden ist, daß auch die Grundlagenforschung in der Kernphysik heute die höchste Geheimnisstufe hat, daß unsere Laboratorien von den militärischen Instanzen bezahlt und wie Kriegsobjekte bewacht werden, wenn ich denke, was im gleichen Fall aus Galileis Idee oder den Entdeckungen Newtons geworden wäre, dann frage ich mich, ob wir den Geist der Wissenschaft nicht wirklich verraten haben, als wir unsere Forschungsarbeiten den Militärs überließen, ohne an die Folgen zu denken. So finden wir uns in einer Welt, in der die Menschen die Entdeckungen der Gelehrten mit Schrecken studieren, und neue Entdeckungen rufen neue Todesängste bei ihnen hervor.» (Ebd., S. 124 f.)

9 Man verstehe mich nicht falsch. Ich halte das Gesetz nicht für unproblematisch. *Kein* Gesetz, das eine bestimmte Meinungsäußerung unter Strafe stellt, ist unproblematisch. In diesem Falle ist es nur ziemlich offensichtlich, daß von den Strafvorschriften dieses Gesetzes nur antisemitische Propagandisten betroffen sind – sehen wir von einer kleinen Zahl von Wirrköpfen ab, die es immer gibt, solche, die an die Hohlwelt-Theorie glauben oder bestreiten, daß die amerikanische Mondlandung stattgefunden habe.

10 Ein gutes Beispiel sind Studienreformen. Nachdem man die Ordinarienuniversität ruiniert hatte, mußte man den Wegfall irrationaler tyrannischer Macht Einzelner schnellstmöglich durch die Selbsttyrannisierung durch die Erfindung vollkommen wahnsinniger Gremiensysteme und Lehrpläne kompensieren. (Vgl. Niklas Luhmann, Universität als Milieu, Bielefeld 1992.)

11 Eine gewisse Kindlichkeit ist für jeden, der nicht dazugehört, sowieso das Kennzeichen wenigstens eines akademischen Betriebes. Auch das hängt mit seiner Freiheit zusammen. Zwar würde niemand die Kindheit eine Oase der Freiheit nennen, aber irgendwie spiegelt doch die Freiheit des Wissenschaftsbetriebes wenigstens jene Reservate der Kindheit, die nicht der Kontrolle durch die Erwachsenen unterlagen. Entsprechende Freiheiten können augenscheinlich mehrheitlich nur um den Preis regressiven Verhaltens wieder in Besitz genommen werden.

12 Weder die Antwort, die Brechts «Galilei» suggeriert, noch die, die Kipphardts Oppenheimer gibt: «Wir haben die Arbeit des Teufels

getan, und wir kehren nun zu unseren wirklichen Aufgaben zurück», können befriedigen.

1795/1995 –
Kants «Zum ewigen Frieden» und die Idee
des Zusammenhangs von Weltbürgertum und
zivilisatorischem Minimum.

1 Immanuel Kant, Zum ewigen Frieden, in: Ders., Gesammelte Schriften, hrsg. v. der Königlich Preußischen Akademie der Wissenschaften, Bd. 7, Berlin/Leipzig 1923, S. 343.
2 Jürgen Habermas, Kants Idee des Ewigen Frieden. Aus dem historischen Abstand von 200 Jahren, in: Kritische Justiz 3/95, S. 294.
3 Vgl. Jan Philipp Reemtsma, ... und ein Jahrhundert, in: Hamburger Institut für Sozialforschung (Hrsg.), 200 Tage und ein Jahrhundert, Hamburg 1995. Und Ders., Das Implantat der Angst, in: Max Miller, Hans-Georg Soeffner (Hrsg.), Modernität und Barbarei, Frankfurt am Main 1996.
4 Arsenij Gulyga, Immanuel Kant, Frankfurt am Main 1981, S. 276.
5 Immanuel Kant, a. a. O., S. 356.
6 Jürgen Habermas, a. a. O., S. 303.
7 Ebd., S. 301 f.
8 Immanuel Kant, a. a. O., S. 360.
9 Ebd., S. 358 f.
10 Ebda.
11 Christoph Martin Wieland, Aristipp und einige seiner Zeitgenossen, Zürich 1993, S. 243, 253.

Die Institutionalisierbarkeit von Menschenrechten

1 Vgl. Wolfgang Naucke, Die strafjuristische Privilegierung staatsverstärkter Kriminalität, Frankfurt am Main 1996.
2 Jan Philipp Reemtsma, Gedanken zum Temporalismusproblem, Merkur 2, 51. Jg., 2/1997.
3 Da es sich um sehr junge Mädchen handelt, verwende ich das Wort «freiwillig» in diesem Zusammenhang nicht.
4 Jürgen Habermas, Faktizität und Geltung, Frankfurt am Main 1992, S. 130.
5 Ebd., S. 122.
6 Ebd., S. 130 f.
7 Vgl. Arthur Schopenhauer, Über die Grundlage der Moral, § 7.
8 Zitiert aus Habermas, a. a. O., S. 110.
9 Das Duell ist wieder gesetzlich reglementiert, aber diese Reglemen-

tierung hat nichts mit dem Normenkonflikt zu tun, der im Duell befriedet werden soll.

10 Was hätten Menschen zu erwarten, wenn es keinerlei Einschränkungen der Pressefreiheit gäbe? Wie wäre politische Öffentlichkeit noch möglich, wenn der Presse das Mittel der Hintergrunds- und Enthüllungsstory genommen wäre? – Es werden auf diese Weise Probleme miteinander verkoppelt, die eigentlich kaum etwas miteinander zu tun haben. Das Interesse der Boulevardpresse, Mutmaßungen darüber, wer mit wem schläft, unter die Leute zu bringen, hat nur in äußerst seltenen Ausnahmefällen einen politischen Wert, anders als die Information, wer wen bezahlt. Will man aber Abstand davon nehmen, von Rechts wegen sehr restriktiv festzulegen, wo ein legitimes Interesse der Öffentlichkeit beginnt und wo es aufhört, ist die zuweilen verheerende Verletzung der Privatsphäre kaum ein zu hoher Preis, den man für den Fortbestand einer offenen Gesellschaft abverlangt. – Übrigens heißt das nicht, daß Sitte, Anstand und Geschmack durch den Umstand, daß etwas legal ist, außer Kraft gesetzt wären. Es ist selbstverständlich legitim, Praktiken, denen man aus guten Gründen den Status der Legalität zuspricht, zu verachten und durch Einsatz, etwa durch den Appell an einen öffentlich vielleicht vorhandenen Sinn für Ästhetik, zu diskriminieren, und ihren Akteuren das Berufsleben, wenn möglich, zu vergällen.

11 Gerade die Karriere der Philosophie ab dem Ende des 18. Jahrhunderts zeigt diesen Umstand sehr deutlich – allerdings eben auch die Probleme, die wir damit haben, und den immer wieder neu aufkommenden Hunger nach Surrogaten.

12 So wurde durch die Aufteilung der Macht zwischen Katholiken und Protestanten das Aufkommen weiterer Bekenntnisse bzw. die Ausdifferenzierung der bestehenden ausgeschlossen.

13 So ist der Rekurs auf die Erfahrung mit dem nationalsozialistischen Regime bei der Formulierung des (inzwischen durch Ausführungsbestimmungen ausgehöhlten) Asylrechts und der Abschaffung der Todesstrafe als Verfassungsbestandteil kein philosophischer Mangel, sondern politisches Selbstbewußtsein. (Besonders in der Formulierung «Die Todesstrafe ist abgeschafft» zeigt sich das Historisch-Prozeßhafte, das in ihr eingefangen bleiben soll.)

14 Das unterschätzt Habermas, wenn er schreibt, Hobbes berücksichtige bei seiner Konstruktion des Gesellschaftsvertrages «einen Umstand nicht. Die von je eigenen Präferenzen bestimmten Subjekte treffen ihre Entscheidungen aus einer Perspektive der ersten Person Singular; aber dies ist nicht die Perspektive, aus der die Parteien

im Naturzustand eine Prüfung mit dem Ergebnis vornehmen, ihre natürlichen, d. h. miteinander konfligierenden, aber unbegrenzten Handlungsfreiheiten gegen die nach allgemeinen Gesetzen kompatibel gemachten und begrenzten, eben privatrechtlichen Freiheiten einzutauschen. Ein rational motivierter Übergang vom Dauerkonflikt des Naturzustandes zu zwangsgestützter Kooperation unter wechselseitigem partiellen Freiheitsverzicht wäre den Subjekten im Naturzustand nämlich nur unter zwei Bedingungen zuzutrauen.

Sie müßte zum einen verstehen können, was eine auf dem Prinzip der Gegenseitigkeit beruhende soziale Beziehung überhaupt bedeutet. Die im Naturzustand erst virtuell vorhandenen Privatrechtssubjekte haben nämlich vor *aller* Vergesellschaftung noch nicht gelernt, die Perspektive eines anderen zu übernehmen und sich selbst aus der Perspektive einer zweiten Person zu betrachten (...) Zum anderen müßten sich die vertragschließenden Parteien auch noch auf eine andere Weise von ihren natürlichen Freiheiten distanzieren können. Sie müßten jene *soziale* Perspektive einer ersten Person Plural einnehmen können, die der Autor Hobbes und dessen Leser stillschweigend immer schon eingenommen haben, die aber den Subjekten im Naturzustand vorenthalten ist» (a. a. O., S. 120).

Wenn man sich schon so weit auf das Gedankenexperiment der vertragschließenden Einzelnen einläßt, hätte gerade bei einer der psychologischen Plausibilisierung so nahen rationalen Rekonstruktion der entscheidende argumentative Trick von Hobbes nicht übersehen werden sollen: daß das im Naturzustand Trennende, die allseitige Angst voreinander nämlich, zum Bindemittel des sozialen Zusammenhaltes werden kann.

15 Das sich aus dieser Lage ergebende Bild der Geschichte ist anders als das im 19. und in der ersten Hälfte des 20. Jahrhunderts vorherrschende – es nähert sich wieder dem aus den Krisen des 17. Jahrhunderts hervorgegangenen der Aufklärung an, ohne ganz mit ihm identisch zu werden. (Vgl. Jan Philipp Reemtsma, Was heißt: Aus der Geschichte lernen?)

16 Das Wort «politisch» ist hier in einem sehr weiten Sinne gebraucht – eben auf das Bild einer Gesellschaft bezogen, das ein Gesetzeskorpus bis zu einem gewissen Grade entwirft, das aber durch die Rechtsprechung ausgestaltet wird. In diesem Sinne sind Fragen nach Recht und Unrecht politische, gesellschaftspolitische Fragen.

17 Der Hamburger Richter Schill versuchte(e) durch besonders harte Bestrafung von Delikten, die von Kollegen für Bagatelldelikte gehalten werden, die Notwendigkeit einer veränderten gesellschaftlichen Haltung gegenüber bestimmten Formen der vorsätzlichen

Sachbeschädigung zu verdeutlichen. Die Kontroverse um seine Urteile weist u. a. auf den richtigerweise geringen Spielraum hin, den der Richter als Appellierer an den Gesetzgeber haben sollte, insofern er nicht Verfassungsrichter ist.

18 Hannah Arendt, Elemente und Ursprünge totalitärer Herrschaft, München 1993, S. 457.

19 Ebd., S. 459.

20 Ebd., S, 453

21 Ebd., S. 460 ff.

22 Ebd., S. 465.

23 «Solch eine Weltregierung steht in der Tat durchaus im Bereich der Möglichkeiten, nur daß sie sich in der Wirklichkeit erheblich anders ausnehmen dürfte, als die idealistischen Verbände, die sie propagieren, sie sich vorstellen. Die Verbrechen gegen die Menschenrechte, welche eine Spezialität totalitärer Regierungen geworden sind, können immer gerechtfertigt werden dadurch, daß man behauptet, Recht sei, was gut oder nützlich für das Ganze (im Unterschied zu seinen Teilen) sei» (ebd., S. 465).

24 Vgl. Jan Philipp Reemtsma, 1795/1995 – Kants «Zum ewigen Frieden» und die Idee des Zusammenhangs von Weltbürgertum und zivilisatorischem Minimum.

25 Hier wird, was wie ein kategorischer Imperativ aussieht, als hypothetischer rekonstruiert – was ihm aber seine Gewichtigkeit nicht nimmt.

26 Niklas Luhmann, Das Recht der Gesellschaft, Frankfurt am Main 1993, S. 577.

Abkehr vom Wunsch nach Verleugnung
Über «Hitlers willige Vollstrecker» als Gegenstück zur «historischen Erklärung»

1 Vgl. etwa Daniel Goldhagen, Hitlers willige Vollstrecker. Ganz normale Deutsche, Berlin 1996, S. 29.

2 Von «Verdrängung» zu sprechen ist nicht einmal im psychoanalytischen Sinne richtig.

3 Karl Kraus, Die letzten Tage der Menschheit, München 1974, S. 428.

4 Kurt Tucholsky, Gesamtausgabe, Bd. 4, Reinbek 1996, S. 277 ff.

5 Gitta Sereny, Das Ringen mit der Wahrheit. Albert Speer und das deutsche Trauma, München 1995, S. 531.

6 Ebd., S. 671 f.

7 Vgl. auch Sereny, a. a. O., S. 401 f.

8 Vgl. dazu vor allem Sereny, a. a. O., S. 678 f., 654 f.

9 Christopher Browning, Ganz normale Männer. Das Reserve-Polizeibataillon 101 und die «Endlösung» in Polen, Reinbek 1996, S. 13.

10 Telford Taylor, Die Nürnberger Prozesse. Hintergründe, Analysen und Erkenntnisse aus heutiger Sicht, München 1994, S. 472.

11 Die Ermittlungen laufen von 1962–87.

12 Browning, a. a. O., S. 106.

13 Vgl. etwa Goldhagen, a. a. O., S. 295 ff.

14 Browning, a. a. O., S. 106.

15 Hannah Arendt, Besuch in Deutschland, in: Dies., Zur Zeit. Politische Essays, Berlin 1986, S. 44.

Eine ins Lob gekleidete deutliche Mahnung –
Daniel Goldhagens «Modell Bundesrepublik»
und das Echo

1 Goldhagen spricht faktisch nur über die Bundesrepublik, deren Traditionen er im neu vereinigten Deutschland fortgesetzt sehen möchte.

Laudatio auf Saul Friedländer

Klaus von Dohnanyi
Jeder prüfe sein Gewissen. Eine Antwort auf Ignatz Bubis
und Jan Philipp Reemtsma

Frankfurter Allgemeine Zeitung

Die Rede von Martin Walser zum Friedenspreis, die Reaktion von Ignatz Bubis («geistiger Brandstifter») und mein darauf antwortender Artikel in dieser Zeitung haben eine breite und, wie ich meine, auch fruchtbare Diskussion ausgelöst. Es findet sich inzwischen kaum jemand mehr, der nach sorgfältigem Lesen der Walser-Rede den harten Vorwurf des «Brandstifters» gerechtfertigt sieht, auch wenn manche die Wortwahl von Walser in Teilen seiner Rede oder die Art seines Vortrages für unglücklich halten.

Damit ist, so scheint mir, ein wichtiger Schritt getan: Wer die Verbrechen des Holocaust kennt, ihre Erinnerung bewahrt, wer um die deutsche Schuld weiß und die Scham hierfür empfindet, der darf es seinem eigenen Gewissen überlassen, wie oft er sich die Bilder der Verbrechen ansieht, wann er persönlich wegschauen muß und auf welchem Wege er (oder sie) Erinnern und Gedenken pflegen will. Niemand hat ihm da Vorschriften zu machen, auch nicht, wie er öffentlich über sein oder anderer Menschen Gedenken (und seine Qual damit) streitet. Er darf auch Kritik dort äußern, wo er meint, daß ein anderer (im Inland oder im Ausland) versucht, sein (unser) Gewissen zu mißbrauchen, zu instrumentalisieren; das heißt, wo versucht wird, die Erinnerung an die Verbrechen nicht für das Gedenken (oder berechtigte materielle Konsequenzen daraus) zu nutzen, sondern für andere politische Zwecke. Auschwitz eignet sich in der Tat, wie Walser gesagt hat, niemals als «Instrument». Auschwitz entspricht die Trauer, das Mitgefühl, die Selbsterforschung, das Bewußtsein unserer Verstrickung und Schande. Die Buße und das Gebet. Und, natürlich, die Erforschung der Ursachen, der Ereignisse; die Bewahrung der Erinnerung.

Ich denke, daß die öffentliche Debatte in dieser Beziehung also etwas Positives erbracht hat, indem sie den Weg freier gemacht hat für die unbefangene Erörterung von Fragen, die besonders die jüngeren Menschen in Deutschland bewegen.

Übrig bleibt allerdings eine Überlegung, die ich in meinem Artikel vom 14. November formuliert hatte und die Ignatz Bubis, zu meinem wirklich sehr persönlichen Schmerz, als «bösartig» bezeichnet hatte. Bubis hat hierfür öffentliche Unterstützung erhalten (mehr als für seinen «Brandstifter»-Vorwurf gegen Walser sogar), und kürzlich hat auch Jan Philipp Reemtsma sich in dieser Zeitung zu meinen Überlegungen kritisch geäußert. Ich muß also noch einmal erläutern. Man wird mir abnehmen, so hoffe ich jedenfalls, daß ich niemanden verletzen wollte, wenn ich nach einer Beschreibung der deutschen Schuld für die Naziverbrechen schrieb: «Ignatz Bubis ist als deutscher Staatsbürger jüdischen Glaubens selbstverständlich frei von diesem zentralen deutschen Erbe (nämlich: dem Holocaust). Er ist ein Deutscher ohne schuldige Geschichte ... Ich selber formuliere ... trotz meiner Familiengeschichte: *Wir* Deutsche haben das gemacht. Ignatz Bubis muß als Jude ein anderes Bewußtsein haben. Für ihn haben *die* Deutschen das gemacht.» Und dann habe ich hinzugefügt: «Allerdings müßten sich natürlich auch die jüdischen Bürger in Deutschland fragen, ob sie sich so sehr viel tapferer als die meisten anderen Deutschen verhalten hätten, wenn nach 1933 ‹nur› die Behinderten, die Homosexuellen oder die Roma in die Vernichtungslager geschleppt worden wären. Ein jeder sollte versuchen, diese Frage für *sich selbst* ehrlich zu beantworten.» Dieser letzte Satz ist für mich ein Schlüssel zum heutigen Umgang mit unserer Nazi-Geschichte. Ist er wirklich «bösartig»?

Der Satz stellt die Frage, die mich nun mein ganzes langes Leben umtreibt: Was hätte ich selbst getan? Man muß doch sehen, wie ich auch geschrieben hatte: Ein heute fünfzigjähriger nichtjüdischer Deutscher trägt für die damaligen Verbrechen keinerlei persönliche Verantwortung. Und doch erwarte ich, erwartet die Welt von ihm, daß er die Scham für diese schändlichen Verbrechen noch heute fühlt. Warum? Nur als Mensch? Schämt er sich dann auch für die Verbrechen in den *killing fields* Kambodschas gleichermaßen? Nein – er fühlt besondere Scham und Schande als Deutscher. Wofür? Schämt er sich für Hitler oder Himmler? Für die Mörder in den KZs? Diese gehörten und gehören alle nach Recht und Gesetz verurteilt. Nein – er schämt sich dafür, daß sein Volk, seine Eltern, Großeltern, Verwandte und Freunde *dies möglich gemacht und so lautlos zugelassen,* vielleicht sogar indirekt in Wahlen und Versammlungen unterstützt haben. Daß sie *zugeschaut* oder *weggeschaut* haben, als die Menschen in die Lager verschleppt wurden, um dort ermordet zu werden.

Ich rede also nicht von den eigentlichen Tätern, wenn ich von den Gründen für die Scham der nichtbeteiligten, nichtjüdischen Deutschen heute spreche; ich rede auch nicht von den bewußten Helfershelfern. Ich rede von der *Schande des Zuschauens,* die ein persönlich unschuldiger Deutscher, wie Walser oder ich selbst, noch heute tief spürt. Und nur in diesem Zusammenhang rede ich von der Frage, ob ein jüdischer Deutscher – oder auch ein Brite, Amerikaner, Franzose – von diesen nicht persönlich beteiligten heutigen Deutschen eine solche Scham für das Dulden der Verbrechen erwarten kann, ohne sich selbst zu prüfen, ob nicht vielleicht auch er (oder sie) selbst zu den Zuschauern gehört haben könnte.

Herbert Asmodi berichtete dieser Tage in einem Leserbrief an die FAZ über eine Äußerung von Kurt Horwitz, der, aus der Emigration nach 1945 zurückgekehrt, von 1953 bis 1958 die Bayerischen Staatstheater leitete. In einer Runde von Theaterleuten, in der die Verhaltensweisen während der Nazidiktatur diskutiert wurden, sagte er, der Verfolgte: «Ich bin froh, daß ich als Jude vor solche Entscheidungen nicht gestellt worden bin.» Diese ergreifende Geschichte wiederum erinnerte mich an etwas, das mein innigster Freund immer wieder erzählt: Sein Vater, ein national-konservativer Jude, nach New York vertrieben, sagte einmal im Kreise seiner dortigen Freunde etwa: «Eigentlich können wir ja froh sein, daß Hitler uns vertrieben hat.» Auf die erstaunten, ja empörten Gesichter um sich herum blickend, fügte er nachdenklich hinzu: «So konnte ich wenigstens kein Nazi werden.»

Jan Philipp Reemtsma geht daher nach meiner Meinung ganz an der Sache vorbei, wenn er meint, ich würde Phantasien anstellen darüber, «was geschehen wäre, wenn alles ganz anders gekommen wäre» – wo? Kein Wort solcher Phantasien findet er bei mir. Ich habe auch nicht von dem Opfer eines Verbrechens erwartet, es müsse «glaubhaft versichern, er selber sei konstitutionell unfähig dazu, Verbrechen zu begehen». Wo steht das? Da kann ich nur mit Reemtsma antworten: So was kann aus meinen Worten nur jemand lesen, der «sich weniger

Gedanken macht, als in seiner Macht und Freiheit steht». Ich sage nur allen heutigen Deutschen: Bevor du urteilst über die zuschauenden Deutschen damals, die deine heutige Schande verursacht haben: Prüfe dich selbst! Und das muß nach meiner festen Überzeugung für alle gelten, wenn wir heute verstehend zusammenleben wollen.

Denn es ist doch selbstverständlich, daß wir alle die Mörder und ihre Helfershelfer verurteilen. Ich erwarte aber von jedem Deutschen, der sich zu unserer Geschichte wirklich bekennt, mehr. Er muß auch ein kritisches Urteil über die damalige deutsche Gesellschaft, über die «Zuschauer» fällen. Sie, so sagt man, haben es ja erst möglich gemacht: Wären sie zusammen aufgestanden, in der Armee oder an den Fließbändern, auf den Straßen und in den Universitäten, dann hätte der Verbrecher Hitler seine Absichten nicht zu *deutschen* Verbrechen machen können. Das ist doch die tiefere Ursache unserer Schande.

«Niemand kann von einem anderen verlangen, ein Held zu sein», schreibt Reemtsma mit Recht. Aber Viktor Klemperer nennt schon die Solidarität seiner nichtjüdischen Frau während dieser Jahre (also sich nicht auf politischen Druck scheiden zu lassen und zum Partner zu stehen) «reinen Heroismus». So «klein» begann das Heldentum damals. Reemtsma meint dann, es könne aber von jedem verlangt werden, «kein Lump zu sein». Ist jemand ein Lump, der seinen verfolgten Nachbarn nicht versteckt, wenn er es doch – mit eigenem unkalkulierbarem Risiko natürlich – könnte? Vielleicht war er ja, fährt Reemtsma weiter fort, nur «ein Feigling ... wie es die meisten von uns sind», und fügt hinzu, es «möge jeder, der nicht das Gegenteil von sich bewiesen hat, sich einreihen». Da sind wir nun zusammen, und mehr habe ich nicht geschrieben. Außer, daß dies für uns alle, Juden und Nichtjuden, gelten muß.

Wenn wir an unsere Schande von Auschwitz denken, die deutsche Schande auch der nachgeborenen Generationen, dann denken wir daran, daß Deutsche, fast alle Deutsche die Verbrecher gewähren ließen. Daß sie «Feiglinge waren, wie es die meisten von uns eben sind» (Reemtsma).

Dies zu bedenken, bitte ich jeden, der ein Urteil über das damalige Deutschland fällt. Und davon, glaube ich, wollen sich auch die deutschen Juden heute nicht ausnehmen.

Aus: Frank Schirrmacher (Hrsg.), Die Walser-Bubis-Debatte. Eine Dokumentation, Frankfurt 1999, S. 282–285.

Drucknachweise

Wie hätte ich mich verhalten? Gedanken über eine populäre Frage.
Vortrag an der Universität München am 27. 1. 2000 im Rahmen der
vom Lehrstuhl für Jüdische Geschichte und Kultur und dem „Verein
gegen Vergessen – Für Demokratie e. V." veranstalteten Vortragsreihe
„Wie vergangen ist das vergangene Jahrhundert?".
Abgedruckt in: Veröffentlichungen des Lehrstuhls für Jüdische Geschichte und Kultur der Ludwig-Maximilians-Universität München,
hg. von Michael Brenner, Bd. 4, München 2000, S. 7–28

Was heißt: aus der Geschichte lernen?
Rede im Rahmen der Redenreihe „Kulturort Mitte Europa" der Freien
Akademie der Künste zu Leipzig am 9. 11. 1997 in der Alten Han-
delsbörse in Leipzig.
Gekürzt abgedruckt in: UNIVERSITAS (1997), 12, S. 1187–1201.
Vollständige Fassung abgedruckt in: Ingrid Czechowski (Hg.): Drei Mei-
len vor dem Anfang. Reden über die Zukunft. Leipzig 1998, S. 81–105

*Was ist so interessant an der historischen Wahrheit? Überlegungen
anläßlich der Debatte um die Ausstellung „Vernichtungskrieg. Verbre-
chen der Wehrmacht 1941 bis 1944".*
Vortrag auf der Tagung „Zeitgemäßes über Krieg und Tod. Drittes
Symposium zur Psychoanalytischen Anthropologie im Botanischen
Garten Berlin-Dahlem, vom 5.–7. 5. 2000

Theorie der Moral nach Todorov und Luhmann.
Vortrag an der Universität/Gesamthochschule Duisburg am 11. 1.
2000 im Rahmen der Gerhard-Mercator-Ehrenprofessur der Univer-
sität/Gesamthochschule Duisburg.

Gibt es eine besondere politische Verantwortung der Wissenschaften?
Vortrag an der Christian-Albrechts-Universität zu Kiel am 27. 11. 1995.
Abgedruckt in: Rektorat der Universität Kiel und Schleswig-Holstei-

nischer Landtag (Hg.): Gibt es eine besondere politische Verantwortlichkeit der Wissenschaften? Vorträge anläßlich des Volkstrauertages
am 27. November 1995. Kiel 1996, S. 7–24. Geringfügig gekürzt
abgedruckt in: Mittelweg 36 (1996), 4, S. 4–17

*1795/1995 – Kants „Zum ewigen Frieden" und die Idee des Zusam-
menhangs von Weltbürgertum und zivilisatorischem Minimum.*
In: Wolfgang R. Vogt/Eckhard Jung (Hg.): Kultur des Friedens: Wege
zu einer Welt ohne Krieg. Darmstadt 1997, S. 58–63

Die Institutionalisierbarkeit von Menschenrechten.
Vortrag auf der Konferenz „Globalisierung der Politik, Globalisierung
des Politischen" vom 25. 9. bis 27. 9. 1997 im Hamburger Institut für
Sozialforschung. Abgedruckt in: Mittelweg 36 (1998), 1, S. 4–18

*Abkehr vom Wunsch nach Verleugnung. Über „Hitlers willige Voll-
strecker" als Gegenstück zur „historischen Erklärung".*
Laudatio anläßlich der Verleihung des 'Demokratie'-Preises der 'Blätter für deutsche und internationale Politik' an Daniel J. Goldhagen in
der Bonner Beethoven-Halle am 10. 3. 1997. Abgedruckt in: Blätter
für deutsche und internationale Politik (1997), 4, S. 417–423, sowie
in: Karl D. Bredthauer/Arthur Heinrich (Hg.): Aus der Geschichte
lernen/How to Learn from History. Bonn 1997, S. 38–55

*Eine ins Lob gekleidete deutliche Mahnung. Daniel Goldhagens „Mo-
dell Bundesrepublik" und das Echo.*
In: Blätter für deutsche und internationale Politik (1997), 6, S. 690–695

Laudatio auf Saul Friedländer.
Rede am 23. 11. 1998 in der Aula der Ludwig-Maximilians-Universität München anläßlich der Verleihung des Geschwister-Scholl-Preises
an Saul Friedländer.
Abgedruckt in: Saul Friedländer/Jan Philipp Reemtsma: Gebt der Erinnerung Namen. Zwei Reden. München 1998, S. 9–26. Der Schluß-
teil der Rede ist unter der Überschrift *Worüber zu reden ist* abgedruckt
in der Frankfurter Allgemeinen Zeitung, 26. 11. 1998, sowie in: Frank
Schirrmacher (Hg.): Die Walser-Bubis-Debatte. Eine Dokumentation.
Frankfurt/M. 1999, S. 227–229

*„Mein Gewissen, mein Gewissen, sag ich!" Nachgeholte Lektüre einer
Sonntagsrede.*
In: Mittelweg 36 (1999), 4, S. 70–75. Auch abgedruckt in: die tages-
zeitung, 21./22. 8. 1999

Aus dem Verlagsprogramm

Geschichte, Zeitgeschichte, Kulturgeschichte

Jan Assmann
Das kulturelle Gedächtnis
Schrift, Erinnerung und politische Identität in frühen Hochkulturen
4. Auflage. 2002. 34 Seiten. Paperback
Beck'sche Reihe Band 1307

Norbert Frei/Dirk van Laak/Michael Stolleis (Hrsg.)
Geschichte vor Gericht
Historiker, Richter und die Suche nach Gerechtigkeit
2000. 187 Seiten. Paperback
Beck'sche Reihe Band 1355

Saul Friedländer
Wenn die Erinnerung kommt
Aus dem Französischen von Helgard Oestreich
2. Auflage. 1998. 192 Seiten. Paperback
Beck'sche Reihe Band 1253

Saul Friedländer/Jörn Rüsen (Hrsg.)
Richard Wagner im Dritten Reich
Ein Schloss Elmau-Symposion
2000. 373 Seiten. Paperback
Beck'sche Reihe Band 1356

Peter Gay
Meine deutsche Frage
Eine Jugend in Berlin 1933–1939
Aus dem Englischen von Ulrich Enderwitz, Monika Noll u. Rolf Schubert
3. Auflage. 2000. 230 Seiten mit 13 Abbildungen. Paperback
Beck'sche Reihe Band 1310

Peter Reichel
Vergangenheitsbewältigung in Deutschland
Die Auseinandersetzung mit der NS-Diktatur von 1945 bis heute
2001. 252 Seiten. Paperback
Beck'sche Reihe Band 1416

Shulamit Volkov
Das jüdische Projekt der Moderne
Zehn Essays
2001. 244 Seiten. Paperback
Beck'sche Reihe Band 1421

Verlag C. H. Beck München

Philosophie

Walter Erhart/Herbert Jaumann (Hrsg.)
Jahrhundertbücher
Große Theorien von Freud bis Luhmann
2. Auflage. 2002. 496 Seiten. Paperback
Beck'sche Reihe Band 1398

Volker Gerhardt
Individualität
Das Element der Welt
2000. 242 Seiten. Paperback
Beck'sche Reihe Band 1381

Hans Maier/Horst Denzer (Hrsg.)
Klassiker des politischen Denkens
Band I: Von Plato bis Hobbes
2001. 256 Seiten. Paperback
Beck'sche Reihe Band 1361
Band II: Von Locke bis Max Weber
2001. 256 Seiten. Paperback
Beck'sche Reihe Band 1362

Werner Schneiders
Wieviel Philosophie braucht der Mensch?
Eine Minimalphilosophie
2., verbesserte Auflage. 2001. 304 Seiten. Paperback
Beck'sche Reihe Band 1368

Peter Kauder (Hrsg.)
Hegel beim Billard
Die besten Anekdoten über große Denker
Gesammelt und herausgegeben von Peter Kauder
2000. 181 Seiten. Paperback
Beck'sche Reihe Band 1386

Ekkehard Martens (Hrsg.)
Ich denke, also bin ich
Grundtexte der Philosophie
2. Auflage. 2001. 269 Seiten. Paperback
Beck'sche Reihe Band 1364

Verlag C. H. Beck München